학부모와 교사가 함께 읽는

학교생활 실전 대처법

– 절대 악용하면 안 되는 현실 학교생활 안내서 –

학부모와 교사가 함께 읽는

학교생활 실전 대처법

– 절대 악용하면 안 되는 현실 학교생활 안내서

초 판 1쇄 2024년 02월 27일

지은이 서은현, 정하은, 진푸른
펴낸이 류종렬

펴낸곳 미다스북스
본부장 임종익
편집장 이다경
책임진행 김가영, 윤가희, 이예나, 안채원, 김요섭, 임인영, 권유정

등록 2001년 3월 21일 제2001-000040호
주소 서울시 마포구 양화로 133 서교타워 711호
전화 02) 322-7802~3
팩스 02) 6007-1845
블로그 http://blog.naver.com/midasbooks
전자주소 midasbooks@hanmail.net
페이스북 https://www.facebook.com/midasbooks425
인스타그램 https://www.instagram/midasbooks

© 서은현, 정하은, 진푸른, 미다스북스 2024, *Printed in Korea*.

ISBN 979-11-6910-516-3 03370

값 25,000원

미다스북스는 다음세대에게 필요한 지혜와 교양을 생각합니다.

학 부 모 와 교 사 가 함 께 읽 는

학교생활
실전 대처법

절 대 악 용 하 면 안 되 는 **현 실 학 교 생 활** 안 내 서

서은현, 정하은, 진푸른 지음

★★★
학부모, 교사,
변호사가 함께 쓴
학교생활

미다스북스

서문

서문	010
들어가기에 앞서 드리고 싶은 말씀	014

문제 편 : 학교생활에서 일어날 수 있는 불안한 여러 가지 일 039

1. 새 학기를 맞이하며 불안한 학부모, 교사, 학생 040

2. 학교폭력 당한 내 아이, 법대로 해결합시다! 그런데? 053

3. 우리 애가 학교폭력 가해자? 093

4. 문제행동을 한 아이의 심기를 거스르면 아동학대죄? 102

궁금증 편 : 학교, 아는 만큼 보이고, 보이는 만큼 해결됩니다 110

1. 학교는 학생의 마음을 읽어주지 않는 것 같아요 120

2. 학생 지도는 교실에서 꼭 해야 할까요? 공개 망신을 주는 것 같습니다 125

3. 우리 아이가 말하는 것과 학교에서 말하는 것이 달라요 134

4. 학급에서 명확한 규칙을 정해서 지도하면 학급 질서가 생기지 않을까요? 142

5. 학교는 왜 "모든" 사건 사고를 가정에 전달하지 않는 걸까요? 148

6. 문제행동하는 학생을 학교가 미리 알려주면 좋겠습니다 157

해결 편 : 지금 시스템에서 현실적인 해결 방법을 말씀드립니다 160

1. 우리 모두 충분히 알고 갑시다. 아는 게 힘! 161

2. 자녀가 겪는 상황에서 교사에게 문의하는 방법 166

3. 자녀가 학폭 가해자로 휘말리지 않는 방법 175

4. 좋은 변호사를 찾고 상담하는 방법 182

문제 편 : 지금 교실은 가불기 상황입니다   187

1. 지금 교실은 "가불기"로 인한 불안 상태입니다   188

2. 교직 인생을 걸고 생활지도해야 하는 교실 상황   195

3. 한 권의 책만 읽어본 사람은 매우 위험한 사람입니다   214

4. 교사를 바라보는 양극단의 시선들   218

5. 학교에 전가되는 학부모의 불안감   221

6. 훈육 훈계를 어색해하는 학생과 학부모   226

7. 이제는 솔직해져야 할 시점 : 학교가 할 수 있는 것과 없는 것   228

해결 편 : 현실 학교 상황에서 할 수 있는 최선의 기술   230

1. 학부모와의 관계 : 멀고도 가까운 사이   233

2. 학급 생활지도는 미리 3월에 정립해두세요   236

3. 디테일 그리고 또 디테일!   238

4. 군자는 나아갈 때와 물러날 때를 압니다   240

5. 공교육 교사는 개인 사업자가 아닙니다   245

6. "죄송하다는 말" 함부로 하는 거 아닙니다   248

7. 억지 부리며 분노한 학부모와 전화 상담을 어떻게 할까요?   250

8. 문제행동 지적했는데 학생이 말대꾸? 어떻게 해결할까요   256

9. 적자생존 : 기록하고 또 기록하자   259

10. 교사가 수사나 조사받는 법   260

3
장

학부모와 교사

1. 정리 편 : 불안한 교육 상황에서 걱정되시는 학부모와 교사들께   265

2. 미래 교육 편 : 학생 생활지도 시스템 개선 방안   270

3. 질문과 저자 답변   337

글을 마치며

글을 마치며   390

안녕하세요. 대표 저자 서은현입니다.

저는 가난한 가정에서 태어나, 강력했던 교권 밑에서 학창 시절을 겪었던 사람입니다. 당시의 저는 공부만이 답이라고 생각해서 열심히 공부했습니다. 그래서 SKY 이과 전공으로 대학을 입학할 수 있었습니다. 이후 전공을 살려 대기업부터 사업, 최근의 교직까지 경험이 있는 사람입니다.

저는 학교라는 곳을 여러 가지 입장에서 겪어보았습니다.

1. 학창 시절 학생으로서의 학교
2. 중등교사를 배우자(현재 은퇴함)로 둔 사람으로서의 학교
3. 모범생 자녀(의치한 쪽 현직 의료인)를 둔 학부모로서의 학교
4. 최근 교직을 현장에서 직접 경험했던 교육자로서의 학교

앞과 같이 다양한 입장에서 학교를 겪어보았습니다.

2023년 공교육 현장에서 교권 및 학교폭력 상황 등 많은 일이 있었습니다. 위의 이슈들이 2023년에 크게 공론화된 것은 사실입니다. 그런데 실제로는 이전부터 불안한 상황들이 계속 있었습니다. 마치 큰 사건 사고 직전에 나타나는 불길한 조짐들처럼요. 그리고 그렇게 누적된 그동안의 조짐들이 결국 2023년에 크게 터지게 된 것입니다. 심지어 2023년에는 "공교육 멈춤의 날"까지 일어나게 되었지요. 이렇게 2023년은 공교육에 있어서 정말 다사다난한 해였습니다.

솔직히 말씀드리겠습니다. 저는 어떻게 보면 공교육의 현실에 아주 크게 영향을 받는 사람은 아닙니다. 배우자는 이미 교직에서 예전에 은퇴했고, 자녀 또한 학교를 졸업하고 의치한 분야에서 전문직 의료인으로 일하고 있습니다. 그리고 저도 이미 은퇴 나이에서도 공교육과 나랏일을 생각하고, 최근 얼마 전까지도 학교에서 교육자로 일하였습니다.

그럼에도 저는 우국충정(나라를 생각하는 마음)의 뜻으로 글을 쓰게 되었습니다. 먼저 자원이 거의 없는 대한민국의 생존 전략은 '수출과 인재 양성 교육'에 있습니다.

그리고 학교라는 공간은 대부분 사람이 사회에 나가기 전 어릴 때부터 사회성을 배워나가는 곳입니다. 이렇게 의미가 있는 학교 공간은 학생 개인에게 생활적으로 안정감을 주어야 한다고 생각합니다. 학생이 있는 공간에서 안정감이 있어야 학생의 행복감이 형성될 수 있기 때문입니다.

따라서 학교생활지도 시스템이 현실에 맞게 잘 갖추어지는 것은 학생 개인의 행복을 위해서도, 더 나아가 앞서 말했듯 전략적으로 우리나라를 위해서도 필요하다고 생각합니다. 이는 도의적 차원 및 실리적 차원에서 모두 중요한 화두입니다. 이러한 마음으로 저의 생각을 한 자 한 자 조심히 원고에 글을 눌러 담았습니다. 그리고 이 책의 분량이 꽤 있기에, 독서 시간 여유가 없으신 분들에게 조심스럽게 다음과 같이 말씀드립니다. 이 책을 읽으실 때 가장 좋은 방법은 첫 페이지부터 끝 페이지까지 읽는 것입니다. **하지만 시간적 여유가 없으신 경우, 3장 학부모와 교사부터 읽으시거나 3장 마지막 부분에 있는 질문과 저자 답변부터 읽으셔도 괜찮으실 것 같습니다.** 이후 시간 되실 때 1장 학부모, 2장 교사의 내용을 읽어보시는 것이지요. 아무쪼록 이 책이 학부모님과 선생님들께 조금이나마 도움이 되길 바랍니다. 감사합니다.

대표 저자 서은현

학교생활 실전 대처법

저자는 지금의 공교육 상황을 보면서 이 책을 통해 학부모와 교사에게 다음 세 가지의 말씀을 드리고 싶습니다.

저자의 세 가지 집필 의도
1. 현재의 저자가 느끼는 '현실 학교 상황'을 말씀드리고,
2. 그나마 실제적인 방법이 어떠한 것들이 있는지,(정말 실제적인 방법 입니다. 이렇게 하면 모든 문제 해결! 절대 이런 식으로 접근 안 합 니다.)
3. 그리고 앞으로 학교에서의 생활지도는 어떠한 방식이 필요한지 말 씀드리고 싶습니다.

위의 세 가지가 저의 집필 의도이며, 하나하나가 조심스럽지만 이러한 말씀을 드리기 위해 책을 집필하게 되었습니다. 다만, 한 권의 책만을 읽 은 사람을 조심해야 한다는 말이 있습니다. 따라서 이 책에서 제가 생각 하는 주의할 지점은 다음과 같습니다.

앞서 '저자의 세 가지 집필 의도' 부분에서 '현실 학교 상황'이라는 것은 저자가 개인적으로 느끼는 부분이고, 이 책의 주장 또한 저자의 생각과 느낌입니다. 따라서 교육 당국의 공식적인 입장이 아닙니다. 또한, 학교는 전국에 매우 많이 있고 각각 상황이 다를 수 있기에, 모든 개별 단위 학교 상황에 이 책의 내용을 그대로 적용하는 것은 적절치 못합니다. 즉, 이 책의 내용을 읽으시면서 어떤 부분은 "우리 학교는 이렇지 않은데?"라는 생각이 당연히 드실 수 있습니다.

따라서 그 부분을 고려해서 읽으셨으면 좋겠습니다. 결론적으로 이 책을 읽는 방법은 다음과 같습니다. 독자님께서 각각 이 책에서 필요하신 내용은 취하시되, 전체적으로는 비판적으로 읽어주시면 감사하겠습니다. 이 책의 내용은 모두 사실이라는 마음으로 비판 없이 읽고 수용하는 것은 지양하셨으면 합니다. 그것보다는 이 책의 저자는 이러한 생각을 하고 있는데, 독자인 나는 이 부분에서 공감하거나 다르게 생각한다는 마음으로 읽는 것을 권유드립니다. 사실 이러한 비판적 읽기는 어떤 책을 읽든 꼭 필요한 읽기 방법 중 하나이기도 합니다.

한편으로 이 책을 십필하면서 법석 선문성을 보다 강화하기 위해 변호사와도 심도 있게 논의를 하면서 완성도를 높였습니다.

그렇다면 저자가 말하는 '현실 학교 상황'이라는 것이 무엇일까요? 간단히 예시를 하나 말씀드리겠습니다. 현실 학교생활의 예시로 먼저 학폭(학교폭력)을 언급할 수 있겠습니다. 이러한 학폭에 대해서 관련 법률과 매뉴얼 등을 찾아보면, 학폭 사안 처리와 관련한 내용을 확인할 수 있습니다. '분리 조치'같이 서로 거리를 두도록 하는 내용이 대표적입니다.

그래서 부모로서 우리 애가 학폭 피해자가 되는 경우, 학폭 접수를 하기만 하면 잘 해결될 것 같습니다. 하지만 그게 꼭 그렇게 쉽지만은 않습니다.

성인의 세계에서 고소당하면 맞고소가 있듯이,

학교의 세계에서 학폭 접수에는 맞폭 접수가 있습니다.

게다가 가해 상대방 측에서 피해자가 예민한 것처럼 적반하장으로 대응하는 경우도 있습니다.

이러면 피해 학생과 피해 학부모는 마음속에서 천불이 나죠. 심지어 학폭 접수 후 최종적인 조치가 나와도 "이 정도가 처벌이냐? 이게 현실이냐?"라는 생각이 드실지도 모릅니다.

16

즉, 학폭 접수 후 기다리는 과정도 불안하지만, 결론적으로 막상 결과 조치가 나와도 "정말 이게 제대로 해결된 건가?" 싶기도 하실 수 있을 것입니다. 이 이야기는 1급비밀도 아니고 방송 매체로도 공론화된 상황입니다.

결국, 단순해 보이는 사건조차도 가해자의 대응에 따라 해결이 어려울 수 있습니다. 그냥 잘못한 애는 어른한테 혼나고, 반성하고, 이후에는 서로 조심하면 될 일도 요즘은 명백한 문제행동에 대해 혼내는 것조차 대단히 복잡하고 시일이 걸리는 지난한 과정이 되고 있습니다.

본문에 후술하겠지만 하나의 다툼이 최종 결론까지 몇 년 걸리기도 합니다. 옛날 같으면 명백한 문제행동에 대해서 학부모, 교사 등의 어른이 가해 학생에게 "야! 너 그만해라. 한 번만 더 그러면 진짜 혼난다."라고 경고하고 상황을 끝낼 수 있는 일조차도 해결이 어려워지고 있습니다.

최근 학폭 관련 뉴스를 보시면 아실 수 있듯이, 현재 구조로는 학폭 해결이 쉽다고는 절대 말 못 합니다. **학폭 가해자가 인정하지 않고 어떻게든 시간을 끌며 발뺌하는 경우, 피해자가 더욱 고통받게 되는 구조입니다.**

이렇듯 학폭 접수를 해도 가해자가 반성하기보다는 적반하장으로 다음과 같이 나오기도 할 수 있습니다.

"네가 피해자라고? 증거 있나?"

"너, 너무 예민한 거 아니냐?"

"오, 학폭 접수? 나도 너 학폭으로 접수할게. 응, 수고. 내 친구들이 나를 위해 증언해줄 거고요."

"응, 우리 부모님 아는 사람 많으시고요~."

등으로 대응하고 학폭 절차 과정을 악용하면, 피해자는 매우 힘든 상황에 처하게 됩니다. 결론적으로 학폭 매뉴얼과 규칙만으로는 이러한 현장의 모든 것을 효율적으로 해결하기는 쉽지 않습니다.

상황이 이렇다면 대다수의 선량한 학생과 학부모만 고통일까요?

선량한 교사도 마찬가지입니다.

교사가 해야 할 일 중 하나로 친구를 괴롭히는 문제 학생을 생활지도 해야 하는데요. 정작 문제 학생한테 뭐라고 좀 하면 아동학대다, 인권침해다 등이라고 합니다.

여담이지만, 저렇게 "본인 권리만을 주장하는 문제행동을 한 학생"은 정작 왜 친구들을 학대하고 친구의 인권을 침해하는 걸까요? 그리고 막상 혼날 것 같으면 본인의 권리를 주장합니다.

18

예를 들어, 초등학교 저학년생조차도 학용품(가위, 연필 등)으로 친구 얼굴(눈 등 예민한 부위)에 부상을 입히는 경우도 있습니다. 또한, 친구를 괴롭히고 다치게 했음에도 학폭 의도는 아니었다고 주장하기도 하지요. 이런 유형의 사건 사고는 검색을 조금만 해보시면 나옵니다. 그런데 막상 이렇게 학폭으로 보이는 사건 사고에 대해 교사가 문제 학생에게 훈계하면 아동학대 아니냐고 하는 학부모도 있지요.

한편으로 아동학대 관련 연령대에 대해서도 말씀드리겠습니다. "초등학생이나 중학생은 몰라도 그래도 고등학생은 다 컸으니까 아동이 아니니, 고등학생은 아동학대 관련 연령이 아니지요?"라고 하실 수도 있겠는데요.

아닙니다. 고등학생도 법적으로 아동으로 취급될 수 있습니다. **아동복지법에도 아동이란 만 18세 미만의 사람을 뜻한다고 나와 있습니다.** 만 나이이므로 고등학교 3학년 학생도 포함될 수 있습니다.

실제로 고등학생을 지도했다가, 아동학대 혐의가 발생한 교사도 있습니다. 게다가 요즘은 초등학교, 중학교 학생 중에서도 본인이 촉법 혹은 아동에 해당한다는 것을 알고 있는 경우도 꽤 있습니다.

촉법소년

촉법소년은 나이가 기준이므로 모든 중학생이 촉법소년에 해당하는 것은 아닙니다. 만 10세~만 14세 미만이 기준이 됩니다. 참고로 만 10세 미만의 경우 범법소년이라 해서 형사처벌 및 보호처분이 아예 불가능합니다.

범법소년은 촉법소년이란 말에 비해 좀 생소하실 수 있겠습니다. 촉법소년은 형사처벌은 안 되지만, 보호처분은 가능합니다. 그런데 범법소년은 형사처벌 및 보호처분이 일체 불가능한 연령대를 뜻합니다. 사건 사고 중 만 10세 미만의 아이가 어떤 행위를 하여서 사람의 생명을 위태롭게 한 경우도 있는데, 형사처벌 및 보호처분 자체가 안 되었습니다. 이 부분이 참 어려운 문제이지요.

또한, 본인이 아동복지법상 아동인 것을 아는 고등학생들도 늘어나고 있습니다. 정보화 시대라 아이들도 알 거 다 압니다. 다음과 같이 말입니다.

"우리가 어리다고 모를 거라 생각 말아요. 우리도 이제 촉법, 심신미약, 묵비권, 고의가 아니라 우발적으로 한 일 등 법적 개념들 어느 정도 안다고요!"

위와 같이 과거에는 학생들이 법을 잘 모르고 또한 무서워서 법을 지키려고 하는 경우가 있었다면, 이제는 어떤 나쁜 행동을 하면 대략 어느 정도로 처벌받겠다는 것을 파악하고 계산적으로 나쁜 행동을 할 가능성이 높아졌습니다.

물론 현대인이 법을 잘 아는 것은 교육의 일환으로 당연한 것이지만, 이렇게 계산적으로 불법적인 행동을 하는 경우는 우려가 됩니다. 그리고 이는 선량한 대다수 학생, 학부모, 교사를 고통받게 합니다.

이렇게 아동학대 관련 법령들은 원래는 아이들을 보호하려는 목적의 법이었습니다. 그런데 이를 오히려 문제 학생들이 악용하는 상황에서, 대부분의 선량한 학부모와 선량한 교사는 현실적으로 어찌해야 할까요? 어떻게 해야 대다수의 착한 학생들을 보호해줄 수 있을까요?

지금까지의 이야기를 보셨듯이, 이 질문은 초등 1학년부터 고등 3학년까지의 학부모와 교사에게 모두 관련된 물음이기도 합니다. 이제는 특정 학년의 문제가 아닙니다.

저는 살면서 다양한 경험을 통해 익힌 방법들을 바탕으로, 현실적으로 그나마 대응하는 방법들을 적절하게 사용하였습니다. 다행히 최근까지 어려운 생활지도 상황을 원만히 해결해왔습니다. 물론 제가 운이 좋았을 수도 있습니다. 그리고 저의 방법들이 완벽한 만병통치약은 분명 아닙니다. 저는 절대로 모든 것을 해결하는 약을 만들어 파는 사람이 아닙니다.

그렇다면 이러한 주장을 하는 저자는 어떤 사람일까요?

저는

학창 시절의 경험,

교사 배우자로서의 경험,

학부모로서의 경험,

그리고 최근 실제 현장의 경험을 통해 다양한 관점에서 학교를 보아왔습니다. 그 구체적인 내용은 다음과 같습니다.

1) 학창 시절의 학교

저는 학창 시절 모범생이었지만, 가난했습니다.

가난이라는 것이 지금도 힘들겠지만, 그 당시에도 참 고달팠습니다. 또한, 교사가 촌지를 받기도 하던 시절이었거든요.

가난했을 때, 그나마 얼굴을 피고 다니는 방법으로는

주먹을 잘 쓰거나
공부를 잘하거나
친구들 사이에서 말을 재밌게 잘하거나

등이 있었습니다. 그리고 저는 그나마 공부를 꽤 잘하는 편이었는데요. 그럼에도 이 당시의 학교와 선생님을 생각하면, 할 말은 많지만 하지 않겠습니다. 물론 좋은 선생님들도 계셨지만, 저를 서럽게 하는 선생님도 계셨던 것 같습니다.

그럼에도 학창 시절 최선을 다해서 요즘 SKY라고 불리는 곳에 이과 전공으로 입학을 하였습니다. 이후 대학에서 사랑하는 사람을 만났고, 그리고 저는 전공을 살려 대기업에 취직을, 배우자는 중고등학교에서 교원을 하게 되었습니다.

2) 교사 배우자로서의 학교

학교라는 공간은 학창 시절을 생각하면 생존의 공간이었습니다.

그리고 학생 입장에서 보면, 학교에서는 선생님이 교실에서의 왕이었고, 교장 선생님은 왕들 사이에 군림하는 왕중왕, 즉 황제였던 느낌이 있었습니다. 어릴 적 학교 운동장의 국민 조회는 마치 황제 알현식 같았지요.

그런데 교사의 배우자로서, 저는 학교에 또 다른 느낌을 받았습니다. 학생일 때 느낀 바로는, 교사는 학생들이 하교 후에 좀 여유가 많아 보였습니다. 하지만 학교에서 여기저기 치이고 퇴근해서도 수업 준비를 하는 배우자를 보면서, 내가 학교에 대해 피상적으로 생각했던 것보다 교사의 일이라는 것이 그 이상으로 많다고 느껴졌습니다. 특히 학생과 학부모로부터 교사의 감정이 지속해서 소모되는 경우가 많았습니다.

제가 어린 시절에는 "선생 똥은 개도 안 먹는다."라는 말이 있었습니다. 그만큼 교사가 스트레스를 많이 받는다는 뜻인데, 저는 학창 시절에는 저 말을 좀처럼 이해를 못 했지요.

그런데 힘들어하는 배우자를 보면서, 교사의 일이라는 것이 알게 모르게 힘든 일이라는 생각이 들었습니다. 물론 그럼에도 이 시절은 그나마 교권이 있었던 때였습니다.

3) 학부모로서의 학교

결혼 후 자녀를 키우면서, 운 좋게도 자녀가 잘 자라주었습니다. 현재는 의치한 분야의 현직 전문 의료인이 되었습니다. 학부모로서의 학교는 또 다른 느낌이었습니다. 저는 기본적으로 학부모로서 학교에 감사하면서도 서운했던 기억들이 있습니다.

그런 말이 있습니다. 사람과 관련된 100번의 경우 중에서, 사람을 대할 때 99번 잘 대해주거나 또는 무난히 대해주고 1번 못 해주면, 그 못 해준 1번이 사람 기억에 좀 더 남는다고 합니다. 그리고 예전에 어떤 방송에서도 한 방송인이 댓글 100개 중 악플 1개가 있으면, 그 악플이 더 기억에 남는다고 했던 말이 기억납니다. 저도 마찬가지로 평범한 사람이고 위의 내용과 비슷한 경우일 것입니다.

사실 부모가 아이를 키우는 것도 쉽지 않고, 또한 부모로서 아이에게 부족한 행동도 한 번쯤은 분명 했을 것입니다. 하물며 교사는 몇십 명의 학생들을 대하면서, 잘해주려고 의도하였어도, 같이 오랜 기간 지내다 보면 학생에게 서운하게 행동할 때도 있을 수밖에 없었겠지요. 그리고 워낙 다양한 가정환경과 개성을 가진 학생들을 대상으로 교육하다 보니 변수가 많아 교사의 당시 조치가 학부모 입장에서는 서운함 혹은 부족함이 느껴질 수 있습니다. 즉, 애초에 학부모가 마음만 먹으면 교사의 실수나 부족함을 발견하는 것은 결코 어려운 일이 아닙니다. 남의 실수 발견은 결코 대단한 일이 아닌 누구나 할 수 있는 일입니다. 1~2명 키우는 부모조차도 아이에게 실수나 부족한 행동을 하기도 하는걸요.

그러나 그러한 사실을 알면서도 저는 묘한 체험을 하였습니다. 그 당시 제가 학부모 입장에 있을 때의 일입니다. 일단 기본적으로 1년 동안 우리 아이를 가르쳐주신 선생님께 감사한 마음이 들었습니다. 그런데 학기 진행 중에 종종 서운한 감정도 들었는데요. 학기 중에 선생님이 우리 아이 마음을 몰라주시거나 혹은 교사로서의 대처에 미흡함이 있으시면, 저는 다수를 대상으로 하는 교육의 한계를 이성적으로 알면서도 그 순간만큼은 이상하게도 감정적으로 선생님께 서운한 마음이 들곤 하였습니다. 선생님은 한 명이고, 상대해야 하는 학생과 학부모는 한둘이 아니니, 1:1 지도하듯 밀착 케어할 수 없다는 것을 머리로는 알고 있는데도요. 물론 그 서운한 마음은 애써 넘기려고 했었습니다만, 부모라 그런 것인지 본능적으로 그런 감정이 일단 생기는 것은 어쩔 수 없었습니다.

위에 언급했던 것처럼 저는 교직에 대해 여러 가지 정황을 그나마 알고 이해하는 사람 중 하나입니다. 그런데도 이러한 감정이 들 때가 있는데요. 하물며 학교의 현실과 한계가 이해가 안 되는 학부모의 경우, 학교에 대해서 서운함을 가질 수도 있겠다 싶었습니다. 물론 누가 봐도 교사의 단순 과실이 아닌 진짜 확실히 잘못한 경우에는 해당 학부모는 학교에 감정이 생길 수밖에 없겠지요.

결론적으로 교사를 배우자로 둔 사람으로서 학교와 교사의 한계를 어느 정도 알고 있지만, 부모의 마음이라는 것이 자녀 일이 걸리면 심적으로 객관적이기가 쉽지 않았던 것으로 기억을 합니다.

4) 교사로서의 최근 학교

잘 다니던 대기업에서 은퇴하고, 사업에 뛰어들게 되었습니다. 이렇게 대기업이라는 간판 없이 세상에 나왔습니다. 어린 시절 부모님께 혼나서 대문 밖으로 나왔을 때의 기분을 어른이 되어서 다시 느끼게 되었습니다.

흔히들 말하곤 합니다. 직장은 전쟁터지만, 밖은 지옥이라고요. 대기업이라는 간판을 떼고, 이 시절에 사람을 대하는 것에 대해서 많은 것을 배웠습니다. 모든 사람은 아니더라도 생각보다 꽤 많은 사람에게 다음과 같은 방법이 통합니다.

⑴ 진실이나 사실보다는 듣고 싶은 말을 해주는 것을 더 좋아하고 그렇게 하면 오히려 최종 결과가 더 좋은 경우가 있을 수 있습니다.

⑵ 어떤 사람에게 조언할 때, 그 사람이 그 조언을 객관적이라고 느끼게 하려면 사실을 얘기하면서도 나는 너의 편에 있다는 뉘앙스로 말하는 것도 방법입니다. 그러면 그 사람이 해당 조언을 '공정하고 객관적'이라고 인지하고 경청할 가능성이 높아집니다.

⑶어떤 사람이 나에게 절대 들어 줄 수 없는 부탁을 하는 경우, "나는 너에게 해주고 싶은데 아쉽게도 현실적으로 어렵다."라는 식으로 부드럽게 말해야지, 그냥 고지식하게 "안 된다."라고 하면 상대방이 원한을 가지기 쉽습니다. 이후 그 상대방의 작은 원한은 더 큰 악의로 이어지고 이는 나중에 결국 나한테 피해로 돌아올 수 있습니다.

⑷아군을 만드는 것보다는 적이 만들어지는 것에 좀 더 주의를 해야 합니다.

⑸"죄송하다"라는 말은 경우에 따라 법적으로 인정한다는 뉘앙스로 여겨질 가능성이 높기 때문에 상황에 맞게 써야 하지만, 그렇다고 아예 사과 뉘앙스 하나도 없이 뻗대는 식으로 하면 극한의 대립까지 갑니다. 어쩔 수 없는 경우에는 일종의 유체 이탈 화법이라도 조금 써야 할 때도 있을 수 있습니다. 실제로 몇몇 지위가 높은 사람들이 쓰는 화법이기도 하지요. 물론 너무 자주 사용하면 역효과가 납니다.

이렇게 대기업을 나와 많은 경험을 하였습니다. 이후 시간이 지나 좀 더 나이를 먹고, 공교육에 의미 있는 헌신을 하고 싶어서 교육기관 중 저를 필요로 하는 곳에 들어가게 되었습니다.

학교생활 실전 대처법

이때 최신의 교직 문화는 예전과는 많이 달라져 있었습니다. 스승과 제자의 관계보다는 서비스 제공자와 고객의 느낌이었습니다. 아무래도 과거와 지금은 다르니까 그럴 수 있습니다. 시대의 변화에 발맞춰 나가야죠. 그래서 현재의 교사에게 "과거의 훈장님 혹은 스승의 대접을 하는 것은 시대착오적이다."라고 생각하는 사람들 또한 무슨 생각인지는 이해가 됩니다.

그런데 문제는 그러면서도, 필요하면 스승의 역할을 해주길 바라는 사람들도 있었습니다. 즉, 동일한 한 명의 교사에게 '서비스 제공자로서의 역할'을 요구하는 사람도 있고 '전통적인 스승의 역할'을 요구하는 사람도 있었습니다.

심지어 어떤 사람은 필요할 때마다 얼굴을 바꾸는 경우도 있을 수 있고요. 큰소리칠 때는 "너희가 스승인 줄 아냐. 너넨 그냥 서비스 제공자야! 어디서 고객을 혼내!"라고 하면서도 한편으로 아쉬울 때는 스승을 찾는 격이지요. "아니, 선생님이 그러시면 되나. 애들을 사랑으로 감싸줘야지."라고 하면서요.

이렇게 필요할 때마다 올려치기와 내려치기를 하는 것이지요. 물론 현실에서 이런 분들은 절대 많지 않습니다. 문제는 단 1명의 독특한 개성이 있는 사람이 난리를 치면, 학급의 교사에게 크게 영향을 주게 됩니다. 그리고 이후 교사 본연의 생활지도가 어려워지면서, 선량한 대다수 학생이 손해를 보게 됩니다. 저는 대기업이나 사업에서의 경험을 살려서, 교직에서 학생 및 학부모 대응을 원만하게 하였습니다. 이후 학교에서도 인정받아, 학교 업무를 학부모 민원과 연관된 분야로 맡아서 잘 대응하였습니다. 물론 다시 말씀드리지만, 제가 운이 좋아서 아직 진짜 무서운 분을 못 만났을 수도 있습니다.

이렇게 학교는 다른 일반적인 서비스 직군과는 조금 다른 양상이었습니다. 사실 일반적인 서비스 직군은 고객이 만족하는 것을 우선시하는 경향이 있습니다. 대부분의 서비스 직군은 일반적으로 고객을 훈육하지는 않지요.

그런데 고객인 학생을 가르쳐야 하는 학교의 특성상, 교사가 이러한 고객을 훈육해야 하는 상황이 발생합니다.

왜냐하면 문제 학생을 즉각적으로 지도하지 않으면 다른 선량한 학생이 피해를 보니까요. 그리고 이렇게 문제행동을 고치지 못한 학생이 사회에 나가면 사회에 더욱 큰 문제를 일으킵니다.

따라서 학교라는 장소는 고객에게 생활지도를 해야 하는 공간이고, 많은 교사는 이러한 부분에서 매우 힘듦을 호소하는 경우가 많은 것으로 보입니다.

문제 학생을 혼내자니, 문제 학생 고객 측에서 반발하고 문제 학생을 놔두자니, 피해 학생 고객 측에서 반발합니다.

일반적인 가게를 예로 들자면 다음과 같습니다. 가게에서 진상 고객이 난리를 쳐서 정상적인 고객이 점원에게 컴플레인을 하는 상황이 발생하였습니다. 물론 일반적인 가게에서는 보통 손님이 성인이고 심각한 경우 경찰을 부르는 것도 방법이겠습니다.

> 현실적으로 개인 사업장에서
> 진상 손님에 대해 경찰 부르는 게 쉬울까?
>
> 저의 경험에 비추어보면, 사실 일반적인 가게에서도 경찰을 부르는 것은 결코 쉽지 않습니다. 가게 이미지도 있고, 진상 손님이 구속되지 않는 이상 그 손님이 앞으로 또 나타날 수도 있기 때문입니다.

이렇듯 일반적인 가게에서도 성인 손님을 대상으로 경찰 부르는 게 조심스러운데요. 학교라는 공간에서 법적으로 보호를 받는 아동(고등학교 3학년도 연령대에 따라 아동으로 취급될 수 있습니다.)에 대해서, 교사가 경찰을 부르는 게 실무에서 정말 쉬운 일이 아닙니다. 교사가 만약 학생에 대하여 경찰을 불렀다면, '정말 오죽했으면'이라고 생각하셔도 되십니다. '학교에서 교사가 경찰을 부르기가 왜 힘든지'에 대해 보다 구체적인 이유는 이 책 본문에서 후술하겠습니다.

이러한 상황 속에서 저는 연륜과 경험으로 어찌어찌 상황을 해결하고 넘어가면서 생활지도와 학부모 대응을 하였습니다. 그럼에도 앞으로의 공교육이 너무나 걱정되더군요.

현재의 학교는 언제든지 '대부분의 상식적인 학생과 학부모, 교사들'이 고통받을 수 있는 공간이 되는 듯한 느낌이었거든요.

그럼에도 현재까지 불안한 상황이 이어지며, 결국 2023년도에는 공교육 관련해서 대형 사건 사고들이 연달아 터졌습니다.

뉴스 기사들을 보면서 마음이 아팠고, 학교생활지도 시스템이 변해야 한다는 생각이 들었습니다. 실제로 이 시스템은 국회든 교육 당국에서든

학교생활 실전 대처법

긍정적으로 변화하는 과정에 있습니다. 교사의 교육할 수 있는 권리를 살리는 방향으로 진행되고 있습니다.

하지만 그런 말이 있습니다.
우리는 답을 찾을 것이다. 늘 그랬듯이.

지금 상황에 적용하면, 다음과 같습니다.
문제 학생과 문제 학부모는 결국 새로운 시스템의 빈틈에 대한 답을 찾아낼 것입니다.

어떤 분야에서든지 간에 시스템의 빈틈을 악용하는 일은 동서고금을 막론하고 늘 있습니다. 그래서 현재의 시스템이 어떻게 변화하더라도, 그 소수의 문제 학생과 문제 학부모는 시스템의 빈틈을 반드시 찾아낼 것입니다.

그리고 다시 공교육의 질서를 무너뜨리고, 다수의 선량한 학생과 학부모, 교사들을 고통에 빠트리겠지요. 그래서 펜을 잡고 글을 쓰기로 결심하였습니다.

이 글은 다수의 선량한 학생과 학부모, 교사들을 위해 작성되었습니다.

저자는 "학생, 학부모, 교사 중 어느 한쪽이 옳고 그르다."라고 생각하지 않습니다. 학생, 학부모, 교사는 결코 대립하는 관계가 아닙니다. 또한, 집단은 하나의 개체가 아닙니다. 학생 중에도 문제 학생이 있고, 학부모 중에도 지나치게 요구하는 악성 민원인이 있고, 교사 중에서도 교사로서 정상적이지 않은 행동을 보이는 교사도 있다고 생각합니다.

그리고 이러한 각각 집단의 일부 이상한 사람들 때문에 절대다수가 피해를 본다고 생각합니다. 저는 대다수 선량한 학생, 학부모, 교사들이 안전하고 행복하게 지냈으면 좋겠습니다. 그런 점에서 생활지도 시스템은 합리적이면서도 실제적으로 바뀌어야 하고, 지금 그러한 과정에 있다고 생각합니다.

그럼에도 앞에서도 말씀드렸지만, 인간이 만든 시스템은 현실 세계에서 빈틈이 있을 가능성이 높습니다. 결국 시스템을 악용하려는 사람들은 다시 답을 찾아낼 것입니다.

따라서 이 책은 만병통치약이 아니고, 작금의 상황을 잠시 모면할 수 있는 진통제 역할에 불과하다는 것을 참고하시길 바랍니다. 그리고 학부모와 교사라면 알아야 할 내용들 중 가장 기본이 되는 내용을 다룬 책이오니, 참고하시길 바라겠습니다.

그럼 이 책이 누군가에게는 소중한 진통제가 되길 바라며, 글을 시작
합니다.

학교생활 실전 대처법

1장 학부모

문제 편 : 학교생활에서 일어날 수 있는 불안한 여러 가지 일

궁금증 편 : 학교, 아는 만큼 보이고, 보이는 만큼 해결됩니다

해결 편 : 지금 시스템에서 현실적인 해결 방법을 말씀드립니다

: 학교생활에서 일어날 수 있는 불안한 여러 가지 일

1. 새 학기를 맞이하며
불안한 학부모, 교사, 학생

새 학기라는 말은 사람을 설레게 합니다. 새로운 시작이지요. 그런데 새 학기가 되면, 학부모도 교사도 학생도 설레면서도 걱정도 될 것입니다. 새로운 만남으로 기대도 되겠지만, 다음과 같은 생각도 들 것이기 때문이지요.

학부모, 교사, 학생 :
"새 학기 학교생활 괜찮을까?"

이 생각은 매년 매 학기 자연스럽게 나오는 물음일 것입니다. 그리고 요즘 공교육의 상황 속에서 더 빈번하게 이러한 생각이 들곤 하겠지요.

특히, 2023년은 공교육에 있어서 다사다난한 해였습니다. 안타까운 사건 사고도 많았으며 또한 학교폭력도 법적인 분쟁까지 가는 경우가 여전히 있습니다. 심각한 학교폭력 사건으로 극단적인 상황까지 가는 경우도 뉴스로 나오고요. 사실상 2023년은 학교를 이루는 모든 구성원(학부모, 교사, 학생)이 힘들었던 시기였지요. 그리고 2023년 사건 사고들 이후, 교육 관련 법령이나 정책 등이 새로 도입되거나 바뀌는 과정에 있습니다.

예를 들어, 국회에서는 교육 관련 법령(교권 보호 4대 법안)이 입법 과정을 통과하였으며, 교육부에서도 교원의 학생생활지도에 관한 고시가 나왔습니다. 그리고 학교폭력 관련해서도 대학 입시에 영향을 줄 수 있는 정책이 수립되고 진행되는 과정에 있습니다. 이러한 변화는 학교와 관련된 안타까운 사건 사고가 더 이상 발생하지 않도록 하는 것이 중요 목적일 것입니다.

그럼에도 어떤 정책이라는 것은 결국 작용, 반작용, 부작용 등이 있습니다. 선의로 만들어진 정책이지만, 실무에서 적용하는 데 있어서 예상치 못한 반작용 혹은 부작용이 있을 수 있다는 것입니다.

그래서 새 학기가 되어도, 여전히 각 학부모, 교사, 학생들은 불안감이 있을 것입니다. 그리고 학교 구성원이 갖는 그 불안감은 다음과 같습니다.

학교 구성원들이 가질 수 있는 각각의 불안감

학부모 :

(의도치 않게) 나도 악성 민원 학부모가 될 수 있다.

교사 :

(의도치 않게) 나도 아동학대 교사가 될 수 있다.

학생 :

(의도치 않게) 나도 학교폭력 피해 학생이 될 수 있다.

(의도치 않게) 나도 학교폭력 가해 학생이 될 수 있다.

요즘은 특히 대학 입시와도 연관될 수 있다.

위와 같이 각각의 학교 구성원들은 새 학기가 되면, 각자 불안감을 가질 수 있습니다. 특히 학부모와 교사는 아래와 같이 구체적인 걱정을 가질 수 있습니다.

학교생활 실전 대처법

나는 당연히 교권 지지하는 사람이야. 솔직히 애들이 자라다 보면, 혼날 것은 혼나야 정신 차리고 바른 사람 되는 거지. 난 우리 애가 잘못했으면 당연히 혼나야 한다고 생각해.

(1번 : 그런데 만약) 우리 애가 다치거나 학교폭력 피해자로 의심이 되고, 그래서 학교 다니기 힘들어하면 그래도 이건 선생님께 물어봐야 할 것 같아. 그런데 정말 물어봐도 괜찮을까? 나는 너무 예민한 학부모가 되는 걸까?

(2번 : 그런데 만약) 우리 애가 학교폭력 가해자라고 들었는데, 우리 애가 억울한 부분이 있지 않을까? 이제 대학 입시에도 반영된다고 들었어. 나는 정말 억울한 부분을 알고 싶어서 민원을 넣는 건데, 이게 이기적인 행동일까?

요즘은 분위기가 선생님께 뭐 좀 물어보면,

진상 학부모 되는 느낌이야.

2023년 공교육 관련 사건 사고는 예상치 못한 사건 사고는 아니었지. 교실에서 다툼이 있어서 지도하면 피해든 가해든 다들 억울한 학생이고, 교사만 나쁜 사람 되고.

또한, 친구들을 괴롭히는 아이를 지도하려고 해도, 학부모님께서 "우리 애 마음 알아주셨냐. 아동학대 아니냐. 민원 넣겠다. 고소 고발하겠다." 이런 식으로 나오면 내가 뭘 할 수가 없어서 정말 자괴감이 들었어. 실제로 뉴스를 보니 대한정신건강의학과의사회에서도 교사들의 정신건강 관련해서 성명을 낼 정도이고, 내 주변 동료 교사들도 정신적으로 힘듦을 호소하고 있지.

이번에 정책이나 법령이 바뀌어서, '물리적 제지, 휴대폰 압수, 교실 밖으로 보내기' 등을 할 수 있도록 한다는 것은 생활지도 강화 정책이긴 해. 그런데 진짜 해도 괜찮을까? 솔직히 했다가 학부모님이 원한을 가지고 합법이든 불법이든 내게 빌미를 잡고 민원을 넣기 시작하면 난 버틸 수 있을까?

이렇게 교육 관련 법령이나 정책이 선한 의도로 도입되겠지만, 여전히 새 학기를 앞두고 '나(학부모, 교사, 학생)'는 과연 학교생활을 잘해나갈 수 있을까 하는 걱정이 들 수 있습니다.

학부모의 경우, 본인 기준으로 정당한 민원이라고 생각했는데, 악성 민원을 넣었다고 대중으로부터 욕을 먹고, 합법으로 조치(직업에서 징계 또는 계약 해지 등 불이익 조치)되거나 불법적으로 보복당할 수 있다는 생각이 들 수 있습니다. 실제로 2023년에 학부모의 신상과 직종이 노출 되고 합법적으로 조치를 당하거나 불법으로 사적 제재를 당해서 난리가 난 적도 있었지요.

그래서 학부모도 정당한 의도에서 민원을 내고 싶은데, 요즘 분위기 때문에 정당한 민원도 넣지 못할까 두려워하시는 분들도 많을 것입니다.

선량한 학부모 입장에서 "선생님의 교권 강화에 대해 당연히 지지하면 서도 내 아이 생각하면 이건 문의드려야 할 것 같은데 진상 부모 될까 봐 눈치 보인다."라는 생각에 불안감이 있는 학부모도 있을 수 있고요. 그래 서 선량한 학부모 또한 교권 향상을 지지하면서도 불안할 수 있습니다.

경험상, 상식적인 학부모님일수록 더 학교에 죄송해하는 경향이 있어서 이러한 분들이 오히려 정당한 민원을 못 넣으실까 걱정됩니다.

특히 이러한 상식적인 분들일수록, "이 문제는 말씀드려야 할 것 같은데." 하며 선생님께 문의 내용을 작성하면서도, 차마 보내질 못하고 조심스러워서 썼던 내용을 다시 지우고 혼자 끙끙 앓는 분도 있으실 수 있습니다.

말을 해야 서로 오해가 안 쌓이는 부분도 있기에, 참 어려운 문제입니다.

교사의 경우, 마찬가지로 불안감은 여전합니다. 이전에는 설령 정당한 문제 학생 생활지도를 해도 "우리 아이 마음 알아주셨냐."라는 민원에 대해 몇 시간 이상 알맞은 대응을 고민해 가며 해명해야 하는 상황이 있을 수 있었습니다. 그리고 그러한 민원에 대응하는 과정에서 소모되는 시간과 에너지는 다음 날 수업이나 생활지도에 좋지 않은 영향을 주게 됩니다.

물론 이번에 법령과 정책은 바뀌는 과정에 있습니다. 그러나 과연 실무에서 정말로 교사의 정당한 지도를 실제적으로 확실하게 보호해 줄지 고민이 될 수 있겠습니다.

한편으로 설령 법령과 제도가 바뀐다고 해도, **애초에 교사는 학부모와**

원만한 관계를 유지할 필요가 있습니다. 많은 이유가 있겠지만 그중 하나로 다음의 이유를 말씀드립니다.

예를 들어, 교사가 법령에 근거해서 친구를 괴롭히는 학생의 공격적인 문제행동에 대해 정당하게 생활지도를 했다고 해보겠습니다. 그리고 해당 학생의 학부모는 "내 아이가 무조건 옳고 어떤 경우에도 내 아이는 상처받으면 안 된다."라는 교육 가치관을 가졌다고 가정해 보겠습니다.

위에서 교사의 정당한 생활지도 상황으로 인해서, 학부모가 담임교사를 싫어하게 되었습니다. 하지만 그 학부모는 새로운 법령으로 인하여 교사를 어찌할 수 없다고 판단하였다고 생각해 보겠습니다. (물론 실제로는 대응 방법이 아예 없는 것은 아닙니다.) 아무튼 그렇게 가정한 상태에서 학부모는 자녀에게 다음과 같이 얘기할 가능성이 높습니다.

"○○아, 너희 담임, 이상한 사람이야. 네가 잘못한 거 하나도 없어. 잘못했더라도 학생이 커가는 과정에서 그럴 수도 있지. **내가 나중에 담임 선생님 혼내줄 테니까** 일단 기분부터 풀자. 맛있는 거 사줄게."

부모님 입장에서는 자녀의 속상한 기분을 풀어주려고 본인 기준에서 선의로 아마 말씀하신 거겠지요. 그런데 그렇게 말씀하시는 순간부터 문제행동을 했던 학생은 교사가 잘못했다고 확신을 가지게 되고, 교사를 신뢰할 수 없게 됩니다. 왜냐하면 부모의 말을 통해서 학생에게 교사는 이상한 사람으로 정의되었으니까요. 이후로는 학생도 더욱더 교사에게 반발심이 생기고, 교사의 정당한 지시를 따르지 않을 가능성이 높습니다. 이후로 계속 갈등이 생기면 그만큼 교사는 본연의 교육을 하기 어려워집니다. 앞에서 정당한 생활지도를 했음에도요.

따라서 담임교사가 소신껏 법령에 따라 지도할 수 있게 되었다고 해도, **학부모와 원만한 관계를 유지하는 것은 매우 중요합니다.** 나에게 악의를 가진 사람은 정말 무섭기 때문입니다. 생활지도가 정당하고 안 정당하고를 떠나서, 특정 학부모가 교사를 싫어하게 되면 어떤 식으로든 악영향을 주게 될 가능성이 높습니다.

또한, 구체적인 이유는 다른 장에서 후술하겠지만, 실무에서는 교사가 단 한 명의 학부모와도 사이가 나빠지면 매우 어려운 상황에 이를 수 있습니다. 한 명의 학부모가 교실과 학교를 아수라장으로 만들 수 있기 때문입니다. 없는 사례를 말씀드리는 것이 아니라 실제로 발생하였던 사례이고, 앞으로도 발생할 수 있습니다.

그래서 이번에 새로운 법령이 생겨도, 교사들 또한 교사의 생활지도를

학교생활 실전 대처법

학급의 모든 학부모님이 이해해 주실지 고민이 될 수 있겠습니다. 학부모 한 분이라도 반발하고 각종 합법적인 방법으로 교사를 괴롭히면, 설령 재판에서 교사가 최종심 무죄라도 그 과정이 매우 고단합니다. 그래서 이것을 잘 아는 교사는 설령 학생을 위하는 선량한 마음을 지녔어도 여전히 불안한 마음으로 교단에 섭니다.

학생의 경우, 마찬가지로 불안감이 있습니다. 공부에 대한 고민도 있겠지만, 요즘 가장 고민되는 것은 결국 학교생활 적응이겠지요. 특히 학교 친구들과의 관계가 매우 중요합니다. 그래서 학폭 관련 이슈가 발생하면 그만큼 학생에게는 크게 다가옵니다. 아무리 학부모가 자녀에게 "얘야, 졸업하면 걔들 아무것도 아니야. 결국, 네가 졸업해서 잘사는 것이 최고다."라고 마음 다잡게 하려 해도, 현재 시점의 학생에게는 학교와 친구가 인생 대부분의 비중을 차지합니다.

또한, 학교폭력 제도가 입시와도 연관되면서, 자칫하다가 아이의 삶이 학폭으로 인해 발목 잡히는 경우가 있을 수 있습니다. 그만큼 매우 불안한 요소가 됩니다.

게다가 대학 입시와 학폭을 연계하게 되는 경우, 만약 대학 입시에 관심 없는 학생이라면

"응, 대학 안 가면 되는 거고요~. 개인방송 있고요~."

"저출산이라 학생 없어서 아무 대학 가려면 갈 수 있고요~."

"돈 많은 백수하면 되는 거고요~."

"응, 촉법(나이에 따라 아동 혹은 미성년자로 표현)~."

이런 식으로 나올 수 있는 반면에, 막상 정작 모범생이 학폭 무고로 문제가 발생할까 걱정될 수 있습니다.

물론 학폭 접수가 되었다 하더라도 무고로 판정받고 학교폭력 아님으로 결정될 수는 있습니다. 하지만 문제는 시간입니다. 아무리 모범생이 학폭 아님으로 입증되어도 그 결과가 나오기까지 기간이 생각보다 길고, 그동안 중간고사나 기말고사라도 있다면 엄청난 심리적 압박에 시달릴 것입니다.

물론 혹자는

"학교폭력 가해자가 뭐가 불안하지? 학교폭력 피해자는 학폭 당할까 봐 불안할 수 있는 것은 인정해. 그런데 가해자는 그냥 학폭을 안 하면 되지 않나? 본인이 그냥 학폭을 안 하면 되는 거잖아."

라고 생각하실 수 있겠는데요.

세상일이 그렇게 단순하지가 않아서, 알고 보면 **무고나 쌍방인데 해당 학생 측의 법률 지식 부족이나 여러 가지 이유 등으로 억울한 경우도 있을 수 있습니다.**

그리고 가해자가 계획적으로 피해 학생 측에 빌미나 트집을 잡아서, 누가 봐도 해당 학생은 피해 측 학생인데 오히려 학폭 가해자로서 신고당해 고통받는 경우도 있을 수 있습니다. 나중에 구제된다고 해도 여린 마음에 매우 힘든 과정일 것입니다.

윗부분 내용은 '3. 우리 애가 학교폭력 가해자?'에서 구체적으로 다루어보도록 하겠습니다. 특히나 이제는 학폭이 대학 입시에까지 엮인 이상, 누가 봐도 모범생이라 하더라도 학교폭력 무고에서 자유로울 수는 없습니다. 그래서 학생들이 실제로 잘못이 있든 없든 불안할 수 있습니다. 특히 오히려 '내신 관리로 수시 등을 준비하는, 즉 잃을 게 많은 모범생'이 학폭 무고로 인한 스트레스를 더욱 받을 수 있겠습니다. 내신 관리는 한 번 한 번의 학교 시험이 매우 중요하기 때문입니다. 반면에 대학 입시나 장래에는 관심 없고 친구 괴롭히는 학생은 크게 영향을 안 받을 수 있고요.

이렇게 불안감을 가지고 가는 새 학기,

어떻게 해야 하나요?

결국, 학교생활의 핵심은 '학생의 안전, 친구 관계, 교사 생활지도'이며 매우 중요한 요소들입니다. 이 요소들은 학교폭력 관련 법령 및 아동학대 관련 법령과 밀접한 관계를 가지고 있습니다.

그렇다면 학교폭력 관련 법령과 아동학대 관련 법령은 어떤 식으로 실제 적용되고 있을까요? 학교폭력 관련 내용부터 차분히 살펴보도록 하겠습니다.

학교생활 실전 대처법

2. 학교폭력 당한 내 아이,
법대로 해결합시다! 그런데?

부모 입장에서, 내 아이가 학교에서 겪는 여러 가지 일 중 가장 참기 힘든 것이 바로 학교폭력 피해자가 되는 것입니다. 소중하게 키운 내 아이가 학교폭력의 피해자가 되어서 고통받는 것을 생각하면, 부모 본인이 직접 당한 것 그 이상으로 마음이 아픕니다.

그러다 보면, 피해 측에서는 **두 가지 불법적인 실수**를 할 수 있습니다. 이 부분은 매우 조심하셔야 합니다.

잘못하다가 법적으로 학폭 피해자가 억울한 상황이 될 수 있습니다. 이제 아래 내용을 살펴보겠습니다.

1) 학교폭력에 대해 불법적인 대응은 위험하다

학교 실무 현장에서 피해 측 부모가 실수하기 쉬운 두 가지

우선 알아두셔야 할 내용은 다음과 같습니다.

우리나라는 원론적으로 **사적 제재를 허용하지 않고** 만인에게 평등한 법치국가입니다.

우리 아이가 피해자로서 학교폭력에 노출이 되었을 때, 부모님은 당연히 속상하고 힘듭니다. 빨리 해결해 주고 싶습니다. 그런데 절차를 따지다 보면 복잡하니 즉석에서 서둘러서 해결하고 싶습니다. 그러다 보면, 두 가지 실수를 범할 수 있습니다.

첫 번째 조심! 직접 상대방 아이 찾아가서 해결하기

모 지역 중학교 학생 간에 있었던 일입니다. 중학생 자녀가 같은 학교, 같은 반 학생으로부터 괴롭힘을 여러 차례 당했습니다. 그래서 이미 피해자 측 어머니께서는 괴롭힌 가해자 학생에게 주의를 주기도 하였습니다. 실제로 이 가해자 학생은 학교폭력대책심의위원회에서 학교폭력이 맞다고 인정된 학생이었습니다.

학폭 피해 부모 입장에서 이렇게 여러 번 자녀가 괴롭힘을 당했고, 또한 반복적인 상황인데요. 여기에 대해 학폭 피해 부모는 좀처럼 인내심을 갖고 참기가 어려우셨을 것입니다. 결국, 해당 부모는 학폭 가해 학생에게 찾아가서 몇 차례 소리를 쳤습니다. 그다음에는 어떻게 되었을까

학교생활 실전 대처법

요? 학폭 가해 학생은 위협을 느꼈고, 따라서 학폭 가해 학생 측은 '**아동학대**'로 학폭 피해 학생의 부모를 '**고소**'하였습니다.

판결은 어땠을까요?
정서적 아동학대로 실제로 판례가 나왔었습니다.

즉, 요즘같이 고소 고발 시대에서는 우리가 상식적인 대응이라고 생각해도 법으로는 불법일 수가 있게 된 것입니다. 그래서인지 과거에 비해 동네 어르신들의 불량 청소년 훈계도 확 줄었지요. 실제로 동네 어르신들이 담배 피우는 학생들 훈계하는 과정에서 학생들이 경찰에 신고를 하는 뉴스도 있었고요. 그래서 학생들이 거리에서 나쁜 짓을 해도, 이젠 상식적인 어른들이 중재하기 매우 어렵습니다. 그리고 이렇게 되면 그 동네는 우범 지역이 될 가능성이 높아질 수 있습니다.

학생들의 반사회적 문제를 못 본 척하게 되는 사회

이 사회는 건강한 사회일까요?
경찰에 신고하면 되지 않냐고 하지만, 경찰의 인력 부족 및 출동 과정에서 걸리는 시간을 생각하면 동네 어른들께 좀 더 강화된 정당한 훈계 권한이 필요하다고 느낄 때가 있습니다. 물론 이 부분에 대해서 명확한 가이드라인이 있고 홍보되어야 할 것입니다.

특히 학생이 다른 학생을 괴롭히는 문제에 대해서 어른이 못 본 척 지나가면, 결국 이러한 분위기는 나중에 더 큰 사회적 비용으로 나타납니다. 즉, 동네에서의 문제 학생 방치는 이후에 전체 우리 사회가 기필코 그 사회적 대가를 치르고 말 것입니다.

그런데 이때 "아동학대는 초등학생까지 적용 아닌가요?"라는 궁금증이 생기실 수 있는데요. 아닙니다. 고등학생도 아동복지법상 아동에 해당할 수 있습니다.

고등학교 학생도 아동에 포함될 수 있어서, 부모든 동네 어른이든 해당 고등학생을 훈계하는 과정에서 아동학대 혐의로 신고 접수될 수 있습니다.

한편으로 어른과 아이(특히 만 10~14세 미만)의 다툼에서는 초·중학생쯤 연령의 아이는 촉법소년이라 형사처벌을 받지 않고 보호처분이 가능합니다. 반면에 어른은 자녀를 괴롭힌 가해자 학생한테 큰소리 좀 쳤다고 형사처벌될 수 있습니다.

그리고 만 10세 이하는 범법소년이라고 해서, 모든 형사책임에서 면제 (단, 민사는 개별적으로 판단될 수 있음)되고 소년법상 보호처분도 받지 않습니다. 실제로 해당 연령대의 학생이 사람을 사망케 하였지만, 형사 처벌과 보호처분 모두 받지 않고 사건이 종료되었지요. 게다가 만 10세 이하라고 해서 모두가 다 순진무구하지는 않습니다.

또한, 그렇다고 교사나 다른 어른이 해당 문제 학생을 훈육하려다가, 만약 문제 학생의 부모가 인권을 운운하며 아동학대로 고소 고발해버리면 일이 더 복잡해집니다.

선현의 옛말 중에 "콩 심은 데 콩 나고, 팥 심은 데 팥 난다."라는 말(콩콩팥팥)이 있습니다. 만약, 문제 학생의 부모도 문제 학생과 비슷한 성향이라면 사실상 제3자가 문제 학생을 훈육하기가 정말 쉽지 않습니다.

따라서 그냥 해당 문제 학생의 부모를 자극 안 하고 달래가면서 생활 지도하는 게 더 나을 수도 있습니다. 그런데 이렇게 '문제 학생과 문제 학생의 부모를 달래가면서 지도하는 방식'은 제대로 된 따끔한 훈육이 안 되어서, 당시에는 그냥저냥 넘어가더라도 나중에 다 사회가 감당하게 되는 부담의 원인이 될 수 있습니다. 문제행동에 대해서는 즉석에서 엄하게 해야 할 때도 있는데 그걸 못 하니까요.

보편적 국민 정서인 권선징악을 생각해보면 납득하기 어려울 수 있습니다. 하지만 현실입니다.

두 번째 조심! 피해받은 사실 주변에 알리기

전통적으로 우리나라는 공동체가 발달한 사회고, 그리고 현대에 와서도 그만큼 우리나라 사람들은 주변의 눈들을 조심하는 편입니다. 그래서 눈치 문화도 발달해 있습니다.

그뿐만 아니라 애초에 꼭 우리나라가 아니더라도 인간은 사회적 동물이기 때문에, 주변에 소문 퍼트리는 것만으로 학교폭력 가해 측에 그만큼 피해를 줄 수도 있습니다. 그래서 소문을 퍼트리는 것은 다음과 같은 양상을 보입니다.

소문 퍼트리기는 어른도 쓰는 전략

소문 퍼트리기는 아이뿐만 아니라 다 큰 어른들 간의 다툼에서도 사용되는 전략입니다. 상대방의 주변 지인에게 혹은 상대방 직장 등에 알림으로써, 나의 도덕적 명분을 쌓고 상대방을 망신 주는 전략을 쓰는 것입니다. 물론 이러한 방식은 현행법상 불법적 요소가 있을 수 있습니다.

학교생활 실전 대처법

이는 마찬가지로 학교폭력에서도 비슷하게 진행될 수 있습니다. 사실 피해 학생이나 피해 학생의 부모님께서 너무나 억울한 마음에, 피해 사실을 주변에 알리거나 인터넷에 올리는 방식으로 하소연을 하고 싶으실 수 있습니다.

그런데 하고 싶은 마음과 실제 실행은 별개의 문제입니다. 우리나라 법령에는 일명 '사실을 말하는 죄'라고 해서 사실 적시 명예훼손이 있습니다. 그리고 이 법은 사문화된 법이 아니고 실제로 생생하게 작동하는 법입니다.

따라서 상대방이 설령 진짜로 학교폭력 같은 나쁜 짓을 했다고 해도 주위에 억울함을 알리는 과정에서 위법적 문제가 발생할 수 있습니다. 억울함을 주변에 알리는 것이 정당했음을 입증하지 못하고 재판이 진행되는 경우, 사실 적시 명예훼손으로 형사처벌이 될 가능성이 있을 수 있습니다.

이렇게 된다면 학교폭력 피해 학생이 억울한 경우가 생길 수 있습니다. 예를 들어, 어떤 학생이 괴롭힘을 당해서 가해자들을 학교폭력으로 신고했고, 가해 학생들은 처분을 받았습니다. 그런데 여전히 학교폭력이 계속된다고 해보겠습니다. 결국, 피해 학생은 이를 주변에 알리는 과

징에서 빌미를 잡혀, 피해 학생 또한 학교폭력 가해자로서 학교폭력으로 처분받으면서도 한편으로 사실 적시 명예훼손으로 고소당할 수 있습니다. 즉, 학폭 피해자가 주변에 억울한 사정을 알리다가 학폭 가해자로 조치되고, 추가로 형사재판까지 갈 수 있다는 것입니다.

그래서 요즘은 학폭 가해자로 인정받았다고 단순하게 보면 안 되고, 맥락까지 잘 살펴야 하는 경우도 많습니다. 학폭 피해자가 피해 사실을 주변에 알리는 과정에서 언어폭력, 사이버 폭력 등으로 학폭 신고를 당할 수 있기 때문입니다.

이렇듯 학폭 피해 사실을 주변에 알리는 것은 이러한 부분을 고려하여 주의해야 합니다. 그럼 다음의 경우를 가정해보겠습니다.

학교폭력 피해를 당해 화가 난 피해자 측에서 그 사실을 주변에 알렸고, 아래와 같이 진행된 상황

가해 학생 측 상황 :
본인이 가해한 부분에 대해 학교폭력 가해자로 판정받았으며 조치됨.

피해 학생 측 상황 :

본인이 피해받은 부분에 대해서 학교폭력 피해가 맞다고 인정받음. 다만, 사실 적시 명예훼손으로 형사처벌을 당한 경우.

즉, 가해자는 학교폭력으로 인정받고 한편으로 피해자는 사실 적시 명예훼손으로 인정받은 경우입니다. 이에 대해서 굳이 손익을 따져본다면 (사실 엄밀히는 비교하기 어렵습니다.), 사실 적시 명예훼손이라는 형사처벌을 받은 피해자 측이 오히려 더욱 손해일 가능성이 있습니다. 형사처벌로서 전과가 발생했으니까요.

또한, 꼭 처벌에 대한 손익뿐만 아니라 심리적으로도 피해 측에 더 타격이 갑니다. 학폭 피해자인데 형사처벌로 인한 전과가 생겼으니까요. 일반적으로 위 사안과 관련 없는 제3자들이 보기에도, "피해 측이 억울할 수 있겠다."라는 생각이 들 수 있겠는데요.

하물며 당사자인 학폭 피해 측은 얼마나 억울할까요? 그리고 만약 가해 측에서도 피해 측에게 형사처벌로 몰아가는 것을 성공시켰으니, 더 당당하게 피해 측에 나올 수 있습니다. 이러면 피해자의 가슴에 새겨진 학교폭력에 대한 마음의 상처는 쉽게 사라지지 않을 것입니다.

여기까지 내 아이가 학교폭력 피해자로 느껴질 때, 조심할 점을 정리하면 다음과 같습니다.

내 아이가 학교폭력 피해를 받았을 때 조심할 점

첫 번째 조심! 직접 상대방 아이 찾아가서 해결하기

두 번째 조심! 피해받은 사실 주변에 알리기

지금까지 두 가지 조심할 점을 보셨으면, 두 가지 생각이 자연스럽게 드실 수 있습니다.

첫째, 내 아이가 피해자일 때, 조심해야겠다

둘째, 내 아이가 가해자일 때, 저 상황에 저렇게 써야겠다

한편으로 하나의 동일한 학생이라도 성장 과정에서, 학교폭력 피해자인 시절이 있을 수 있고, 가해자인 시절이 있을 수 있습니다.

즉, 흔히들 말하는

가해자가 된 피해자

혹은

피해자가 된 가해자

입니다.

옛말에도 "사람이 들어갈 때와 나올 때 다르다."라는 말이 있습니다. 그래서 동일한 사람이지만, 상황에 따라 말이 다를 수 있습니다. 일종의 내가 할 때와 남이 할 때 다른 기준을 적용하는 것이지요.

본인이 피해자일 때는, "왜 빨리 저 가해자 조치 안 하냐. 이거 학교가 은폐하는 거 아니냐."

위와 같이 하다가도, 반대의 상황에서

본인이 가해자일 때는, "왜 제대로 된 조사 없이 그렇게 빨리 사안 조사하려고 하냐. 학생 인권 보호 안 하냐. 가해자는 학생 아니냐."라고 하실 수도 있는 게 사람 심리고, 부모 심리입니다.

물론 이 부분은 어떤 심리인지 이해가 갑니다. 그리고 그렇기에 학교 폭력 사안 처리는 원칙적으로 가해든 피해든 관련 당사자 어느 한쪽에 치우치지 않게 공정해야 합니다. 옛날 우리나라 원님 재판식(네 죄는 네가 알렸다!)으로 하면 안 되는 것이지요. 그런데 그러다 보면, 피해 학생 측에서도 불만, 가해 학생 측에서도 불만이 생기는 구조입니다.

그래서 이 책 앞부분에서 언급한 사업에 뛰어들면서 체감했던 점을 여기 적용해보면, 학교폭력 담당자가 정말 최대한 냉철하게 객관적으로 학교폭력 사안 처리를 하는 경우 당사자 학부모들은 학교폭력 사안 처리 담당자 혹은 관계자(담임교사 등)가 내 편이 아니라는 생각을 하게 될 수 있습니다. 그리고 이는 지금 이 사안 처리 과정이 객관적이거나 공평치 않다고 생각하게 만들 수도 있습니다. (물론 이런 경우가 아니라, 누가 봐도 객관적이지 않고 공평하지 않은 학교폭력 사안 처리 과정이라면 당연히 관련 학부모 입장에서 불만이 생길 수밖에 없습니다.)

결국, 학교폭력 담당자 및 관계자(담임교사 등)들은 매뉴얼에 의거해 공정하게 하다 보면, 피해와 가해 양측에서 미움을 받을 수 있습니다. 공적 업무라는 것은 어느 쪽 편을 들지 않고, 규정에 나와 있는 대로 공평무사의 진행이 원칙입니다. 그런데 정작 이 방식은 양측 모두에게 미움을 받을 수도 있는 방식입니다.

다른 장에서 더 구체적으로 말씀드리겠지만, 학부모 민원인의 미움은 생각보다 더 무섭습니다. 미움이라는 감정에서 시작해서 담당자 등(담임교사 포함)을 상대로 한 고소 고발로 이어지고, 담당자 등은 몇 년간 시달릴 수도 있습니다. 업무를 잘하면 칭찬받아야 하는 것이 맞습니다. 그리고 공정한 진행은 칭찬받고 권장되어야 합니다. 그런데 담당자 등의 공정한 진행으로 양쪽 학부모 측의 미움을 받아서 소송당하면, 이로 인한 악순환이나 역효과가 발생될 수 있습니다.

이렇게 살펴보면, 실무에서 학교폭력에 대한 대응이 현실적으로 쉽지 않음을 알 수 있습니다. 학교폭력 사안 처리는 일반적으로 생각하는 원님 재판('네 죄는 네가 알렸다!' 식의 단순하고 명쾌한 권선징악) 방식도 아니고요. 또한, 학교폭력 가해자 측의 부모가 현행 법령을 악용할 여지도 있을 수 있습니다. 그리고 이러한 방법들은 암암리가 아니라 실제로 사용되는 방법입니다. 앞의 예시들은 이미 뉴스 기사 등으로 꽤 많이 소개되고 있습니다. 따라서 이 부분에 대한 개선이 필요합니다.

한편으로 개인적인 생각이지만, 가해 측에서 이러한 부분을 더 이상 악용하지 않았으면 합니다. 그 이유는 다음과 같습니다.

> 학교폭력 가해자가 피해자를 고소 고발하면 왜 안 돼?
> 어쨌든 법으로 승소한 자가 승리자 맞잖아.

보통 위와 같은 마음으로 피해자를 고소 고발하는 가해 측 학부모가 있다면, 단기적으로는 합리적이라고 생각할 수 있지만, 장기적으로는 비합리적입니다.

먼저, 가해 학생(나의 자녀)이 성장하면서 잘못된 인식을 가지기 쉽습니다. "함부로 사과하지 말자.", "고소 고발이면 전부 다 해결할 수 있다.", "합법이면 비도덕적이어도 해도 된다." 이런 생각이요. 그리고 이렇게 아이가 성장하게 되면 그 대가가 정말 가정에 다 돌아옵니다. 바로 천륜으로 이어진 그 가해 학생의 부모에게 말입니다.

교사나 학생들이야 어차피 졸업하고 가해자와 안 만날 수도 있겠습니다. 그러나 부모는 어쨌든 절연하지 않는 이상 저렇게 비인성적으로 성장한 아이랑 계속 인연을 이어갑니다.

즉, 피해자에게 진정한 사과를 하지 않고 고소 고발하는 가정의 학생은 결국 본인이 대가를 치르거나 혹은 부모가 그 대가를 대납(대신 납부)하게 되는 경우가 있습니다.

살다 보면, 시험 성적도 중요하지만 결국 행복에는 '좋은 멘털과 성실한 습관, 자기 객관화' 또한 정말 중요합니다. 그리고 피해자에게 사과 없이 고소 고발하는 행위는 위에 열거된 요소들의 성장(멘털, 습관, 자기 객관화)에 좋은 영향을 줄 것 같지는 않습니다. 그리고 부족한 인성을 가진 학생이 사춘기나 성인이 되면 부모도 감당 못 합니다.

지금까지 학교폭력에서 학부모가 조심해야 할 두 가지 내용(직접 상대방 아이 찾아가서 해결하기, 피해받은 사실 주변에 알리기)을 알아보았습니다.

위의 두 가지 내용을 학교 교사에게 적용해보면, 이제 학교가 왜 지금 이러한 상태인지 이해가 되실 겁니다. 그러면 아동학대 관련 법과 사실 적시 명예 훼손법 두 가지로 나누어서, 학교 교사 관련해서 말씀드리겠습니다. 먼저 아동학대 관련 법입니다.

앞의 예시에서 학교폭력 가해자한테 큰소리친 피해자 학부모가 안타깝게도 아동학대로 고소 고발당해서 형사처벌 조치되었는데요.

교사도 마찬가지입니다.

교사라고 아동학대 관련 법에서 적용이 완전히 배제되지 않습니다. (앞에서도 말씀드렸지만, 고등학교 3학년 학생도 나이에 따라 법적으로 아동으로 볼 수 있습니다.) 먼저 교사가 하는 일의 중심은 결국 수업과 생활지도이지요. 그리고 생활지도로서의 훈계는 결국 학생의 사회화를 위해서 당장은 듣기 싫은 소리를 하는 것이고요.

그래서 어떠한 문제행동에 관한 생활지도에 대해서 모든 맥락을 살펴보면 교사의 정당한 지도이지만, 학생 입장에서는 그걸 정당하게 안 볼 가능성도 높습니다. 결국, 기분이 상한 학생은 본인 기준으로 집에 얘기하게 되고, 부모가 만약 학생 편을 드는 경향이 강할수록 더더욱 문제 학생 생활지도가 어려워집니다.

일이 이렇게 되면 이제 이 문제 학생은 학습하게 됩니다. "아, 내가 친구를 괴롭혀도 내 잘못을 인정하지 않고, 부모님께 내 입장 위주로 이야기하는 것이 이득이구나!"라고요. 그리고 항상 그런 것은 아니지만, 사람이 나쁜 것을 빨리 배우는 경우가 있을 수 있습니다. 그래서 나중에 평범한 다른 학생들도 따라 배워서 자신의 잘못을 인정 안 하고 선생님의 정당한 지도에 반항하게 됩니다. 이렇게 학급 분위기가 불안해지면, 더 나아가 학급 붕괴 혹은 사회적 문제로 진행됩니다.

그리고 상황을 객관적으로 바라보려는 학부모보다는, 본인 위주로 상황을 해석하려는 학부모일수록 그 자녀 또한 학교에서 문제행동을 하는 학생일 가능성이 높습니다. 그래서 더욱 생활지도를 하기 어렵지요. 문제 학생의 생활지도를 위해서 학부모의 협조가 필수인데, 정작 이 문제 학생 학부모의 협조가 안 되니까요.

학교생활 실전 대처법

실제로 교사들이 선량한 대다수의 학생을 위해 문제행동을 한 학생에게 정당한 생활지도를 했음에도 정서적 아동학대 신고 접수로 인해 직위 해제된 경우가 있습니다. 그리고 그 과정에서 교사들은 심리적으로 매우 힘들어하실 것이고요. 이는 학급의 대다수 선량한 학생들이 피해를 봅니다.

이러한 상황은 해당 학급의 교사 개인과 그 학급으로 끝나는 것이 아닙니다. 학교에 있는 동료 교사들도 마찬가지로 영향을 받습니다. 주변에 그렇게 직위 해제된 교사들을 본 동료 교사들도 동요하게 되고 이는 학교 전반에 걸쳐서 정상적인 생활지도하는 것을 매우 어렵게 만듭니다.

결국, 소신대로 하신 분은 직위 해제되셔서 교실에서 사라지게 되시고, 이후 교육 현장에는 소신대로 하셨지만 아직까지는 운이 좋아서 살아남으셨거나, 혹은 최대한 상황에 맞춰서 생활지도하신 분들이 살아남으시겠지요. 그리고 그런 과정에서 대다수의 선량한 학생들은 그만큼 피해를 보게 될 것입니다.

이것이 학교의 현실 중 하나였습니다.

"왜 우리 선생님은 문제행동하는 애들 좀 잡고 혼내면 좋겠는데, 저렇게 놔두시지?"

하고 궁금하셨지요?

물론 교사가 생활지도를 아예 안 하지는 않았을 겁니다. 부드럽게 달래는 식으로는 말했을 가능성이 높습니다. 다만, 정작 필요한 것은 엄격한 지도인데, 효과적이면서도 엄격한 지도를 하면 일부 문제행동 자녀의 학부모님들이 싫어하십니다.

그리고 단순히 싫어하시는 것에서 끝나는 게 아니라 민원을 넣으시거나 혹은 고소 고발을 하기도 합니다. 교사를 정신병에 걸리도록 괴롭히십니다. 이러면 생활지도를 한 교사는 자신의 행위에 대한 소명 과정에 시간과 에너지를 쏟게 됩니다. 그리고 그만큼 본연의 수업이나 생활지도를 지속하기 어렵습니다.

또한, 앞서 언급했듯이 아예 해당 교사가 직위 해제돼서 교실을 떠나야 하는 경우도 있고요. 그래서 교사의 역량이나 소신 여부와는 상관없이 생활지도를 효과적으로 하기 어려웠고, 결국 절대다수의 선량한 학생들이 피해를 보아왔습니다.

교실에서 상황을 제어할 수 있는 어른은 1차적으로 사실상 학급에 있는 교사 1명입니다. 그리고 그 교사의 권위가 무너지면, 대다수 학생이 불안한 상태에 있게 됩니다.

여기까지가 아동학대 관련 법으로 인한 선량한 학부모와 교사 모두의 문제 학생 생활지도에 대한 어려움이었습니다. 다음으로 사실 적시 명예훼손에 대해 추가로 말씀드리겠습니다.

앞서 아동학대 관련 법에서처럼 사실 적시 명예훼손에서도 교사는 당연히 적용받습니다. 학교폭력 피해 측 학부모는 정말 궁금하실 겁니다. 그 가해 학생은 도대체 어떤 애고 뭐 하는 애인지, 평소 생활은 어떠한지, 통상적인 훈육이 되는 애인지, 뭔가 특별한 프로그램을 받아야 할 것 같은 애인지 궁금하실 것입니다. 그리고 학교폭력 사건 발생 시, 구체적으로 어떠한 맥락에서 사건이 발생한 것인지도 알고 싶으실 것입니다.

그런 부분들에 대해서 피해 측 학부모님께서 궁금하신데도, 정작 필요한 말도 안 해주는 담임교사가 참으로 답답하게 느껴지실 수 있으실 겁니다. 그런데 담임교사도 피해 측 학부모님에게 솔직히 말하고 싶을 때가 있을 수 있습니다. 다음과 같은 말들을요.

첫째, 저 학생은 지금 통상적인 생활지도도 안 되고, 학부모도 협력이 안 되고 있습니다.

둘째, 저 학생과 학부모는 사실상 가해자이면서 피해의식이 정상적 범주를 넘어섰기 때문에, 해당 학생과의 관계는 각별히 주의해야 합니다.

셋째, 저 학생에게 정신 검진 및 심리 치료 등 조치를 취하고 싶은데 부모 동의 없이 협조가 되지 않아서 현실적으로 진행이 정말 안 되고 있습니다. 뭐라고 얘기하면 항상 억울하다고 합니다.

이러한 말들을 하고 싶어도, 설령 사실이라 하더라도, 사실을 말한 범죄행위가 될 수 있습니다.

그리고 대부분 교사들은 모범생 출신들이 많고, 제도권의 교사이기 때문에 법을 지키려고 하는 성향이 강한 편입니다.

그러다 보니 아동학대 관련 법이나 사실 적시 명예훼손 법 등으로 인해 교사의 말과 생활지도는 대단히 제한되어 있었습니다. 사실상 교사의 손발을 묶어놓고 "생활지도 잘 해봐." 하는 격이지요. 또한, 학교폭력 피해 학부모님께도 마찬가지로 적용될 수 있습니다. 이로 인하여 선량한 학생이 피해를 보는 것 같아 너무나 안타까운 상황입니다.

선량한 대다수의 학부모님께서 보시기에 담임교사가 답답한 부분이 느껴지신다면, 바로 저 위의 저러한 내용 때문일 가능성이 있습니다.

Q. 우리 담임선생님은 너무 답답해. 문제 학생 혼낼 것은 혼내고, 또한 대다수 선량한 학부모들에게도 도움을 요청했으면 우리도 함께 도와줄 텐데. 왜 그러시지?

A. 생활지도를 효과적으로 하자니, **아동학대 범죄자**가 될 수 있고, 선량한 대다수의 학부모님의 도움을 받고 싶어도 말하는 과정에서 **사실적시 명예훼손**에 걸릴 수 있습니다. 많은 교사는 공무를 수행하는 입장이며, 규칙을 준수하는 경향이 강하고요.

따라서 어쨌든 현실이 그러하니, 담임교사에게 뭔가 요청할 때는 저 부분을 감안해서 요청해야 그나마 효과적인 요청이 될 가능성이 높습니다. 이러한 상황에서 학부모님이 교사에게 효과적으로 전달할 수 있는 민원 방법은 **해결 편**에서 말씀드리도록 하겠습니다.

앞의 내용까지 다 보았다면, 다음과 같은 생각이 드실 수 있겠습니다.

"아, 불법은 저런 문제점이 있겠구나."
"합법적으로 학교폭력 접수 절차로 진행해야겠다."

라는 생각입니다.

물론, 학교폭력 신고 접수는 합법이기 때문에 앞의 두 가지 조심할 점 (직접 상대방 아이 찾아가서 해결하기, 피해받은 사실 주변에 알리기)과 비교해보면 불법적인 리스크는 거의 없습니다.

그리고 학부모가 학교폭력 절차를 요청하면, 학교는 접수해주어야 합니다. 특히 "학부모가 강력하게 학교폭력 접수 의지를 표명했음에도, 학교가 학폭 접수를 해주지 않는다?" 그건 위법입니다. 학교가 학폭 사안을 은폐하는 행위이기 때문에, 학부모가 학폭 접수를 강력하게 요청하였음에도 접수를 해주지 않는다면, 해당 지역 교육청에 꼭 연락해서 문의하시길 바랍니다.

또한, 해당 지역 교육청에 연락하기 전에도 다음과 같이 학교에 말하는 것도 방법입니다. "나는 분명 학폭 접수를 요청했는데 접수가 되지 않으니, 교육청에 문의해보겠다."라는 말만 해주어도 학교는 접수해줄 가능성이 매우 높습니다.

혹시나 학부모 입장에서 이러한 학교폭력 접수 관련해서 "학교와 사이가 나빠지면 어떡하나, 학교폭력 처분 관련해서 우리 쪽이 불이익을 받는 것은 아닌가?" 하는 생각이 드실 수도 있는데요. 게다가 "혹시 학교 교직원에게 우리 아이가 밉보이면 어떡하지?"라는 생각을 하시는 학부모도 있을 수 있습니다. 일단 학폭 접수를 두고 악감정을 품는 교직원은 거의 없을 것으로 생각합니다. 하지만 그럼에도 걱정되실 수 있으니 말씀드리겠습니다.

학교폭력에 관한 심의 등은 과거에는 학교에서 진행되었습니다. 물론 여기에도 공정성을 위한 장치들은 있었습니다.

하지만 이미 몇 년 전부터 학교폭력에 관한 심의 등은 학교가 아니라 교육청 쪽에서 진행하게 되었습니다. 학교가 교육청에 압박을 넣거나 할 수도 없고, 의지도 없습니다. 특히 학교 교직원 출신이라면 단위학교가 교육청, 교육부에 압박을 넣을 수 없다는 것을 충분히 이해하실 겁니다.

따리서 '혹시 학교폭력 접수하다가 학교에 밉보이는 거 아닌가?'라는 생각은 안 하셔도 됩니다. 학교폭력 사안 처리 과정에서 학교는 그런 식으로 개입할 수 없습니다. 따라서 원칙적으로 학교는 학교폭력 심의 결과에 영향력을 행사할 수 없습니다.

즉, 학교폭력 접수 신청 자체는 학부모의 고유 권한이므로 신청하실 수 있습니다. 그런데 해결 과정이 생각처럼 일사천리로 되기 어렵다는 것이 한계점입니다.

왜냐하면, 상대방도 가만히 있는 것이 아니기 때문이지요. 상대방도 맞폭(맞대응해서 학폭 신고) 등 다양한 방식으로 대응할 수 있습니다. 일단 이를 이해하기 위해서 학교폭력 처리 절차부터 살펴보겠습니다. 학부모님들께서도 학폭 자체가 두려우시더라도, 학폭이 어떻게 처리되고 진행되는지 전반적인 과정을 '학기 시작 전에' 문서로 한 번 확인해보시면 좋습니다.

그 문서의 제목은 현재 이 책의 집필 기준으로 **2023.9.1. 개정판 학교폭력 사안 처리 가이드북**이며 교육부 사이트에 공개되어 있습니다. 교육부 검색창에 '학교폭력 사안 처리'로 검색하면 나옵니다. 그 내용을 보시면, 학교폭력 사안이 어떤 식으로 처리되고, 어떤 식으로 진행되는지가

학교생활 실전 대처법

구체적으로 나와 있습니다.

물론 위의 문서가 구체적으로 나와 있다고 해도 실제 학폭 처리의 모든 예시와 상황들을 하나의 문서에 전부 기술하는 것은 현실적으로 불가능합니다. 따라서 문서의 내용은 참고로 하시고, 실제 상황이 발생한 경우에는 학폭 담당자와 그 상황에 맞게 의논해서 진행해야 할 것입니다.

그럼에도 "아는 만큼 보인다."라는 말이 있습니다. 내가 충분히 이론적 지식을 갖고 있을 때 그만큼 법과 규정을 활용할 수 있게 됩니다. 따라서 간단히라도 한 번 읽어보시는 것을 추천드립니다.

그럼 본격적으로 말씀드리기에 앞서, 학폭 사안을 접수하시면 다음과 같이 진행됩니다.

학폭 사안 처리 순서도

초기 대응→사안 조사→전담기구 심의→심의위원회 조치 결정→조치 이행

출처 : 2023.9.1. 개정판 학교폭력 사안 처리 가이드북

물론 사세한 것은 해당 분서에 나와 있습니다만, 핵심적인 부분을 몇 가지 말씀드리자면 다음과 같습니다.

첫 번째로 **전담기구 심의 부분**에서 학교장 자체 해결이 있습니다. 심의위원회로 넘어가기 전에, 학폭 접수된 사안 관련해서 학폭 당사자 양측이 화해 및 합의를 하고 몇 가지 요건들이 만족되면 학교장 자체 해결이 될 수 있습니다.

그러면 심의위원회로 넘어가지 않게 됩니다. 그대로 해당 학폭 사안은 학교장 자체에서 종결되는 것이지요. 또한, 이렇게 학교장 자체 해결로 종결되면, (한쪽이 마음이 바뀌더라도) 법적으로 함부로 돌이킬 수 없도록 되어 있습니다. 한 번 위와 같이 종결되면, 다른 불가피한 상황이 발생하지 않는 이상 그 건에 대해서는 종결이 됩니다.

두 번째로, **조치 이행**입니다. 심의위원회에서 조치 결정을 내리면 무조건 다 따라야 하는 것은 아닙니다. 심의위원회는 법정이 아니고, 재판 결과를 내는 곳이 아닙니다. 심의위원회에서 내린 조치를 이행할 수도 있지만, 불복하고 법원에서 심의위원회의 결정이 옳았는지를 다시 한번 확인해볼 수 있습니다.

학교생활 실전 대처법

세 번째로, 위의 학폭 사안 처리 순서도에는 나와 있지 않지만 학교폭력 사안 처리 가이드북을 보시면, 관계 회복 프로그램이라는 것이 있습니다. 사실 학폭이라는 것도 결국에는 최종적으로 모든 학생이 잘 지내는 것이 핵심입니다. 따라서 학폭 사안 처리 중이라 할지라도 학생 간 관계 회복 프로그램을 진행할 수 있습니다. 물론 양쪽 당사자들의 동의가 필요합니다. 그래서 학교 측에서도 이러저러한 화해나 합의 쪽을 강요는 아니더라도 언급은 할 수도 있는데요.

이건 학교가 강제로 화해를 주선하는 것이 아니라 학교폭력 사안 처리 가이드북에 있는 관계 회복을 위한 절차의 일환으로서 안내되는 것입니다. 따라서 관계 회복 프로그램을 언급한다고 무조건 학교가 은폐를 하거나 그런 목적은 아닙니다.

지금까지 규정을 간단하게 살펴보셨습니다. 사실 사안 처리 과정은 법률 및 규정적인 부분이 많습니다. 제대로 다루려면 이에 대한 안내를 책 여러 권에 걸쳐 설명해드려야 할 것인데요. 이는 오히려 이 책을 이해하며 읽기에는 역효과만 날 것으로 판단하였습니다. 또한, 개별 사례에 따라 대응이 매우 다양하고요.

따라서 이 책의 설명으로는 감만 잡으시고, 실제 발생했을 때는 담당자문과 잘 의논하셨으면 합니다. 그럼에도 이 책에 있는 내용은 그만큼 가장 **기본**이 되는 내용이니 꼼꼼히 잘 읽어주셨으면 합니다. 그러면 합법적으로 학교폭력 접수를 하였는데도, 왜 피해자 측은 학폭 처리 과정이 쉽지 않다는 느낌을 받을 수 있는 것인지 말씀드리겠습니다.

한 문장으로 간단하게 말씀드리자면, 다음과 같습니다.

가해자로 지목된 학생 쪽도 똑같은 권리가 있기 때문입니다.

이제부터 가해자로 지목된 학생이 취할 수 있는 방식을 말씀드리겠습니다. 이 원리를 알아야 피해 측에서도 대응할 수 있습니다. 따라서 꼭 알아두셔야 합니다.

가해자로 지목된 학생 측에서 할 수 있는 행동은 다음과 같습니다.

대응1 상황을 인정하고 사과 및 합의

대응2 상황을 인정하지 않고, 부정하기(혹은 합리화하기)

대응3 상황을 인정하되, 상대방도 잘못 있음

대응4 상황을 인정하되, 상대방도 예전에 잘못이 있음

더 다양한 대응 예시가 있습니다만, 대표적으로 위와 같이 말씀드렸습

학교생활 실전 대처법

니다.

위의 가해자가 취하는 대응2, 대응3, 대응4는 피해자 측에서도 황당하실 수 있겠습니다. 그러나 요즘은 학폭에 다들 민감하기 때문에 가해자 측은 더더욱 대응2, 대응3, 대응4로 반응하는 경향이 있습니다. 그리고 그게 현실 학교입니다.

좀처럼 인정하지 않는 가해자들?

왜 가해자들은 인정하지 않는 것일까요? 학폭 가해자라는 낙인이 정말 무섭기 때문입니다. 미디어가 더욱 발달하면서 유명 연예인, 운동선수의 학폭 논란뿐만 아니라 회사원, 공무원, 자영업자 등도 학폭 논란에 휘말리는 경우가 있을 수 있습니다. 또한, 아직 졸업 전 학생이라면 앞으로는 대학 입시에도 영향을 받을 수 있고요.

이처럼 삶에 있어서 발목을 잡힐 수 있으므로 쉽사리 학폭 가해를 인정하기가 쉽지 않습니다. 한편으로 학폭 피해자는 그 기억을 계속 가지고 삶을 살게 되기 때문에 인생 전반에 걸쳐 고통받지요. 따라서 학폭은 피해자로서도 가해자로서도 관련되지 않는 것이 좋습니다.

앞와 같이 사람은 본질석으로 위험을 회피하려는 성향이 있기에, 내 자녀가 잘못했어도 자녀의 미래를 위해서 일단 말이 되든 안 되든 방어 기제를 펼치거나 반박 혹은 맞대응을 하게 되는 것입니다.

그런데 이런 맞대응이 효과가 아예 없는 것도 아닙니다. 그분들 생각에는 효과가 있으니까 그렇게 하는 것이겠지요.

이에 대해서는 예시 상황을 들어서 말씀드리겠습니다.

(1) 예시 상황1

어떤 초등학교에서 6학년 A 학생과 6학년 B 학생 간에 마찰이 있었습니다. 그리고 그 마찰 과정에서 각각의 잘못 혹은 과실 비율은 숫자로 다음과 같았습니다.
(본문 내용의 수월한 이해를 위해, 과실 비율 개념을 임의로 사용하였습니다.)

6학년 A 학생 잘못 : 95
6학년 B 학생 잘못 : 5

학교생활 실전 대처법

참고로 학교폭력은 신체 폭력, 언어폭력, SNS 폭력, 따돌림, 금품 갈취 등이 모두 포함되는 개념입니다. 즉, 때리지는 않았지만 놀리는 것도 경우에 따라 학교폭력으로 인정될 수 있습니다. 이렇게 학교폭력에 대한 정의는 범위가 매우 넓기 때문에, 학교폭력을 신고하려면 어떻게든 빌미를 잡아서 접수 진행할 수 있습니다.

이때, 6학년 A 학생(95 잘못) 및 A 학생 학부모님께서는 잘못을 인정하지 않으셨고 또한 법을 최대한 유리하게 이용하려 한다고 가정하겠습니다.

결국, B 학생 측은 A 학생이 사과해주고 화해했으면 그냥 넘어갔을 테지만, 안타깝게도 그러한 조정이 안 되었습니다. 이후 양측의 심한 갈등 끝에 B 학생 측에서 A 학생에 대해 학폭 접수를 하였습니다. 그러면 다음 궁금증이 자연스럽게 생길 수 있습니다.

질문 1) A 학생 쪽에서 맞대응으로 B 학생의 잘못 5를 구실로 학폭 접수 가능한가요?

대답 1) 네, 가능합니다. 잘못이 있으면 0이 아닌 이상 학폭 신고 접수가 가능합니다. 실무에서는 잘못 5는커녕 잘못이 1도 아니고 체감상 잘못

0인 것처럼 보여도, 일단 상대방이 학폭으로 어떻게든 주장하면 학폭 신고 접수를 일단 받아야 합니다. 학폭 접수를 요청했음에도 접수를 받지 않으면 그것은 문제 소지가 있으니까요. 그래서 학폭 접수에서 가해자로 지목당한 학생은 아무리 억울해도 사안 조사에 들어갈 수 있습니다.

질문 2) A 학생과 B 학생의 잘못이 크든 작든 결국 잘못이 있기는 한 것으로 각각 인정되었다면, 둘 다 각각 가해로, 학폭 조치(처분) 및 생활기록부에 올라갈 수도 있나요?

대답 2) 가해한 부분이 크든 작든 인정되고 요건에 맞는다면, 두 학생 모두 각각 가해로써 했던 내용에 대해서 조치 및 기재될 수 있습니다.

실제에서도 가해자로 지목된 학생이 그냥 가만히 있는 것이 아니라, 피해 학생을 맞신고해버리는 이른바 맞폭 사례도 발생하고 있는 상황입니다.

이건 제가 신종 수법을 알려드리는 것이 아니라, 이미 변호사와 상담한 가해 측 학부모의 대응 방법 중 하나입니다. 언론으로도 공론화되었고요. 오히려 이 수법을 몰라서 피해 측에서는 당황해하고 억울할 수 있기에 미리 말씀드립니다.

학교생활 실전 대처법

즉, 고소에는 맞고소가 있는 것처럼 학폭 신고에는 맞폭, 맞신고가 있습니다. 그래서 어른들끼리 쌍방 폭행이 있는 것처럼, 학폭 사안에서도 "나를 신고해? 그러면 너도 신고당해라."라는 식으로 쌍방 사건을 만드는 것입니다.

실제로 상대방도 조금이라도 잘못이 있다고 느껴지면, 그것을 물고 늘어지는 것이 가해자로서는 합리적인 전략이니까요.

그래서 가해자가 폭력을 하는 과정에서 피해자도 방어를 위해서 폭력을 쓰거나 혹은 욕설 등 거친 말을 쓰면, 이걸 빌미로 맞폭을 걸고 이후에 "우리 같이 학폭 조치돼서 생활기록부에 기록 남기지 말고, 서로 합의 보고 취하합시다." 이렇게 하는 전략입니다.

피해자 측에서는 황당하죠. 그런데 내 아이도 같이 학폭 가해 부분이 인정되고 기록되는 것만큼은 피하고 싶기 때문에 그렇게 합의를 보게 될 수도 있을 것 같습니다. 두 번째 예시를 보겠습니다.

(2) 예시 상황2

이번 사건은 6학년 A 학생의 잘못이 일방적인 경우입니다. 그리고 B

학생의 잘못이 0이라고 주장해줄 승인, 증거 또한 충분하다고 가정하겠습니다.

6학년 A 학생 잘못 : 100
6학년 B 학생 잘못 : 0

마찬가지로 A 학생 쪽은 어떤 방식의 사과나 인정도 안 했고 양측의 갈등이 심해졌다고 하겠습니다. 그래서 잘못이 아예 없는 B 학생 쪽에서 참다 못해서 학폭을 접수했다고 전제하겠습니다.

A 학생 쪽은 이번 경우에는 100 대 0의 잘못인지라, 이번 사안은 어쩔 수 없다고 생각했습니다. 그런데 문득 A 학생은 어떤 생각을 떠올렸습니다. 바로 B 학생이 몇 개월 전에 A 학생에게 뭔가 잘못했던 것이 기억났습니다. 그리고 A 학생은 어떻게든 학교폭력 부분과 연계시킬 수 있다고 생각하였습니다.

질문 3) 이러한 상황에서 학폭 접수 가능한가요? 그리고 설령 학교폭력 담당자가 보기에, 과거 사건에 대한 학폭 접수는 이번 사건에 대해 합의를 이끌어내기 위한 맞대응처럼 보인다 해도 접수가 가능할까요?

학교생활 실전 대처법

대답 3) 네, 접수 가능합니다. 심지어 몇 년 전 사건이라도 당시 접수하고 해결되었던 사건이 아닌 이상 학폭 진행을 원하면 진행할 수 있습니다.

예전 사건이 접수되는 이유는 무엇일까요?

예시 상황 2를 보시면서 "저렇게 과거 사건을 빌미로 학폭 접수를 하는 것이 말이 되나."라는 생각이 드실 수 있습니다.

하지만 일단 학폭 사건을 보시면, 과거에는 무서워서 말 못 하고 있다가 학년이 올라가고 반이 바뀐 다음에 학폭 사안을 접수하는 경우도 있기 때문에, 과거 일에 대한 학폭 접수를 막을 수는 없습니다. 선의의 제도이지만, 가해자의 합의를 위한 용도로 악용될 수 있는 것이지요.

질문 4) 결국 두 사건 모두 접수가 각각 되었고, A 학생의 지금 잘못과 B 학생의 몇 개월 전 잘못 모두 학폭 가해로 인정된다면 어떻게 되는 건가요?

대답 4) 요건에 부합한다면, A 학생은 현재 사안으로 조치될 수 있고, B 학생은 예전 사안으로 인하여 조치될 수 있습니다. 즉, 이번 경우에는 지금 시인에시는 승산이 보이실 않으니, 예전 사건을 가지고 맞폭으로 진행하는 것이지요.

다음 상황은 더욱더 정서적으로 정의롭지 못하다고 생각하실 수 있겠습니다만, 한번 보시겠습니다.

중학교 3학년 B 학생이 초등학교, 중학교 기간에 걸쳐 학폭과는 9년간 완전히 무관한 상태로 가정하겠습니다. 물론 현재 학교폭력의 정의상, 매우 범위가 넓기 때문에 완전히 무관하다는 것은 이론적인 가상의 상황으로 이해해주시면 됩니다.

그런데 이 B 학생이 같은 반 A 학생에게 일방적으로 괴롭힘을 당했다고 해보겠습니다.

중학교 3학년 A 학생 잘못 : 100
중학교 3학년 B 학생 잘못 : 0
(B 학생은 지난 9년간 어떤 학교폭력과의 연관이 명백히 0인 상태로 가정)

A 학생은 100의 잘못으로 인한 학폭이 결정되었고, 이에 대하여 A 학생 측은 어떠한 대응도 할 수 없었습니다. A 학생 측 변호사도 B 학생에 대해서 맞폭을 하는 것은 불가능하다고 말한 상태입니다. 그리고 열심히 선처를 호소하였지만, 학폭위에서는 결국 전학 조치가 나왔습니다.

질문 5) A 학생이 이 결과를 싫어합니다. A 학생은 이 조치를 꼭 받아 드려야 하나요?

대답 5) 아닙니다. 소송 등으로 학폭위의 조치를 불복하고 내려온 조치를 불이행할 수도 있습니다. 재판 결과가 나올 때까지 취소소송 등으로 지금 학급에 계속 남는 것도 불가능하지 않습니다. 그리고 관련 기관에서 이 불복 절차에 대한 안내는 꼭 해야 하는 것입니다. 절차적으로 문제가 있으면 그 절차적 하자로 인하여 법적으로 문제가 될 소지가 있습니다.

또한, 법원의 판정이 학폭위의 조치 결정보다 더 강하기 때문에, 법원의 가처분 결정 등의 상황에 따라 학폭 조치를 바로 진행할 수는 없습니다.

그러면 여기서 자연스럽게 하나의 질문으로 귀결될 것입니다. 학폭의 '정말 진짜 마지막 최종 종결'까지는 얼마나 걸리는 걸까요?

질문 6) 그러면 학폭이 접수되고 최종 종결까지 얼마나 걸릴까요?

대답 6) 원칙적으로 언제까지라는 특정 날짜가 완전히 정해지지는 않았습니다. 특히 소송까지 엮이면 더욱더 그러합니다.

실무에서 실제적으로 얼마나 걸리냐에 대한 답은 다음과 같습니다. 학폭이 접수 및 진행되고 소송까지 가는 경우에는 우리나라가 3심제이기 때문에, 정말 몇 개월에서 몇 년까지도 걸릴 수 있습니다. 소송이 원래 그렇습니다. 그래서 가해 학생이 조치되어야 하는데 졸업해 버리는 경우도 있고요. 따라서, 학폭 절차가 합법적으로 진행되었음에도 피해 측에서 매우 스트레스를 받는 경우가 있을 수 있습니다.

피해 학생 측에서는 "아니, 예전에는 너무 심각한 애들은 그냥 담임선생님이 날을 잡아서 혼내던데, 이거 왜 안 되나요?" 하시겠지만, 앞서 말씀드린 대로 지금은 아동학대 여지가 있습니다.

결론적으로 학폭 접수를 해도, 상대방이 가만히 있는 허수아비도 아니고, 각종 대응을 하기 때문에 이 과정에서 피해 측은 매우 큰 스트레스에 시달립니다.

그리고 심리적으로도 사람이 차라리 망각하는 게 더 나은 경우가 있는데요. 이 학폭 진행 과정 중 안 좋았던 기억을 다시 진술하는 재진술 과정에서 개인의 심리적 관점에서는 '오히려 접수를 안 했어야 했나'라는 마음이 피해 측에서 생길 수도 있습니다. 그래서 차라리 그냥 전학이나 자퇴를 해야겠다고 생각하는 경우도 있을 수 있습니다.

실제로 학업뿐만 아니라 관계 때문에 학교생활을 못 하고 자퇴하는 경우가 있을 수 있고요. 너무나 마음 아픈 일입니다. 대부분의 피해 측 학생은 사실 가해 측에서 인정하고 사과해주고 앞으로 안 그랬으면 하는 바람이 전부인 경우가 많거든요.

학교폭력 관련해서 예방 교육, 사안 처리 등 각종 노력을 기울여도 쉽게 해결되지 않고 안타까운 학폭 사건 사고가 나타나는 이유 중 하나입니다.

애초에 애나 어른이나 잘못을 인정하기가 좀처럼 쉽지 않고, 또한 본인이 잘못했어도 어떻게든 상대방의 절차적 하자든 내용적 하자든 조금이라도 트집 잡을 것이 있다면 그걸 빌미로 악용하는 경우가 있습니다.

학교뿐만 아니라 사회에서도 그러한 경우가 있고요. 법의 틈새를 미꾸

라지처럼 이용하는 사람늘이지요. 이는 사회적 비용을 야기시킵니다.

또한, 학교폭력과 관련해서 지금까지는 평판이나 자존심 등 때문에 쉽게 인정을 못 했다면, 이제는 우리나라 교육 최고의 관심사인 대학 입시까지 걸려 있는 상황입니다. 수능 날 사회가 일시적으로 정지되는 것만 보더라도, 우리나라 대학 입시는 사실상 교육의 알파이자 오메가인 것 같습니다. 이런 상황에서는 아마 학폭에 대해 인정보다는 소송 끝까지 갈 가능성이 있어 보입니다. 이미 지금도 소송전을 하는걸요.

지금까지 다룬 내용을 바탕으로 결론은 다음과 같습니다. 우리 아이에게 현실의 학교폭력 발생 시, 그 대응 방법은 불법인 방식의 대응은 당연히 안 됩니다.

그런데 합법적인 방식 또한 속 시원하게 사이다 같은 결말이 날 때도 있겠지만, 그렇지 않을 때도 있습니다. 그리고 그 과정에서 학폭 피해자는 고통받습니다.

학교생활 실전 대처법

3. 우리 애가
학교폭력 가해자?

부모님들께서는 보통 학생이 어릴수록 자녀가 학교폭력 가해자가 될 가능성에 대해서 매우 낮게 보실 수 있는데요.

즉, 예를 들어, 부모님 입장에서

"초등학교 1학년이 학교폭력 가해자가 될 수 있다고요? 초등학교 1학년인데도요? 우리 애는 뭘 아는 애도 아닌데요."

이렇게 생각이 들 수 있습니다.

법적으로 학교폭력은 초등학교 1학년도 얼마든지 학교폭력 가해자로 지목되어 접수될 수 있습니다. 그래서 관련 뉴스를 보면, 보통 가해자로 지목된 학생의 부모님이 반성 이전에 오히려 매우 놀라시는 경우도 많습니다.

그 이유는 학교폭력의 정의가 다음과 같기 때문입니다.

제2조(정의) 이 법에서 사용하는 용어의 정의는 다음 각 호와 같다.

1. "학교폭력"이란 학교 내외에서 학생을 대상으로 발생한 상해, 폭행, 감금, 협박, 약취 · 유인, 명예훼손 · 모욕, 공갈, 강요 · 강제적인 심부름 및 성폭력, 따돌림, 사이버 따돌림, 정보통신망을 이용한 음란 · 폭력 정보 등에 의하여 신체 · 정신 또는 재산상의 피해를 수반하는 행위를 말한다.

1의2. "따돌림"이란 학교 내외에서 2명 이상의 학생들이 특정인이나 특정 집단의 학생들을 대상으로 지속적이거나 반복적으로 신체적 또는 심리적 공격을 가하여 상대방이 고통을 느끼도록 하는 모든 행위를 말한다.

1의3. "사이버 따돌림"이란 인터넷, 휴대전화 등 정보통신기기를 이용하여 학생들이 특정 학생들을 대상으로 지속적, 반복적으로 심리적 공격을 가하거나, 특정 학생과 관련된 개인정보 또는 허위사실을 유포하여 상대방이 고통을 느끼도록 하는 모든 행위를 말한다. (이하 생략)

또한, 다음의 경우도 현실에서는 학부모님이 원하시면 학교폭력 접수 사안이 될 수 있습니다. 친구가 지나가다가 나의 책상에 올려놓았던 휴대폰을 떨어뜨렸는데, 순간 기분 나빠서 눈을 부릅뜨고 뭐라 핀잔을 주었습니다.

그런데 이로 인해 그 친구가 나로부터 심리적 불안감 피해를 당하였다고 주장하면, 경우에 따라 학교폭력 사안 접수가 될 수 있습니다. **이러한 규정 안에서 우리 학생들이 현실적인 생활이 얼마나 가능할까 궁금합니다.**

질문 : 방금의 사례에서, 저런 식으로 내 자녀가 학폭 가해자로 지목당해 접수되면 어떻게 대응하나요?

답변 : 물론 이제 저렇게 되면, 앞서 얘기했듯이 해당 상황에 대해서 "그런 의도로 한 것은 아니다."라고 말하면서 나도 정신적 피해, 재산상 피해를 받았다고 맞폭을 걸겠지요. 그런데 이런 식이면 다들 예민함만 엄청나게 커지고 사회성을 키우는 것이 어려워질 것입니다.

사회생활을 하는 데 있어서, 팀원을 구성할 때, 지나친 예민함을 가진 팀원이 환영받기는 좀처럼 쉽지 않으니까요.

따라서 누구나 학교폭력 가해자가 될 수 있다는 것을 염두에 두셔야 막상 상황이 왔을 때 당황하지 않을 수 있습니다. 예를 들어 어떤 학생은 남을 종종 과하게 괴롭히면서도 피해의식이 매우 강한 편이라, 본인이 했을 때는 장난이라고 넘어가고 정작 본인이 조금이라도 당했을 때는 난리를 치면서 상대방을 학폭으로 신고해버릴 수도 있습니다. 이때 가해로 지목된 학생 입장에서는 당황스러울 수 있지요.

한편으로 뉴스나 사례들을 보면, 다음과 같이 진행되는 경우도 있습니다. 한쪽이 일방적으로 괴롭히기보다는, 대등한 관계인데 사이가 나빠져서 상대방을 학교폭력으로 신고하는 경우입니다.

예를 들어, 초등학교 저학년 쪽은 부모님들끼리 사이가 나빠져서 학폭 접수를 하는 경우가 있을 수 있습니다. 애들은 별생각 없이 같이 잘 놀고 있는데, 부모님끼리 싸우고, 상대방 자녀를 안 좋게 얘기하면서 아이들 간 사이를 멀어지게 하는 경우도 포함될 수 있지요.

그리고 초등학교 고학년 혹은 중학교, 고등학교로 올라가서는 사실은 신고한 학생도 별일은 아니라는 것을 알지만, 그 친구가 싫어서 학폭을 일종의 허위식으로 접수하는 경우도 있을 수 있습니다. 그리고 또한 그 친구를 시샘해서 학폭으로 신고하는 경우도 가능하고요. 그래서 학폭으

학교생활 실전 대처법

로 인정 안 되면 할 수 없고, 인정되면 이제 그 얄밉던 애에게 한 방 먹일 수 있으니 하는 것입니다. 그리고 **이러한 학폭 접수만으로 상대방의 멘탈을 흔들 수도 있습니다. 즉, 무고성 학폭 신고입니다.**

 문제는 이걸 가려내는 것이 매우 어렵다는 것입니다. 정말 악의적으로, 무고성으로 하는 경우도 있겠지만, 설령 객관적 정황은 무고성이라고 하더라도 피해 측에서는 지금 상황을(본인의 피해의식이 매우 강해서) 진심으로 피해받았다고 생각을 하는 경우도 있을 수 있습니다.

 어차피 사람의 머릿속은 알 수 없으니까, 가려내는 것이 매우 어렵습니다. 그래서 공부 열심히 하고 모범적인 학생도 얼마든지 가해로 지목되고 학폭 신고가 될 수 있는 구조입니다.

**게다가 앞서 언급했듯이
이제는 학폭이 대입까지 연계되는 상황입니다.**

 만약 "내신이든 평판이든 워낙 안 좋아서 대입 준비에 있어서 더 이상 잃을 게 상대적으로 없는 학생"의 경우, 대입 준비가 잘된 친구를 대상으로 무고성으로 학폭 접수를 하는 경우가 있을 수 있는데요.

특히 대학 입시와 강하게 연계되면, 그냥 모범생이 수시든 정시든 대학 잘 가는 게 싫어서 설령 "학폭 아님"으로 결말이 나더라도 일단 접수해버릴 수도 있습니다. 그리고 다음과 같이 압박을 줄 수도 있고요.

첫째, 야! 난 몰라도 너는 대학 안 갈 거야? 사과해!

둘째, 이번에 중간고사 얼마 안 남았는데, 이대로 불안함을 가지고 학폭 끝까지 갈 거임? 너 내신으로 대학가야 되잖아. 인정하고 화해하지?

셋째, 나 정신적 충격 받아서, 위자료 받아야 학교장 자체 종결해줄 수 있을 것 같아.

위의 상황에 대해서 설마 이렇겠냐고 물어보실 수도 있으실 것입니다. 그런데 이미 교사를 상대로 돈을 달라는 학부모도 분명히 있고 난리가 났던 뉴스도 많았습니다.

학생끼리는 안 그럴까요? 저 공부 잘하는 모범생을 상대로 용돈 벌고 싶지 않을까요? 혹은 저렇게 공부 잘하고 약점이 없어 보이는 학생이 무너지는 것을 보고 싶어 하는 학생이 단 한 명이라도 없을까요? 요즘 애들은 다 착할까요? 악의적인 학생이 단 한 명이라도 있다면, 일은 발생할 수 있습니다. 그리고 저 모범생은 그동안 공들인 것들이 있는데, 잃을 게 얼마나 많을까요. 잃을 게 많을수록 정신적으로 몰릴 것입니다.

이미 학폭 관련해서 합의금은 방송으로도 공론화된 사례입니다. 그것도 무고로 학폭을 걸고 합의금을 요구하는 방법을 쓰는 경우도 있다고 나옵니다. 이제 학폭이 입시와 강하게 연관되면 더 걱정됩니다.

저도 학부모인지라 마음을 잘 아는데, 모범생 자녀가 대학 입시를 앞두고 무고성 학폭에 걸리면 일단 무고든 아니든 빨리 학교장 자체 해결로 조속히 종결시키고 싶을 것 같습니다. 설령 합의금으로 돈은 들더라도 자녀의 장래를 생각하면 그럴 것 같습니다.

무고를 해명하는 것이 법적으로 어렵고 시간이 오래 걸릴 수 있기 때문입니다. 재판으로 가면 앞서 말했듯 경우에 따라 몇 년씩 걸릴 수도 있는데 그동안 아이가 심적으로 힘들어할 것을 생각하면, 매우 고민되는 지점일 것 같습니다.

물론 미리 합의금을 주는 것 자체가 순서나 형식을 잘못 밟으면 나중에 내 자녀에게 불리한 지점이 될 수도 있습니다. 합의금을 준다는 것 자체가 학폭을 인정하는 것 아니냐는 얘기가 나올 수 있기 때문입니다.

그렇나고 경우에 따라 몇 년 걸리는 소송전까지 가면 대학 입시까지 아이가 정신적으로 힘들 것 같기도 하고요. 그런데 한편으로 또 생각해 보면 몇 년씩 소송전을 가더라도 명예 회복을 안 할 수도 없습니다.

지금 제가 "저도 학부모인지라 마음을 잘 아는데"부터 "명예 회복을 안 할 수도 없습니다."까지 서술한 내용만 보아도 저의 글이 오락가락하지요? 가상의 상황을 글로 쓰는데도 이렇게 마음이 힘든데, 실제로 나의 모범생 자녀가 무고성 학폭을 당하면 얼마나 아찔할까요. 그만큼 학폭이 참 어려운 문제인 것입니다.

또한, 뉴스에 안 나와서 그렇지 더한 사례도 있을 수 있습니다. 일종의 암수범죄(暗數犯罪) 같은 맥락인 것이지요.

암수범죄(暗數犯罪)란?

암수범죄란 범죄가 실제로 발생했음에도, 경찰 등 수사기관에 인지되지 않았거나 설령 인지되더라도 여러 가지 여건상 해결되지 않아서 공식적인 통계에서는 잡히지 않는 경우를 말합니다.

여기서는 현행 학폭 시스템의 부작용으로 이미 고통받는 학생이 실

학교생활 실전 대처법

제로는 있어도, 아직 공식적으로 인지가 되지 않아 공론화가 되지 않는 경우가 있을 수 있기에 그 결이 비슷하다고 보았습니다.

이렇게 현재도 학폭 합의금은 현실 세계에 있는 상황이고, 대학 입시까지 강하게 엮이면 무고성 등 더 우려되는 상황까지 발생할 수 있습니다. 사실 학폭 접수만으로도 학생은 스트레스를 엄청나게 받습니다. 모범생일수록 더더욱이요. 아무리 무고라 하더라도 말입니다.

저는 이렇게 사건 사고가 터지고 극단적인 상황까지 가는 것을 보고 나서야 소 잃고 외양간 고치는 식으로 시스템이 바뀌는 것은 좋지 않다고 생각합니다. 정책의 효과, 역효과 등을 예측해서 시스템이 선량한 대다수 사람들을 위해 선제적으로 개선되었으면 좋겠습니다.

4. 문제행동을 한 아이의
심기를 거스르면 아동학대죄?

지금까지 현재의 학교에서 일어날 수 있는 상황들을 다양하게 살펴보았습니다. 그리고 그 과정에서 아동학대 관련 법 내용도 살짝 언급했었는데요. 여기서 본격적으로 말씀드리겠습니다.

먼저 아동학대 관련 법은 선의로 만들어진 법입니다. 사실 이 원고를 집필 중인 지금도 어디서든 아동학대는 1건이든 2건이든 분명 현재진행형으로 존재할 것으로 생각합니다. 문제는 미리 찾아내지 못해서 일이 일어난 후에야 안타까운 상황을 뉴스로 접하게 되는 것이지요. 따라서 아동학대를 당하는 아이를 찾아내고, 법으로 보호할 필요가 있습니다. 이를 생각해보면 아동학대와 관련된 법안들은 우리 사회의 안전망을 위해 매우 소중한 제도입니다.

그런데 원래의 선한 입법 목적을 위해서 만들어진 아동학대 관련 법을 이상한 방식으로 악용하니까 문제가 생깁니다.

학교생활 실전 대처법

솔직히 대부분의 학부모님은 복잡한 학교폭력 절차보다는 "문제 학생 있으면 선생님이 혼을 좀 세게 내주시면 안 되나요? 그러면 걔도 다시는 안 할 것 같은데." 하시는 분들 있을 겁니다. 더 나아가 지금도 일부 학부모님들께서는 더욱 강력하게 체벌 부활과 같은 생각을 가지시는 분도 계실 겁니다.

즉, 일부 학부모 중에는
다음과 같이 생각하실 수도 있겠습니다.

잘못한 애 하나 혼내는 게 왜 이리 절차가 복잡하냐. 그냥 체벌 부활시켜라. 솔직히 선생님이 보디캠 달고, 해당 문제 학생이 누가 봐도 가해자라는 것이 느껴지고 애들 증언도 있으면, 그냥 가해자 애 불러서 "너 쟤(피해자) 그만 괴롭혀. 안 그러면 진짜 혼난다. 내가 너 공부나 다른 것으로 뭐라 하는 게 아니라 친구 괴롭히는 거 가지고 말하는 거다. 한 번만 더 그러면 진짜 체벌할 거다." 이런 식으로 하면 보디캠도 있으니, 증거도 남고 깔끔하지 않을까? 절차 따지고 이런 식으로 하다 보면 정작 꼭 달성해야 하는 정의 구현이 너무 지연되고 피해자만 많아지는 것 같다.

위와 같이 생각하실 수도 있겠습니다. 하지만 현재 상황에서는 상황을 중단시키기 위해서 어쩔 수 없이 하는 물리적 제지는 몰라도 사건이 현새신행형이 아닌 상황에서 교사가 그에 대한 벌보써 때리는 식으로 체벌을 가하는 것은 현행 법령으로 불법적 소지가 있습니다.

훈육의 애매모호함 : 어디까지가 훈육인가?

참고로 정서적 아동학대 및 신체적 아동학대(체벌 등)의 적용에서 애매한 부분이 있습니다. 수업 시간에 떠드는 학생을 공개적으로 혼낸 교사와 수업에 집중하지 않는 학생에게 딱밤을 때린 교사가 있었습니다.

수사기관 혹은 검찰에서 혐의가 있다고 생각하고 기소를 하였는데요, 두 교사 모두 각각 2심, 1심에서 무죄를 선고받았습니다.

이 판결에서 독자님들도 각자 의견이 다르겠지요. 수사기관과 판사님의 의견이 다른 것처럼요. 이렇게 법과 관련된 분들도 의견이 다를 수 있는데, 학부모나 교사가 자녀 혹은 학생 지도를 하기가 참 어렵다는 것이 느껴집니다.

규정을 보면, 상황을 중단시키는 목적의 물리적 제지에 대한 구체적인 내용도 공식적인 법령 혹은 지침으로는 최근에서야 추가되었습니다.

결국, 아동학대의 범위에 대해서 사람마다 생각이 다릅니다. 앞선 예시도 그렇지만 어떤 교사가 문제행동을 한 학생에게 레드카드를 주었던 사건이 있습니다. 해당 교사는 아동학대로 접수가 되었고 그 교사에 대해 검사는 기소유예하였지만 몇 년 뒤 헌법재판소에서는 기소유예 처분을 취소하였습니다. 이러한 사례를 보면 학부모나 교사가 학생을 훈육하기 참 어렵겠다 싶습니다.

그래서 부모님이 자녀의 도벽이나 거짓말 등의 잘못에 대해 혼내거나 공부 좀 하라고 했다고 아동학대로 신고가 들어오면 그걸 해명하는 과정에서 자괴감이 들고 나중에 부모님이 눈물을 보이실 수도 있습니다.

이렇게 부모가 본인의 자식을 훈계했다가 아동학대로 몰리는 상황에서, 심지어 타인인 담임교사는 남의 자식이기 때문에 더더욱 조심스럽습니다. 체벌도 아니고 만약 정당한 훈계를 했다가 학생이 불만을 품고 얘기하고 그 부모님이 교사를 아동학대로 신고하면 혹시라도 직위 해제, 징계, 형사처벌 등의 가능성에 대한 염려도 있습니다.

또한, 아동학대로 처벌되면 아동 관련 기관(학교, 학원 등)에서 일할 수 없으니 솔직히 학교 선생님이든 학원 선생님이든 불안하기도 하고요. 이러다 보면 인간으로서 해야 하는 정당한 훈육이 어려워집니다. 앞서 말씀드렸듯이 아동의 연령 범위는 넓고, 아동학대가 무엇인지는 법조인마다도 의견이 다를 수 있습니다.

그러다 보면, 결국 이 모든 피해는 선량한 대다수 학생들이 받게 됩니다. 교사도 소극적으로 행동해야 교직을 유지하고 그나마 가능한 부분에서 학생들을 살필 수 있으니까요.

또한, 교사가 소신대로 생활지도했다가 처벌받고 그렇게 돼서 교실에 못 들어오면, 물론 다른 교사가 대체해서 들어올 것입니다. 하지만 대체로 온 그 교사도 당연히 소신대로 했다가는 교직에서 나가게 되겠죠. 이것이 반복되게 되면 악순환으로 다들 소신대로 못 하게 되는 경우가 생기고, 선량한 학생들이 불안해지는 상황이 반복됩니다.

그러다 보면, 문제 상황을 보고도 적당히 못 본 척을 하려는 교사들이 늘어날 수 있습니다. 정말 심각한 사건 아닌 이상 적당히 "하지 말라."는 식으로 하게 됩니다.

실제로 "참교사는 단명한다."라는 말이 뉴스에서 언급되기도 했고요. "참교사는 단명한다."라는 말의 뜻은 참교사들은 이미 직위 해제되거나 교직에서 사라지고, 남은 교사들은 불안감에 떨면서 소신껏 지도를 못

학교생활 실전 대처법

하게 된다는 뜻으로 해석될 수 있습니다.

또한, 이렇게 되면 많은 교사는 이제 지도할 때마다 머릿속으로 다음과 같이 시뮬레이션을 돌리게 될 것입니다.

"내가 이런 말을 하면 쟤(문제행동한 학생)는 집에 가서 얘기하겠지? 그리고 그 부모님이 나한테 뭐라고 하겠지? 여기에 대한 해명은 이렇게 해야겠지? 그런데 고소 고발당하면 나는 이렇게 저렇게 소명해야 하나?"

교사가 계속 이렇게 생활지도 하나하나에 대해 지나치게 자기 검열하고 해명을 생각하다 보면, 생활지도는 당연히 매우 제약될 수밖에 없습니다.

왜냐하면, 아무리 정당한 생활지도라 하더라도, 그 부분에 대해서 정식으로 해명하려면 별것 아닌 것 같은 생활지도 단 1건마저도 수백 쪽의 각종 교육철학 이론과 해외 사례 등등 이게 왜 최선인지를 설명하는 내용이 담겨야 할 수도 있기 때문입니다.

한 가지 예를 들어보겠습니다. 학생이 친구를 대상으로 패륜적인 욕(엄마를 욕하는 어감의 단어)을 해서 교사가 지도했는데, 이 학생이 자기가 말한 것은 욕이 아니라 해외 스포츠 선수 이름이라고 주장했습니다. 즉, 욕처럼 들리는 고유명사였던 것입니다. 학생은 그걸 악용한 것이지요.

그리고 교사가 찾아보니, 한국어로 보면 패륜적 어감이지만, 실제 스포츠 선수 이름이었습니다. 그래서 패륜적인 어감의 욕을 한 학생은 나는 그냥 일상 스포츠 선수 이름을 쓴 거다. "선생님은 왜 욕이라고 생각하냐." 이런 식으로 교사에게 말장난한다고 합시다. 그냥 방치하면 다른 학생들도 그걸 따라 하면서, 교실 분위기가 엉망이 될 것입니다.

이때 교사가 "그래도 맥락에 안 맞는 말을 쓰면 안 된다."라고 해당 학생에게 대응했을 때, 상대방 학부모는 "우리 아이가 욕으로써 이야기한 것도 아닌데 왜 그러냐, 낙인찍기고 망신 주기다. 우리 아이 억울한 점도 헤아려(마음 읽기) 달라."고 얘기할 수 있습니다.

이렇듯 애가 욕을 해서 생활지도를 하는데, 그것에 대해 반발하는 학부모, 분명 있을 수 있습니다. 그리고 교사는 이때부터 괴로워집니다. 만약 학부모가 여기서 더 나아가 교사를 정서학대로 걸고넘어지면 학부모 쪽은 리스크가 별로 없지만(아동학대 신고는 무고죄 성립이 쉽지 않음), 교사는 뜬금없이 교직 운명을 건 한판 승부를 해야 합니다. **즉, 이제는 너무나 당연한 생활지도도 교사는 직을 걸고 해야 하는 시대입니다.**

그리고 정말 극소수의 문제 학생 및 학부모가 현재 이런 상황과 아동학대 관련 법령을 잘만 이용하면 담임교사 한 명에 대해 정신병을 만들고 극단적 선택까지 하게 하는 것은 정말 어려운 일이 아니라는 것이 만천하에 알려졌습니다. 이런 상황 때문에 결국 대부분의 선량한 학생과 학부모는 매우 큰 피해를 보게 되는 것이지요.

그렇다면 정말 방법이 없는 것일까요? 모든 상황을 해결할 수 있는 완벽한 방법은 없겠지만, 그나마 현실적인 방법이 아예 없는 것은 아닙니다. 그 현실적인 방법은 해결 편에서 다루도록 하겠습니다. 그 전에 먼저 궁금증 편에서 학교에서는 왜 이런 식으로 진행되는지 살펴보고 그 내용을 바탕으로 현실적인 해결책을 말씀드리도록 하겠습니다.

: 학교, 아는 만큼 보이고, 보이는 만큼 해결됩니다

제가 책 초반에서도 말씀드렸듯이 이 책은 교육 당국의 공식 입장이 아닙니다. 따라서 궁금증 편 또한 마찬가지입니다. 물론 저도 제가 현장에서 느끼고 깨달으며 전문가와도 이야기 나눈 것을 바탕으로 집필하였지만, 어쨌든 이 책은 교육 당국의 공식적인 입장이 아니라는 것을 참고하시길 바랍니다.

그럼 본격적으로 궁금증 편의 답을 말씀드리기 전에 당연하면서도 제일 중요한 전제를 말씀드리겠습니다. 현행 제도에서는 민원인은 공무원을 합법적으로 고통받게 할 수 있습니다. 이건 이미 뉴스 조금만 살펴보시면 자명하게 알 수 있는 부분입니다.

질문 : 모든 교사는 정식으로 발령된 공무원인가요?

답변 : 모든 교사가 교원 임용 시험을 통과해서 정식으로 발령된 공무원인 것은 아닙니다. 사립학교 교원이나 기간제 교원도 있습니다. 하

지만 공교육에 관한 공무(공적인 업무)를 수행하는 공무원의 성격을 지니고 있기에 이 책에서는 포괄적으로 생각하시면 됩니다.

실제로 공무원이 방송에 나와 악성 민원에 대해서 의견을 낸 적이 있습니다. 그 공무원은 "**결국 끈질긴 민원인은 매우 대하기 어렵고, 이러한 민원인을 서운하게 만들면 안 된다.**"라는 취지로 이야기하였습니다.

교사 또한 마찬가지로 학생에게 합법적으로 생활지도를 해도, 학부모가 적절한 법학 지식과 시간 및 에너지가 있으면 얼마든지 교사의 정당한 생활지도에 대해서 트집을 잡아다가 괴롭힐 수 있는 것이 현실입니다. 설령 교사의 행위가 최종 무혐의 혹은 무죄라 하더라도요.

몇 년 전 모 지역에서도 학부모가 상습적이고 반복적으로 학교를 아수라장으로 만들어서, 결국 행정 업무를 해야 할 도교육청 장학관이 수업을 하는 사태가 벌어졌습니다. 이는 엄청난 행정력 낭비입니다. 당시 해당 지역의 교육감도 개탄하면서, "어떨 때는 법이 불의의 편에 서는 상황이 될 수도 있다는 것을 느낀다."라고 언급하였습니다.

참고로 위 내용은 2018년도의 일입니다. 그리고 2023년도에 공교육 사태늘이 터졌는데요. 학교생활지도 시스템에 빈틈과 문제가 있다는 것이 이미 2018년도에 명백하게 드러났었습니다. 그런데도 2023년도에 공교육 사태가 발생했다는 것 자체가 정말 안타깝습니다.

하인리히의 법칙이라는 표현이 있습니다. 이 법칙에 대해 간단하게 설명해드리자면, 하나의 대형 사건 사고 전에는 사실 알고 보면 "자잘한 사건 사고들이 있어왔다."라는 뜻입니다. 전조가 있었다는 뜻이지요. 이미 2018년에 학교생활지도 시스템의 빈틈이 발견되었는데, 그게 수정이 되지 않고 2023년도에도 발생했다는 것 자체가 아쉬움이 매우 큽니다.

그리고 현재 다양한 교권 강화 제도가 도입되고 있지만, 여전히 합법적으로 교사를 피로하게 만들거나 괴롭히는 방법들이 있을 수 있습니다. 이 부분을 이해하셔야 학교가 어떻게 돌아가는지를 알고 현실적으로 대응하실 수 있으니, 학부모님들께서도 이 내용을 꼭 이해하시고 다음으로 넘어가 주시길 바랍니다.

그리고 이 내용은 사실 특별한 비밀도 아닙니다. 조금만 검색해보시면, 현직 공무원들이 방송에서 공무원의 애환을 솔직하게 말한 내용을 여러 가지로 보실 수도 있습니다. 또한, 각종 악성 민원 관련 뉴스 기사들을 보면 누구나 방법을 쉽게 알 수 있습니다. 즉, 다 아는 이미 공론화

학교생활 실전 대처법

된 내용입니다.

결론적으로 합법적으로 아래 방법들을 끈질기게 하면, 공무원(꼭 교사만 대상이 아니더라도 경찰, 소방, 사회복지, 일반 행정, 교육행정 등등 직렬에 관계없이)을 괴롭힐 수 있고, 그리고 이게 공론화된 현실입니다. 또한, 공무원이 아니더라도 적절히 응용하면, 의료 현장에서 헌신하는 의료인까지도 악성 민원 등으로 괴롭힐 수 있게 되지요. 분명히 제도 개선이 필요한 부분입니다. 즉, 다음과 같습니다.

첫째, 꾸준히 각종 민원 및 청구 혹은 청원 넣기
(해당 기관이나 상위 기관, 신문고 등을 통해 민원 넣기)

둘째, 싫어하는 대상(공무원 등)에게 관련 기관에 신고, 고소, 고발 등 진행

셋째, 싫어하는 대상(공무원 등)에 대한 험담을 입소문, 인터넷, SNS 등에 올리기
(이때 법령을 잘 따져보고 처벌되지 않는 선을 지키며 올리기)

위의 내용을 성실하게 반복해서 지속적으로 하면 타깃이 되는 대상 하

나쯤 무력화시키는 것은 아주 어려운 일이 아니고 실제로 지금도 악성 민원인에게 당하는 분들이 계십니다. 공무원이든 의사 선생님이든 상관 없어요.

심지어 이 원고를 집필할 당시 뉴스를 보니 다음의 사례가 있었습니다. 어떤 사람이 불필요하게 소방차를 부르고 이후 소방관이 자신을 기분 나쁘게 했다고 해당 소방관을 대상으로 반복적이고 과도한 민원을 넣어서 쓸데없이 공공의 행정력을 낭비하게 했던 사례가 방송되었습니다.

악의적이면서 불필요한 민원은 교육, 치안, 행정, 의료, 복지 등 우리 사회의 소중한 공공 인프라의 질을 떨어뜨릴 수밖에 없는데요. 결국, 이는 우리 모두에게 부담으로 돌아오기에 걱정됩니다.

즉, (이미 공론화되었지만) 앞에서 소개한 방법들은 민원인인 학부모가 합법적인 선에서 끈질기게 하시면 교사는 매우 괴로워집니다. 그러면서도 민원인(학부모)은 리스크도 거의 없고요. 교사는 직이 걸렸지만, 민원인은 그렇지 않으니까요. 이는 다른 공공 관련 직군에서도 마찬가지이고요.

실제로 어떤 교사가 싸움을 말리다가 아동학대 혐의를 받았는데, 무혐의 처분을 받았습니다. 이렇게 무혐의로 끝나는 줄 아셨죠?

학부모의 항고 혹은 재항고 그리고 재정신청, 민사소송 등등이 있었습니다. 그리고 교사는 최종적으로 무죄가 난다고 하더라도 이런 고단한 과정에서 정신적으로 고통받을 가능성이 매우 높습니다.

평범한 사람이 '감사, 압수 수색, 각종 소송' 등을 당해보시면, 아무리 떳떳해도 정서가 결핍되지 않은 정상적인 사람이라면 마음고생할 수밖에 없습니다. 특히 법을 잘 아는 법조인도 피의자로서 법정에 섰을 때 막상 이렇게 당해보니 정신적으로 힘들다는 사연도 있었고요. 더욱이 대부분의 교사들은 법조인이 아니기 때문에 민원인이 성실하게 위의 악성 방법들을 매일 실천하시면 합법적으로 공교육을 마비시키는 결과를 가져오게 될 수 있습니다. 이는 국가 행정력의 큰 낭비를 초래합니다.

물론 너무나 심각한 경우 뉴스를 보니 요즘은 그랬다가, "선생님을 악의적으로 괴롭히는 학부모는 누구냐."라고 일반 시민들의 사적 제재가 들어올 수도 있겠습니다. **많은 대한민국 국민은 냉소적인 것처럼 보이는 사람조차도 사실 대부분 권선징악의 정서를 가지고 있습니다. 불의에 분노하는 것이지요.**

아무튼 위와 같이 악성 민원인은 합법적으로 공공 인프라(교육, 치안, 행정, 의료, 복지 등)에 종사하는 사람을 피로하게 만들 수 있는 구조입니다. 사실 누구나 아는 것이지만, 대부분 쉬쉬했다고 생각했는데 뉴스를 보니까 이미 잘들 하시더라고요.

앞에서 언급한 직군들 이외에도, 인성이 좋지 못한 사람이 전화 상담실 직원분들, 자영업자분들, 경비원분들 등을 대상으로 각종 과도하게 예민한 민원을 통해 갑질하시는 분들도 있으십니다. 우리가 함께 살아가야 하는 사회인데, 개선책이 필요하다고 생각합니다. 이대로 방치하면 안 그래도 피로한 사회를 더욱 피로하게 만듭니다.

이렇듯 지금까지 말씀드린 방법들은 새로운 사실이 아니고 이미 충분히 공론화된 내용인데요.

그래서 위의 내용을 결론적으로 말씀드리면, 현실 세계에서는 민원인 (고객, 학부모 등)을 서운하게 하지 않는 것이 매우 중요합니다.

왜냐하면 서운해하는 민원인이 합법적으로 끈질기게 담당자의 고유 업무 추진을 어렵게 만들 수 있기 때문입니다. 학부모(민원인)와 교사(담당자)의 경우, 경우에 따라 교사를 직위 해제시키는 것부터 아동학대 용

학교생활 실전 대처법

의자로 만들 수도 있는 것이지요.

그렇기에 많은 교사는 합법적으로 문제행동을 한 학생을 지도한다고 하더라도, 심지어 설령 무혐의나 무죄가 나오더라도, 학부모를 서운하게 만들어서 위의 사태로 진행될까 매우 두려워하게 될 수 있습니다. 아무리 내가 제대로 했다고 생각해도, "정말 1부터 100까지 완전 합법인지"는 알기 어렵기 때문입니다.

요즘 법이 워낙 복잡해져서, 변호사들도 하나의 사안에 대해 의견이 갈릴 수도 있습니다. 실제로 앞에서 말씀드린 사례도 있고요. 하물며 법조인도 그러한데, 비법조인인 교사들은 합법적으로 생활지도하기 매우 어렵습니다.

그러면서도 어쨌든 선생님이니까, 아이의 문제행동에 대해 생활지도를 해야 하는데요. 이제 학부모님 입장에서는 궁금해하실 많은 질문 중에서 6가지를 가져와 보았습니다.

첫째, 학교는 학생의 마음을 읽어주지 않는 것 같아요.
둘째, 학생 지도는 교실에서 꼭 해야 할까요? 공개 망신을 주는 것 같습니다.

셋째, 우리 아이가 말하는 것과 학교에서 말하는 것이 달라요.

넷째, 학급에서 명확한 규칙을 정해서 지도하면 학급 질서가 생기지 않을까요?

다섯째, 학교는 왜 "모든" 사건 사고를 가정에 전달하지 않는 걸까요?

여섯째, 문제행동하는 학생을 학교가 미리 알려주면 좋겠습니다.

처음에 말씀드렸던 설명을 아래와 같이 배경지식으로 정리하고 이 6가지 질문들에 대한 제 나름대로의 답을 드리겠습니다.

학교생활지도 궁금증을 해결하기 위한 배경지식

앞에 다루었던 내용을 다음과 같이 요약할 수 있습니다.

첫째, 단 한 명의 학부모라도 마음만 먹으면 합법적으로 교사를 별다른 리스크 없이 힘들게 할 수 있습니다. 심지어 교사는 아동학대 용의자가 될 수도 있지요.

둘째, 단 한 명의 학부모가 "성실한 악성 민원인 스타일"이면, 교실 및 학교 전체를 아수라장으로 만드는 것이 불가능하지는 않습니다.

앞의 내용을 염두에 두시고 궁금증을 풀어가도록 하겠습니다.

1. 학교는 학생의 마음을
읽어주지 않는 것 같아요

학부모 입장에서 가장 궁금해하는 내용일 것입니다. "학교는 왜 이리 야박하지? 담임선생님이 내 아이에게 좀 더 애정을 쏟았으면 좋겠는데." 라는 생각이 들 수 있습니다. 학생에 대해서 마음 읽어주기를 좀 더 적극적으로 해주시고, 혼낼 일이 있으면 (특히 다른 애들 없는 곳에서) 좀 따로 불러서 혼내주시면 좋은데 왜 이렇게 하시나 하는 생각이 들 수 있습니다.

여기에 대해 적극적으로 표현하는 학부모는 이의를 제기하고 교사로부터 나름의 답을 들을 것이고, 그렇지 않은 경우에는 서운한 마음을 애써 속으로 갈무리해야겠지요.

저도 학부모로서 학교에 서운한 점이 많았습니다. 그런데 막상 교직에 들어가 보니, 어느 정도까지는 이해가 되었습니다. 먼저 마음 읽어주기에 대해서 말씀드리겠습니다. 학생이 어떤 잘못을 했을 때, 왜 그랬는지 마음을 읽어주고 그다음 후속 조치를 하는 방법이 있습니다.

학교생활 실전 대처법

가정에서 마음 읽어주기를 활용하는 경우, 자녀에게 '공감'해주고 '훈육'을 한다는 점에서 매우 유용한 훈육 방법입니다.

다만, 가정에서 진행하는 경우에도 결국 소기의 목적이었던 '훈육' 부분이 잘 되어야지, 만약 명백히 잘못했음에도 마음 읽어주는 것에만 집중하면 오히려 그것은 부작용을 초래하는 마음 읽어주기라 볼 수 있습니다.

자녀의 마음은 읽어주되 잘못된 행동에 대해서는 충분히 효과적으로 교육하는 것이 필요합니다. 그리고 자녀에게 훈육할 때, '자녀의 마음을 읽어주면서도 한편으로 부모가 자녀에게 애원하는 식'으로 훈육하는 방법은 제도권의 정상적인 훈육 관련 이론서 어디에서도 찾아보기 어렵습니다.

그리고 이를 학교에 적용하면 또 다른 양상입니다. 학교마다 상황은 다르겠지만, 많은 학교에서 담임교사 1명이 약 20~30명의 학생을 지도해야 하는 상황입니다. 이 20~30명은 각각 다양한 개성을 가지고 있습니다. 그리고 이 학생들이 만들어내는 상황들은 실시간으로 다양하게 벌어지고 있고요. 경우의 수를 조금만 계산해봐도, 하루에 발생할 수 있는 사건이 한두 건으로 끝날 일은 결코 아니라는 것을 알 수 있습니다.

만약, 20~30명이 상주하는 교실 공간에서 학생 1명이 욕이나 공격적인 행동을 하였을 때, 먼저 이 문제행동에 대하여 마음을 읽어주며 공감하는 식으로 하게 되는 경우 (보통 학급에 비해 자녀의 숫자가 상대적으로 적은) 가정과는 또 다른 상황이 발생할 수 있습니다.

학생이 (일시적인 컨디션이나 정신적인 문제 혹은 어떤 이유에서든) 수업 중에 매우 강한 욕을 했다고 해보겠습니다. 여러 학생이 보는 앞에서, 이 학생이 이러한 문제행동을 했을 경우, 교사가 "아, ○○이가 이러저러해서 욕을 했구나. 그랬구나~, 마음 아프겠구나." 이런 식으로 하면 오히려 전체적인 교실 분위기나 질서가 흐트러질 수 있습니다. 그걸 지켜본 다른 학생이 "쟤는 욕해도 위로를 받네? 아, 그럼 나도?" 이렇게 생각이 들 수 있습니다.

집단이 상주하는 교실 공간에서 가해자의 서사나 이유와 관계없이 욕이나 공격적인 행동은 그 자체만으로 일단은 훈육 대상이 되어야 합니다. 갑자기 욕을 했다면, 일단 욕하지 말라고 지적을 해서 상황을 먼저 중단시키고 이후에 상황을 파악해야 합니다.

물론 단순히 상황을 중단만 시키고 후속 조치를 안 하면, 욕한 학생도 억울할 수 있습니다. 따라서 일단 단호한 어조로 문제 상황을 중단하는 것이 선(先)이 되고 맥락을 알아보는 것이 후(後)가 됩니다. 또한, 당장의 여건이 여의치 않으면 전자의 조치인 선(先)은 하되, 후(後)에 대해서는 "이따가 상황을 알아봐줄 테니까 일단 그냥 하지 마. 나중에 얘기하자." 이런 식으로 해야겠지요.

물론 더 심각한 상황이면, 그에 따라 대응을 해야겠지만 모든 개별 사건 하나하나에 마음을 읽어주는 것은 산술적으로 현재 학교 교실 상황에서는 쉽지 않습니다.

또한, 약은 학생들의 경우 '마음 읽기'를 악용할 수도 있습니다. 욕하고 공격적인 행동을 하면서 일단 내 마음을 먼저 읽어달라는 식으로 분위기를 조성할 수 있습니다. 요즘 애들은 스마트폰이 없던 시절과 비교하면 지금은 정보가 많아져서 다들 똑똑합니다. 나이가 어려도 상황이나 규칙을 요령껏 이용할 줄 압니다.

따라서 집단이 상주하는 학교 교실 공간에서는 마음을 읽어주는 방식이 가정과는 그 양상이 다를 수밖에 없습니다. 일반적인 학교는 1:1 개인 교실 공간이 아닙니다.

그러면 여기서 학부모님은 다음의 궁금증이 생길 수 있습니다.

"선생님, 아무래도 가정에서와 달리 학교에서는 학생 하나하나 마음 읽어주고 위로해주는 것이 어렵겠지요. 단체 생활이니까요. 아무래도 여러 사람이 생활하다 보니, 부모가 한두 자녀에게 하는 정도로 선생님이 밀착 케어를 하실 수는 없을 것 같습니다. 그리고 학생이 문제행동을 하면 선생님께서 뭐라고 하시는 것이 당연히 이해됩니다. 그런데 따로 아이를 불러서 다른 공간에서 생활지도하시거나 남아서 얘기하시면 되지, 굳이 다른 학생들 보는 앞에서 망신 주기는 안 되지 않을까요?"

라는 궁금증이 생길 수 있습니다.

2. 학생 지도는 교실에서 꼭 해야 할까요? 공개 망신을 주는 것 같습니다

먼저, 망신 주기라는 것은 정말 애매합니다. 사람에 따라 피해의식이 심각한 경우 다음과 같은 상황이 나타날 수 있습니다. 학생 본인은 수업 중에 친구들 앞에서 듣기 민망한 욕을 해놓고, 교사가 그 학생에게 담백하게 "○○아, 욕하지 말자. 너만의 교실도 아니고 듣기 민망해." 이런 말을 했다고 합시다.

이때 이 학생은 본인이 한 행동은 덮고, 교사의 생활지도에 대해서 "이거 친구들도 있는데 나 망신 주기 아니냐, 인격 모독 아니냐, 정서학대 아니냐." 이렇게 나오면 교사 입장에서는 매우 곤란해집니다.

그리고 학생이 이렇게 나오면 다른 친구들도 이 대응 방법을 보고 배우게 됩니다. 이후 그 학급은 교실 질서가 매우 어지러워질 것입니다. 만약 문제 학생의 부모까지 나서서 우리 애가 교사의 망신 주기식 생활지도로 인해 정신과 진료를 받는 등 고통받고 있다고 호소(심신미약 등을 주장)하는 순간, 그때부터 담임교사는 무력화되고, 정상적인 교육과정을 진행하기가 매우 어려워지겠지요.

먼저, 법률적으로 살펴보면, '각 판례 및 맥락에 따라 조금씩 다르겠지만' 교사가 남들 앞에 있을 때 문제 학생의 잘못된 행동을 객관적으로 지적("그 행동은 잘못된 행동이야."라고 말하기 등)하고, 그 문제행동을 하지 않도록 하는 것까지는 괜찮은 듯한 판례가 꽤 있습니다.

다만, 그렇다고 문제행동을 한 학생에게 인신공격이나 가정교육을 운운하는 것은 '맥락에 따라 다르겠지만' 정서적 아동학대가 될 수도 있겠지요.

> 같은 발언이라도 맥락에 따라 다를 수 있다.

판례 중에서는 아직 1심 판결이지만 다음 사례도 있습니다. 어떤 학생이 평소 생활 태도가 좋지 않아 다른 학생들에게 피해를 입혔습니다. 그리고 종종 학생들이 담임선생님께 그 학생에 대해 불평불만을 호소하자, 담임선생님은 해당 학생에 대해 "모자라게 태어났다."라는 표현을 다른 학생들에게 하였는데요. 맥락을 무시하고 이 문장만 보면 망신 주기처럼 들리긴 합니다.

학교생활 실전 대처법

이에 대해 아동학대 혐의로 재판까지 갔지만 1심 재판부에서는 이 부분에 대해서 정서적 학대 행위에 해당한다고 인정하기 부족하다고 보았습니다. 그런 말을 한 취지는 "사람은 누구나 부족하거나 모자라는 부분이 있으니 너그럽게 감싸주고 이해하면서 살아가야 한다. 해당 학생의 수업 태도가 좋지 않더라도 서로 이해하면서 지내야 한다."라는 취지로 말한 것이라 합니다. 그래서 1심 재판부에서도 발언 의미와 전체적인 맥락, 발언 장소와 전후 정황 등에 비추어볼 때 그렇게 판단한 것으로 해당 판결문에 나오는 것 같습니다.

그런데 앞에서도 말씀드렸듯이. 맥락이나 법령과 관계없이 학부모 입장에서는 사실 기분 나쁘죠. 우리 애가 문제를 일으킨 것은 별개로 하더라도, 어쨌든 다른 학생들 앞에서 우리 애가 지적 및 훈계를 받는 것은 부모로서 속상한 일일 것입니다. 훈계의 효과성은 차치하고서도요.

그래서 자녀가 교실에 학생들이 있는 앞에서 훈계를 받는 것보다는, 교실 밖에서 따로 받는 것을 원하는 경우가 많습니다. 다른 학생들 앞에서는 망신이라고 생각하는 것이지요.

그런데 학교에서는 그렇게 안 되는 경우가 많으니 궁금하실 것 같습니다. 그 이유에 대해서는 다음 요소들과 관련이 깊습니다.

즉각성의 원리

집단 교육에서의 안전 상황

스트라이샌드 효과와 유사한 효과

이러한 이유들 때문에 부득이하게 교실 안에서 해야 하는 경우가 자주 생깁니다.

1) 즉각성의 원리

생활지도는 즉각적으로 이루어져야 가장 효과적입니다. 학생이 욕을 했을 때나 친구를 공격했을 때, 바로 문제점을 지적하고 하지 못하게 해야 합니다. 물론 심층적인 지도는 따로 날을 잡고 남아서 하면 좋겠지만, 일단 즉각적으로도 어느 지점까지는 지도해야 합니다. 안 그러면 다른 학생들이 안 좋은 영향을 받습니다. 선례가 되니까요. 나중에 학생들이 본인들이 혼날 때 "왜 저번에 쟤는 그냥 넘어갔는데 저한테만 이러세요." 이렇게 나오게 됩니다.

그러면 학부모 입장에서는 즉각적인 지도를 어쨌든 해야 한다면, 그래도 잠시 교실 밖 다른 공간에서 지도하면 안 되겠느냐고 하실 수 있습니

학교생활 실전 대처법

다. 여기에 대해서 좀 더 말씀드리겠습니다.

2) 집단 교육에서의 안전 상황

문제는 집단 교육의 상황에서 안전 문제가 발생할 수 있습니다. 학교 교실은 1:1 상황이 아니라 여러 명이 같이 있는 공간입니다. 그리고 교사가 부재중일 때 사건 사고 발생 확률이 높습니다.

실제로 고등학교에서 교사가 잠시 자리를 비운 사이에 학생 간 사건 사고가 발생해서 결국 매우 안타까운 결말이 나온 적이 있습니다. 고등학교조차도 이러는데, 중학교 및 초등학교는 더욱 교사가 생활지도를 이유로 다른 학생들을 놔두고 교실에서 자리를 비우기 어렵습니다. 학교 인력 구조상 다른 교사를 호출하는 것도 항상 하기는 어렵고요. 따라서 즉각적인 지도는 다른 학생들이 있다 하더라도, 자리를 비우기보다는 교실 공간에서 해야 하는 경우가 많이 있습니다.

물론 그렇다고 하더라도 생활지도를 할 때 인신공격이나 가정교육 운운을 하며 모독을 해서는 안 된다고 생각합니다. 합법이나 불법 여부를 떠나서 교육적이지 못합니다. 단지, 잘못된 행동에 대해서 담백하게 지적해주고 이후 그러한 행동을 못 하게 하면 충분합니다.

물론 학생이 이러한 담백하고 순한 정당한 지도에도 반항하기 시작하면 또 다른 방법을 써야겠습니다. 이 부분은 2장 교사에서 후술하겠습니다.

지금까지 '즉각적 지도의 필요성'과 '안전 상황으로 인하여 가급적 교실에서 지도해야 하는 이유'에 대해 설명해드렸습니다.

또한, 따로 나가서 지도하는 경우, 말씀드린 이유 이외에도 새로운 부작용이 발생할 수도 있습니다. 그래서 더더욱 어지간하면 교실 내에서 지도하는 것이 좋습니다. 그 새로운 부작용은 다음과 같습니다.

3) 스트라이샌드 효과와 유사한 효과

스트라이샌드 효과라는 것은 '덮으려고 하다가 오히려 더 퍼지게 되는 효과'입니다. 해외에 스트라이샌드라는 사람이 타인에 의해 본인 저택이 작게 촬영되어 노출되었다고 컴플레인을 하였는데요. 이게 논란이 되어 오히려 본인의 저택이 더 노출되는 효과가 발생하였습니다. 학생이 잘못하였을 때, 따로 나가서 지도를 하는 경우 비슷한 맥락에서 역효과가 날 수도 있습니다.

즉, 오히려 학생들이 더 주목합니다. 그냥 '담백하게 그 자리에서 지적

학교생활 실전 대처법

하고 끝나는 일상적인 지도'라면 일시적인 해프닝으로 끝나서 학생들 사이에서 별다른 기억에도 안 남을 일이었을 수 있습니다. 그런데 해당 학생을 데리고 나가서 지도하게 되면 오히려 더 주목받을 수도 있습니다.

학생이 수업 중 어떠한 문제행동을 했을 때, "ㅇㅇ아, 지금 수업 중이야. 적당히 하고 그만 앉아."라고 하고 끝날 수 있는 일을 교사가 그 학생을 데리고 나가서 지도하게 되면 다른 학생들이 그 장면을 시각적으로 더 기억하게 될 가능성이 높아집니다. 학생이 그냥 교실에서 지적받는 것보다 교실 밖으로 나가서 지도받는다는 것은 교실에 남아 있는 학생들의 기억에 더 각인되는 지도거든요.

따라서 정말 심각한 상황(성 관련 문제 등)이 아니라 잠깐의 마찰, 지각, 가벼운 문제행동은 따로 교실 밖이나 또는 남겨서 지도하는 것보다는 즉각적으로 교실에서 지도하는 것이 좋습니다. 물론 다른 학생도 있는 자리이기 때문에 이 부분도 고려해서 발언해야겠지요.

이렇듯 몇몇 특수한 경우를 제외하면, 교실 안에서 다른 학생들도 있겠지만 그 자리에서 지도하게 됩니다.

그렇기에 학부모님들은 교사가 문제행동을 한 학생에 대해 교실 안에서 잘못을 지적하고 '(심각한 인격 모독이나 가정교육 운운이 아닌) 통상적인 주의'를 주는 것에 대해서 너무 민감해하실 필요가 없습니다.

또한, 하나하나 민감하게 반응하면 나중에 아이가 사회생활을 하기 어렵습니다. 사회는 무균실이 아닙니다. 좌절 경험이 어느 정도 있어야 성장할 수 있습니다. 적절한 좌절 경험의 중요성은 제도권의 여러 교육 이론서에도 나오는 내용이기도 합니다.

> 물론 교사가 생활지도를 할 때,
> 이런 것을 하면 안 되겠지요.

학생이 아무리 잘못을 했어도, 교사가 다음과 같은 행동은 안 했으면 합니다. 학생이 오히려 더 엇나가게 될 수 있습니다.

"얘들아! 다들 쟤 봤지? 자~알한다. 시키지도 않았는데 반면교사 역할을 해주네. 다들 쟤처럼 되면 안 된다. 알겠지?"

개인적으로 교사가 체벌도 아니고 욕을 한 것도 아니지만 이런 식은 망신 주기라고 생각합니다. 합법과 불법을 떠나서 때로는 무섭게 혼내

학교생활 실전 대처법

는 것보다 비꼬는 식이 더 학생을 엇나가게 합니다. 예전에 학교 다닐 때, 때리지는 않지만 말로 학생을 돌려까기를 잘하던 선생님이 계셨는데요. 저는 솔직히 차라리 맞는 게 낫다고 생각했습니다. 체벌보다 더 짜증이 날 때가 있습니다.

지금까지의 내용을 보면, 이제 학교에서 학생 하나하나 개별 사안에 대해 '마음 읽어주기'를 하는 것이 쉽지 않다는 것을 아실 것입니다.

또한, 심각한 상황(성 관련 사안 등)이 아닌 지각, 일시적인 욕설, 가벼운 문제행동에 대해서는 그 자리에서 즉각적인 지도를 하는 것도 여건상 어쩔 수 없음을 학부모님도 어느 정도 이해하셨을 것으로 생각합니다. 그런데 제일 납득하기 어려운 것 중 하나가 바로 이것이죠. 우리 애가 말하는 거랑 선생님이 말하는 거랑 부합하지 않는 상황일 것입니다.

3. 우리 아이가 말하는 것과
학교에서 말하는 것이 달라요

보통 학생이 인정을 좀처럼 안 하는 분야가 여러 가지지만, 대표적으로 도둑질과 욕설 등이 있습니다.

학생이 도둑질을 해서 현장에서 걸리지 않는 이상, 범인 찾기를 할 때 실토를 거의 안 합니다. 제가 어릴 때는 교실에서 절도 상황이 발생하니까, 담임선생님께서 다들 눈을 감게 하고 양심 고백을 시키거나 모두 책상 위에 무릎 꿇고 올라가서 손 들게 하고 범인을 나오게 했던 기억이 있습니다.

그런데 그것조차도 그렇게 효과적이지는 않았던 적이 많습니다. 왜냐하면 범인으로 걸리면 선생님께도 혼나지만 개인 평판이 완전히 나락으로 떨어지니까요.

그래서 도둑질은 현장에서 잡히지 않는 이상, 인정하는 경우가 많지 않습니다. 또한, 여러 차례 학급에서 도둑질이 발생하였는데, 막상 현장에서 잡았어도, "이번 건은 내가 한 게 맞는데, 이전에 발생한 절도 사건은 내가 한 게 아니다."라고 하는 경우도 있을 수 있습니다.

즉, 범인인 학생이 "제대로 된 증인과 증거가 없으면, 나는 실토하지 않겠다."라고 주장하는 것입니다. 그래도 일단 범인을 찾아내면, 이후로는 신기하게도 계속 있어왔던 교실 도둑질 상황이 종료되는 경우가 많긴 합니다.

도둑질은 보통 위와 같은 양상을 보이고요.

그리고 욕설이나 나쁜 말 쪽이 생각보다 상당히 입증이 어렵습니다. 그냥 말로 하는 것이다 보니까, 정말 뻔뻔할 정도로 거짓말하는 경우가 있습니다. 즉, 3초 전에 욕해놓고 지적하면 "안 했다." 혹은 "다른 말이었다."라고 하기도 합니다.

이러한 학생들 중에는 설령 증인 혹은 증거가 있다 하더라도 본인의 언행 사실을 부인하고, 일단 끝까지 답을 정해놓고 우기는 경우도 있을 수 있습니다. 그래서 '어느 정도 지능이 되고 거짓말을 작정하고 하는 학생'은 누가 와도 논리로 이기기가 쉽지 않습니다.

이는 초중고 가리지 않고 발생할 수 있습니다. 그래서 교사가 학생의 언행에 대해 집에 이야기해도 부모는 자녀의 말을 들어보면, 교사가 하는 말과 자녀가 하는 말이 달라서 판단이 쉽지 않습니다. 간단하게 학생이 왜 이렇게 나오는지 설명해드리자면, 다음과 같습니다.

예나 지금이나, 일부 학생들 중에는 남을 괴롭히고는 싶지만 본인이 혼나는 것은 싫기 때문에 매우 능청스럽게 문제행동을 교묘히 하는 경우가 있습니다. 심지어 초등학교 1학년조차도요. 그 양상은 다음과 같습니다.

교실에서 요즘 학생들이 교묘히 욕하는 방식

교실에서 교묘히 욕하는 방식은 다음과 같은 경우로 나눌 수 있습니다.

첫째, (남들 들릴락 말락 하게) 작은 목소리로 욕하기

둘째, 모르는 사람이 보기엔 평범해 보이지만, 아는 학생들 사이에서 욕으로 통용될 수 있는 제스처(혹은 단어)를 하고 안 했다고 우기거나 또는 나쁜 뜻이 아니라고 하기

셋째, 욕처럼 들리는 일상 단어를 맥락에 맞지 않게 쓰고, 혼날 것 같

으면 욕 아니라고 하기

(크레파스 18 색깔, 고속도로 IC 8번 도로 등등 매우 엄청나게 다양한

양상입니다.)

실무에서 이런 교묘한 욕에 대해 교사가 생활지도를 하면, 학생들의 반응은 다음과 같이 나눌 수 있습니다.

반응1 학생이 "죄송합니다."라고 반응함

반응2 학생이 "아까 욕 안 했는데요. 증거 있어요?"라고 반응함

반응3 학생이 "그거 욕 아닌데요? 일상용어인데요?"라고 반응함

반응4 학생이 "친구가 알려준 건데요? 친구도 쓰던데요?"라고 반응함

사실 교실 현장에서 교사가 학생의 욕을 직접 들어도 학생이 위와 같은 식으로 부정하는 경우가 꽤 있습니다. 혼나는 상황을 모면하려는 것이지요.

심지어 앞서 언급했던 것처럼 증거(녹음 등), 증인(그 말을 들은 교사와 학생들)이 있다 하더라도 우기는 경우도 있을 수 있지요.

물론 학생이 상황을 모면하려는 것도 사람으로서 자기방어 기제를 위

한 본능적인 영역이라 어쩔 수 없는 부분도 있습니다. 다 큰 어른도 증거 없으면(혹은 증거가 있어도), 부정하시는 경우가 있는걸요. 이렇듯 본능의 영역이긴 합니다. 이래서 '일도이부삼백'이라는 표현도 있지요.

일도이부삼백(빽)

형사 분야에서 일종의 은어처럼 쓰이는 말로 공식 뉴스에서도 여러 차례 언급되었습니다.

사건 발생 시
一 일단 도망가고
二 부인하며
三 나중에 백(뒷배경)을 이용해라.

학교로 치면,
문제 학생이
문제 사건을 일으키고,
모르는 척하거나 부인하고,
나중에 부모님이나 변호사를 뒷배경으로 하는 것에 비교될 수 있겠습니다.

> 어른의 세상에서도 이러할진대, 학교까지 이렇게 된다면 이 나라가
> 어찌 될지 걱정됩니다.

그리고 이 학생이 이제 집에 가서 내가 하지도 않았는데 혼났다고 하면, 아무래도 학부모 입장에서는 기분이 나쁠 수밖에 없습니다. 일단 학부모는 내 아이의 말을 중심으로 판단하게 되니까요. 아무리 객관적인 사람이라도 내 자녀의 일까지 객관적이기는 정말 쉽지 않습니다. 이 글을 쓰는 저조차도 그렇습니다.

그래서 학생과 교사의 말이 다르면 이후부터는 학부모와 교사의 관계가 안 좋아집니다. 그리고 결국 학부모의 협력이 이뤄지지 않아, 학생 생활지도는 더 어렵게 되어 갑니다. 또한, 만약 그 이상으로 학부모가 학교나 교사에게 원한을 품으면 처음에 얘기했던 대로 합법적으로 교사를 괴롭히는 상황까지 갈 수 있습니다.

이제 다음과 같이 말씀드립니다. 교사가 학생의 문제행동을 해당 학부모에게 얘기했는데, 자녀는 그 사실을 부정하거나 축소하는 경우가 있을 수 있습니다. 이때 학부모 입장에서 자녀의 말을 온전히 듣고 믿고 싶으시겠지만, 교사의 말도 충분히 들어주셨으면 합니다.

왜냐하면 자신의 잘못을 축소하거나, 감추는 것은 본능적인 영역입니다. 저도 어른이지만 배우자한테 그럴 때도 있습니다. 물론 자녀의 말이 모두 거짓말이라는 것은 결코 아닙니다. 단지, 자녀의 말을 경청하시면서도, 객관적인 마음을 가져보려고 해보세요.

요즘 세상에 교사가 저렇게 학생의 문제행동을 해당 학부모에게 얘기한다는 것 자체가 교사 입장에서는 용기를 꽤 낸 것입니다.

솔직히 교사가 민원인인 학부모를 화나게 만들어서 얻을 게 별로 없습니다. 학생의 문제행동 하나 지적한다고 월급이나 수당을 더 주는 거 아닙니다. 오히려 교직 생활의 위기가 발생할 가능성만 높습니다. 그런데도 교사가 문제행동을 지적한다면, 그건 확률적으로 진짜 문제행동일 가능성이 높습니다.

그리고 자녀의 말만 모두 믿다가 이로써 자녀 버릇이 나빠져서, 나중에는 부모님이 고통받는 경우도 많습니다. 어차피 교사는 그 학생을 통상적으로 담임으로서 1년 정도만 보게 되지만, 부모님은 그 자녀와 천륜으로 평생 연결되니까요. 자녀의 올바른 성장을 위해서는 조금이라도 더 객관적으로 상황을 바라볼 필요가 있습니다.

사실 어떤 학생의 진짜 모습에 대해서 부모도, 교사도, 친구들도, 때로

학교생활 실전 대처법

는 자기 자신도 잘 모릅니다. 애초에 사람은 다양한 면을 가지고 있습니다. 학생이 가정에 있을 때, 교실에 있을 때, 친구들끼리만 있을 때 다 다른 모습일 수 있습니다.

마치 공개수업 때 학생의 언행이 평소 수업 태도를 다 반영한다고 확신하기는 어려운 것처럼요. 여기에 호손 효과도 있을 수 있고요. 호손 효과를 저자가 알고 있는 선에서 간단히 설명하자면, 참가자가 어떠한 프로그램에 참여하는 과정에서 관찰자가 있을 때와 그렇지 않을 때 행동에 차이가 있을 수 있다는 뜻입니다. 또한, 같은 프로그램이라도 임시로 연구 시범적인 상황에서 좋은 결과를 기대하며 운영하는 것과 이후 진짜 도입되었을 때의 차이가 있을 수 있는 것도 비슷한 맥락으로 알고 있습니다.

아무튼 결국 드리고 싶은 말씀은 다음과 같습니다. 교사의 말과 학생의 말이 다르다면, 한쪽의 말보다는 양쪽을 모두 종합해서 판단하고 생각해보셨으면 합니다.

여기까지 오면, 또 하나의 궁금증이 생길 수 있습니다. 학급 생활지도 규칙이 애매해서 그런 거 아닐까? 규칙을 명확하게 만들고 꼼꼼하게 적용하면 되는 거 아닐까? 라는 생각입니다.

4. 학급에서 명확한 규칙을 정해서
지도하면 학급 질서가 생기지 않을까요?

교사가 명확한 학급 규칙을 정하고
꼼꼼히 적용하기

"학생 생활지도가 뭐가 힘들지? 그냥 학급 규칙을 법처럼 정해서, 딱 그대로 조치하면 되잖아. 예를 들어, 욕 1번 하면 주의 주고, 욕 2번 하면 반성문 쓰고. 이렇게 다 같이 정한 규칙대로 하면 되는 거잖아."

위와 같이 생각하던 시절이 저에게도 있었습니다. 학급에서 규칙을 정할 때, 법처럼 엄격하게 알고리즘을 짜서 그대로 운영하면 되는 것이라고요.

그런데 일단 크게 두 가지 이유로 쉽지 않습니다.

첫째, 법을 현실에서 적용할 때 해석이 다양할 수 있는 것처럼, 학급 규칙도 그러합니다.

예를 들어, 모욕죄만 하더라도 어디까지가 모욕이고 아닌지 애매할 때가 많습니다. 그것을 정하는 것은 해당 사건을 맡은 판사의 몫입니다. 그리고 이분들은 그러한 법 해석에 대해서 전문적으로 트레이닝이 되어 있으십니다.

학급 규칙도 겉으로 보기에는 법보다는 가벼워 보이지만 막상 실제에 적용 및 해석할 때는 현실 법처럼 매우 복잡할 수 있습니다.

예를 들어 욕이라고 했을 때 어디까지가 욕인지 매우 애매합니다. 그리고 학생들도 혼나는 상황을 회피하기 위해서, 욕하고 비슷한 효과지만 욕은 아닌 것을 창의적으로 만들어냅니다. 따라서 오히려 규칙을 악용할 수 있는 영악한 학생들이 더 유리해지는 형태이지요. 현실에서도 법을 잘 아는 사람들이 더 법을 악용할 여지가 있는 것처럼요.

둘째, 법은 판사의 권위에서 결정되지만, 학급 규칙은 그렇지 않습니다.

국가의 3가지 권력 중 하나가 사법권입니다. 그리고 사법권은 보통 법원에서 행사합니다. 따라서 사람들이 법원의 판사가 내리는 판단에 불만이 생겨도, 일부 상황을 제외하면 따라야 하는 구조입니다.

그에 반해 학급 규칙은 그렇지 않습니다. 아무리 학급 대부분의 학생들이 동의했더라도, 1명의 학생만이라도 불만이 생기면 이를 적용하기가 매우 어렵습니다.

왜냐하면 그 학부모가 불만이 생겨서 교사를 합법적으로 괴롭힐 수 있기 때문입니다. 실제로 뉴스에서도 나왔듯 학급 규칙으로 공통으로 적용하려고 했더니, 우리 애한테는 그거 적용하지 말라고 했던 학부모가 있었습니다. 그리고 처음에 얘기하였던 대로 1명의 학부모라도 불만이 생기면, 교사가 위험해질 수 있는 구조이기 때문에 정확한 학급 규칙을 적용하기 힘듭니다.

이럴 때 궁금하신 부분이, "학부모가 무고로 교사를 신고해도, 결국 법원에서 구제받을 수 있지 않나."라는 생각인데요. 그건 알 수 없는 불확실성의 영역입니다.

앞에서 말씀드렸듯이, 학급 규칙으로 레드카드 등의 생활지도를 했다가 검사에게 기소유예를 받은 교사가 있었습니다. 기소유예라는 것은 보통 죄는 있어 보이지만, 기소(법정까지 가는 것)는 유예하겠다는 것인데요. 이것 또한 형사처벌은 안 되어도, 자체 징계가 될 수 있습니다. 그리고 해당 사건은 몇 년 지나서야 헌법재판소를 통해서 기소유예 처분이

학교생활 실전 대처법

취소되었습니다. 즉 2021년 4월 검사로부터 기소유예 처분을 받은 사건인데, 2023년 10월에 헌법재판소에서 기소유예 처분이 취소된 것으로 보입니다. 이러한 상황에서 교사가 어떻게 하나하나의 생활지도를 법적으로 합법인지, 불법인지 판단 및 적용할 수 있을까요? 교사가 신고당하면 합법적인 생활지도라도 위와 같이 몇 년 걸릴 수 있는데요.

법조인 또한 본인이 소송당하는 과정에서 불안할 수 있다는데, 비법조인인 교사는 그 기간 동안 불안해서 생활지도할 수 있을까요? 그리고 무죄, 무혐의 등이 나온다고 하더라도 앞으로는 소신껏 할 수 있을까요?

또한, 실제로 소송에 걸려보면 이 과정이 매우 고통스럽고, 보편적인 사람이라면 송사를 다시는 또 겪고 싶지 않습니다. 한 번이라도 직장을 걸고 소송을 해보신 분이라면 느끼실 것입니다. 교사의 경우 아동학대로 인정되면, 상황에 따라 더 이상 아동 청소년 기관에서 근무하지 못하기 때문에 교단에 서기 어렵게 될 수 있습니다. 그래서 교사들은 한 번의 학급 규칙 적용이나 생활지도를 할 때마다 현실 직업 캐삭빵(보통 게임 캐릭터 삭제를 담보로 내기함을 뜻함. 요즘은 주요 언론에서도 현실 직업에 적용해서 쓰기도 함.)을 각오해야 합니다.

아무리 재판에서 무죄가 확률적으로 잘 나온다고 해도, 100% 장담할 수는 없으니까요. 생활지도 한 번 했다가 직장 잃을 위기를 겪으니, 그냥 적당히 하면서 "얘들아 하지 마~." 이 정도로만 하고 싶은 사람들도 있을 것입니다. 인간은 누구나 본능적으로 자신을 보호하기 때문입니다.

그래서 직업인에게 과도한 사명감을 요구하는 시스템이라면 그것은 개선되어야 비로소 올바른 사회 시스템이 될 수 있다고 생각합니다. 애초에 과도한 사명감을 요구하는 시스템은 이론적으로 돌아갈지 몰라도, 현실적으로 부작용이 있을 수밖에 없기도 하고요. 이는 꼭 교직에만 적용되는 것이 아니라 다른 직업군(자영업, 행정, 치안, 의료 등등)도 마찬가지입니다.

그리고 이런 상황이면 앞으로 새로 들어오는 교사들 또한 비슷하게 될 가능성이 높습니다. 즉, 지금 상황을 보면서 "그것도 못 버텨? 교사 힘든 거 알고 들어온 거 아님? 교사하기 싫으면 관둬라. 너 아니어도 하려고 줄 서 있는 사람 많다."라는 식으로 얘기할 사람은 많겠지만 그것이 '소신껏 역량을 발휘하며 교육을 할 사람이 줄 서 있다는 것'을 보장하지는 않습니다. 얼마 전 수도권 교대에 수능 9등급이 1차 합격까지 한 상황이고요. 수능 성적이 교사의 전부는 아니라고는 하지만, 보통 적절한 지능 및 성실한 학생일수록 수능 성적도 어느 정도 잘 나올 가능성이 높다는 것을 생각해보면 이 부분도 고려해보아야 할 문제입니다.

146

그리고 이렇게 "누가 그거 하라고 협박했냐?" 또는 "소속된 조직이 싫으면 구성원이 떠나라."라는 식의 말을 하는 사람들은 대부분 시스템 개선에 대해 제대로 된 대안을 제시하는 경우는 많지 않습니다. 그리고 이런 논리를 적용하면 모든 일(자영업, 회사원, 대학원생, 의료인, 공무원 등)에 해당될 수 있습니다. 그래서 이러한 "불만 갖지 마라. 누가 무기로 협박했냐?"라는 식의 초기 산업혁명 시절 유럽의 일부 악덕 고용주와 유사한 마인드는 사회를 전체적으로 개선이 안 되는 방향으로 만들어지게 할 수 있으므로 좋지 않습니다.

5. 학교는 왜 "모든" 사건 사고를
가정에 전달하지 않는 걸까요?

학급 상황은 다양합니다.

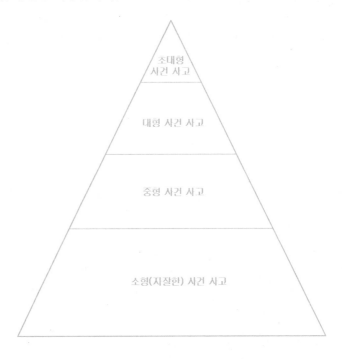

초대형
사건 사고

대형 사건 사고

중형 사건 사고

소형(지잘한) 사건 사고

그림 1 (위의 그림과 용어는 설명의 편의를 위해 임의로 작성한 내용입니다.)

초대형 혹은 대형 사건 사고는 심각한 성범죄, 심각한 집단 괴롭힘, 심
각하게 다친 사고 등이 해당합니다. 물론 말 그대로 매우 심각한 문제지

학교생활 실전 대처법

만, 그만큼 건수가 상대적으로 많지는 않습니다. 그리고 삼각형에서 아래로 내려갈수록 사건 사고의 심각성은 줄지만, 일어나는 횟수는 많은 편입니다.

소형(자잘한) 사건 사고는 심각성은 별로 없지만, 하루에도 자잘하게 많이 일어나는 일들입니다. 예를 들어, 학생 간 이동 중에 어깨를 스쳐서 눈을 한 번 째려보고 그대로 종료되었다던가 아니면 그냥 혼자 문제를 풀다가 "아이씨" 정도로 비속어를 하고 더 이상 상황이 전개되지 않고 종료된 경우가 있을 수 있습니다.

일단 소형 사건 사고까지 학부모에게 알리다 보면, 너무나 많은 내용을 말해야 합니다. 학급당 학생 수가 많은 경우 30명 안팎인데, 이것은 절대 불가능입니다.

모든 것을 다 기록하고 알린다는 것은 한 명의 교사에게 승정원일기나 조선왕조실록을 편찬한 사관들처럼 하라는 것인데, 인력 구조상 절대 불가능합니다. 교사가 그 일만 하는 것도 아니고요. 그리고 애초부터 대부분의 학부모님은 그 정도까지를 바라지도 않을 것입니다.

그럼 초대형 혹은 대형 사건 사고는 어떨까요? 이 정도 규모의 사건이 발생했을 때, 인지하였음에도 학부모에게 안 알리는 교사라면 자격이 없는 교사일 것입니다. 정상적이지 않은 교사 맞습니다.

그래서 초대형, 대형, 소형 사건 사고들은 '알릴지 말지 여부'가 누가 봐도 확실히 느낌이 옵니다. 대부분 학부모와 교사도 이 정도는 분별할 줄 압니다.

문제는 소형보다는 조금 더 심각한데, 그렇다고 엄청 심각한 것은 아니고, 그렇다고 알리면 오히려 더 생활지도가 안 되는 경우입니다. 중형 사건 사고이지요. 이 중형 사건 사고가 어느 정도 범위인지 명확하게 정의 내리기는 어렵습니다. 중형 사건 사고가 무엇이냐는 것에 대해서 개인적으로 우유 유통기한 문제와 같다고 생각합니다. 우유를 마실 때 해당 우유의 유통기한이 차라리 거의 안 지났거나, 유통기한을 엄청나게 지났으면 판단을 하는 것이 수월한데요. 그 넘긴 기한이 애매하면 고민이 됩니다. 우유를 마시자니 신경 쓰이고, 안 마시자니 아깝습니다. 중형 사건 사고가 그렇습니다. 알리기에 엄청나게 큰 사건은 아닌데, 그렇다고 아주 작은 사건은 아닌 일입니다.

교사도 고민되는 부분입니다. 앞에서도 말씀드렸지만, 현재 학교는 교사가 학부모에게 밉보이고, 학부모가 작정하고 나오면 교사는 물론 학교

학교생활 실전 대처법

가 뒤집힐 수 있습니다. 이미 단 1명의 학부모가 학교 및 교육청에 악영향을 준 사례가 있습니다.

학부모 단 1명의 힘

학부모가 악의적으로 학교를 뒤집다가 고소 고발당하는 뉴스 기사를 보면, 어릴 적 보던 무협지에 나오는 1명의 초절정 무림 고수가 무림을 제패하는 것 같기도 합니다.

단, 1명의 심각한 악성 민원 학부모(초절정 무림 고수)가 찾아와 학교라는 이름의 정부 기관(관아)을 어지럽게 하는 것이지요. 민원과 고소 고발이라는 검기와 장풍을 내뿜으면서요.

그래서 교사 입장에서는 이걸 괜히 말했다가, 오히려 교사 선에서 적절히 생활지도하고 재발 방지로 끝낼 수 있는 문제를 괜히 더 안 좋은 방향으로 갈 수 있을 것 같기도 하고 그렇다고 안 말하자니 나중에 은폐하는 거 아니냐 할까 봐 고민이 되기도 합니다.

"그러면 말하면 되잖아!" 하시겠지만 앞에서 말씀드린 것처럼 그러다가 가해 즉 학부모에게 밉보이면 오히려 기존에 어느 정도 잡혀 있던 전반적인 생활지도가 더 어려워집니다. 기분 상하신 학부모님께서 앞으로 계속 빌미를 잡아서 민원 넣으면 당해내기 어렵다고 이미 앞선 전제에서 말씀드렸습니다.

그리고 학부모가 오히려 교사에게 "아니, 선생님 선에서 적절히 지도하면 되는데 왜 양쪽 학부모에게 알려서 굳이 일을 더 키워요."라고 말할 수도 있고요. 결국, 이 학부모님이 서운해하시다가 의심(교사가 우리 애 싫어한다.)을 키우고 교사에게 악의를 품으면 정말 법적으로 몇 년간 수습하기 어려울 수도 있습니다. 싸움 한 번 말렸다가 가해 학생 측으로부터 몇 년간 소송 과정에 있는 교사도 이미 있고요.

그래서 어떤 교사들은 차라리 중형 사건은 "그냥 내가 학부모에게 알리지는 않고 학생들 생활지도하고, 만약 학부모가 나중에 알게 돼서 뭐라고 하면 그때는 그때 가서 서운하셨을 것 같다. 주의하겠다. 더 신경 쓰겠다." 이런 식으로 얘기하려는 경우도 있을 수 있겠습니다.

이렇게 행동하는 교사에 대해서 "저런 교사 잘라라. 지금 임용 대기하면서 할 사람 줄 섰다."라고 해도, 지금 시스템 아래에서는 줄 서 있다가 들어온 신규 교사도 똑같이 행동하게 될 가능성이 높습니다. 이러한 상황은 시스템을 개선해야 하는 문제이지요.

그리고 또한 실제 교육 이론에서도 아이는 성장하면서 회복 탄력성과 좌절 내구력을 키워나가는 것이 필요한데요. 여기서 회복 탄력성이나 좌절 내구력은 어떤 문제가 발생했을 때 스스로 이겨나갈 수 있는 능력입니다. 교사가 하나하나 다 해주고 학부모에게 안내하고 모든 것을 위로해주다 보면 학생의 이겨내는 능력이 뒤떨어지게 됩니다. 그리고 이후 사회에 나가서는 적응력이 매우 떨어질 수 있습니다. 현실 사회가 항상 위로해주는 공간은 아니기 때문입니다.

정리하면, 다음과 같습니다.

첫째, 초대형 및 대형 사건 사고는 발생했음에도 안 말해준다면 그건 명백히 교사와 학교의 잘못이 맞습니다.

둘째, 소형 사건 사고는 오히려 하나하나 말해주고 위로해주는 게 학생의 성장에 방해가 됩니다.

이제 중형 사건 사고에 대해서 예시로 추가 설명해보겠습니다. 한 아이가 좀 과격하게 행동하는 바람에 다른 아이가 피해를 보았다고 가정하겠습니다. 심각한 것은 아니고 애매모호한 정도의 피해입니다. 다만, 생활지도는 필요하고요. 그리고 사건 사고가 좀 애매모호해서, 아마 두 학생 모두 일시적인 생활 해프닝으로 여기고 집에다가 굳이 얘기할 것 같지는 않다고 교사는 판단했다고 합시다.

이 상황에서, 교사가 생활지도했던 것을 가해 측 학부모에게 말하자니 가해 학부모가 기분 나빠 하면서 오히려 안 말했던 것보다 더 안 좋은 상황이 될 수 있습니다. 교사가 가해 측 가정에 얘기했더니 학부모님이 "애한테 물어봤는데, 별것도 아닌 일이네요. 상대방도 잘못이 있고요. 선생님이 작은 일을 괜히 이슈화하시는 것 같아요. 이번에는 제가 넘어가지만, 다음번에는 생활지도 받는 학생의 마음도 읽어주시고 좀 주의해주세요." 이렇게 나올 수도 있습니다. 그리고 이후부터는 가해 측 학부모가 서운한 마음을 가지고 학생에게 하나하나 학교에서 있었던 일을 물어보고 교사에게 물어보기 시작하면 이후 생활지도하기가 더 곤란해질 것입니다. 또한, 현실에서 정말 심각하게 악화된 상황이 아닌 이상, 심적으로 교권보호위원회를 열기도 쉽지 않습니다.

심지어 더 안 좋은 상황으로 악화된다면 학부모가 서운해하면서, 홧김에 교사를 아동학대로 신고할 수도 있지요. 참고로 무고죄 입증이 쉽지 않습니다. 학부모나 학생이 나는 악의로 한 것이 아니라 정말 아동학대인 줄 알았다고 나올 수도 있고요. 그런데 교사 입장에서는 교직 인생이 날아갈 수 있는 초대형 사건이 된 것입니다. 이때 무죄, 무혐의가 나와도 소명 과정이 매우 피로하고 결과가 나오기까지 몇 년씩 걸릴 수 있습니다.

그렇다고 피해 측에게만 얘기하면 예상치 못하게 진행되기도 됩니다. 왜냐하면 피해 측에서 어떻게 나오느냐에 따라 결국 가해 측이 알게 되고 앞서 말씀드린 상황이 재연될 수 있습니다.

물론 그렇다고 교사 선에서 생활지도로 끝냈다가 나중에 은폐한 것 아니냐는 소리를 들을 것 같고, 매우 고민될 수 있는 상황입니다. 즉, 가정에 얘기해도 안 하느니만 못한 상황이 나올 수 있고, 가정에 얘기를 안 해도 문제가 될 수 있습니다.

여기에 대해서는 어느 정도 이상의 사건이면 집에다가 전달할지 여부에 대한 공통의 기준이 필요한 것 같습니다. 중형 사건 사고 안내 여부 결정이 이처럼 참으로 애매모호합니다.

물론 이 공통의 기준을 학급 차원에서 정할 때 만장일치여야 합니다. 다수결로 했다가 소수의 학부모가 난리를 치면, 더 어려워집니다. 앞서 말씀드렸지만, 현실 학교는 학부모 한 분이 작정하고 난리를 치면 학교 자체를 흔들 수 있습니다.

즉, 학부모들은 한 분 한 분이 사실상 학교에 엄청난 영향력을 가진 존재들입니다. 학부모가 학교에 뭐를 추진하게 하기는 어려울 수 있습니다. 하지만 학교가 추진하는 것에 어깃장을 놓는 것은 학부모 단 한 명으로도 해낼 수 있습니다.

6. 문제행동하는 학생을
학교가 미리 알려주면 좋겠습니다

학부모 입장에서 솔직히 궁금합니다. 그 학급의 (물론 해당 가정에서는 금쪽같은 자녀겠지만) 문제 학생이 누구이고, 구체적으로 어떤 애인지 대비하기 위해 알고 싶습니다. 예민한 학생이면 미리 조심하려고요. 한편으로 피해 학부모 입장에서 그 애가 우리 애에게 어떤 행동을 했을 때, 사건 사고 발생 시 구체적으로 어떤 맥락이고 어떤 정황인지 알고 싶어 합니다. 사실 교사 또한 대략적으로 누가 착하고 모범생이고, 누가 매우 예민한 학생인지 등은 대략적으로 알고 있을 것입니다.

그런데 왜 학교 선생님들은 구체적으로 안 말해주는 것일까요? 그것은 불법적 요소가 있기 때문입니다.

앞서 이야기했듯이 '모든'까지는 아니어도 적어도 '대부분'의 학교 선생님들은 모범생 출신 비중이 높고, 애초에 이 교사 직업을 평생 업으로 바라보고 교육대학 또는 사범대학에 입학하는 경우가 많습니다.

또한, 전문직군의 사람들은 면허증 박탈에 예민합니다. 특히 전문직 종사자들은 그 직업군의 일을 못 하게 되면 타격이 꽤 큽니다. 전문직을 얻기까지 투자한 시간과 에너지 그리고 기회비용이 크기 때문입니다. 교사가 요즘 '주목받는 전문직'이냐 아니냐는 논쟁을 차치하고, 교사들 또한 자격증을 바탕으로 일을 하는 전문직군입니다. 그렇게 양성되어 있기 때문에, 많은 경우 법적인 문제로 교단에 못 서게 되면 심적으로 타격이 꽤 큽니다.

저자는 애초에 이것저것 해왔던 사람이라 그런가 보다 하지만, 교직 외길을 걸으신 분일수록 외부적 요인으로 인한 교직 상실 시 박탈감이 매우 큽니다. 그래서 많은 교사들이 어지간하면, 조심하려는 경향이 매우 그래서 많은 교사들이 어지간하면, 조심하려는 경향이 매우 강합니다.(물론 2023년도 공교육 멈춤 사건이 있었을 때, 저는 저 사람들이 오죽했으면 저랬겠나 하는 생각이 들었습니다.)

결국 앞서 말씀드렸듯이, 우리나라에는 사실 적시 명예훼손이라는 형사처벌이 있습니다. 물론 공익적 목적이라든가 이런저런 것들이 있으면, 합법으로 판단되겠지만 그 판단은 교사가 할 수 있는 것이 아닙니다. 또한, 학교폭력 관련해서 비밀 누설을 하면 안 된다는 규정 또한 있고요.

학교생활 실전 대처법

그래서 가해 학생이 불리할 수 있는 내용을 함부로 피해 측에 말하기가 어렵습니다. 종종 뉴스를 보면, 가해 측의 행실을 알렸다가 민원이나 고소 고발 위기에 처한 경우가 있더군요. 사실, 교사도 말하고 싶을 것입니다.

"피해 측 부모님! 저 가해 학생은 말도 안 듣고, 협조도 안 되는 아이입니다. 저 가해 학생이 한 짓은 이러저러한 게 있는데요. 실제적인 법으로는 한계가 있네요."라고 말하고 싶어도 말할 수 없습니다. 가해 측에서 비밀 누설, 사실 적시 명예훼손으로 그 교사가 앞으로 교단에 못 서게 하려고 단단히 벼를 테니까요.

: 지금 시스템에서 현실적인 해결 방법을 말씀드립니다

　지금까지 학교 상황을 알아보았습니다. 앞서 말씀드린 내용을 간단히 요약하자면, 단 한 명의 학부모가 불만이 생기면 교사 하나 합법적으로 괴롭히는 것은 어렵지 않습니다. 그리고 단 한 명의 학부모가 작정하고 나오면 학교를 풍비박산 낼 수도 있습니다. 그것도 합법적으로요. 또한, 교사는 교직이 걸렸지만, 학부모는 보통 그렇지 않다는 점에서 리스크도 크지 않습니다.

　이런 상황에서 대다수의 선량한 학부모님들은 매우 고민되실 것입니다. 어떻게 해야 우리 아이가 행복하게, 안전하게 학교에 다닐 수 있는지. 제가 생각하는 그나마 현실적인 방법은 다음과 같습니다.

1. 우리 모두 충분히 알고 갑시다, 아는 게 힘!

현대의 법은 매우 복잡해졌습니다. 고조선 시대에는 8조법이라는 것이 있는데요. 지금은 그와 비교할 수도 없을 만큼 법의 가짓수가 많아졌습니다. 아무래도 그만큼 사회가 복잡해졌기 때문이지요.

법에서는 그런 말이 있습니다.
권리 위에 잠자는 자는 보호받지 못한다.

이 말은 여러 가지 해석이 있지만, 간단히 얘기하면,
"네가 법을 모를 수는 있는데, 법을 몰라서 생기는 불이익은 네가 감수를 해야 한다."
라는 말로도 해석될 수 있습니다.

물론 좀 더 정확한 의미는 민사에서 자신의 권리를 행사하지 않으면, 일정 기간이 지난 후에는 보호받지 못한다는 뜻입니다 그렇기에 법을 몰라 피해받는 일을 최소화하기 위해서 국가적으로도 국선변호사, 대한법률구조공단 등을 지원하고 있습니다. 하지만 그럼에도 본인이 스스로 법을 알아두어야 손해를 줄일 수 있습니다. 알아야 권리를 주장할 수 있으니까요.

이번에 교육부 학생생활지도에 관한 고시 및 교권 4법 등이 도입되고 있습니다. 이러한 조항들은 결국 대부분의 선량한 학생들을 지켜달라는 의미에서 도입된 내용이라고 생각됩니다.

물론 실무 관점에서 위의 개선된 부분들을 잘 살펴보면 "일말의 논의의 여지 없이 빈틈이 없는 완전무결한 제도"는 아닐 가능성이 높습니다. 애매한 부분도 있으며, 악용될 여지도 있을 수 있습니다.

애초에 모든 것이 완벽한 것은 세상에 거의 없습니다.

어찌 되었든 이데아(플라톤의 이데아)가 아닌 현실에 살고 있는 이상, 한계점은 있지만 이 법령들을 어느 정도 이해할 필요가 있습니다.

그리고 우리나라 법령과 규칙들은 인터넷으로 검색해보면 금방 찾을 수 있습니다. 꼭 한 번 가볍게라도 읽어보셨으면 합니다.

학교생활 실전 대처법

본 책에 구구절절 다 설명하기는 어렵겠지만, 핵심을 관통하는 말씀을 드립니다.

학부모든 교사든 어떤 법적 사안 처리를 해야 할 때 다음과 같습니다.

첫째, 서두르지 마세요. 최대한 여유를 가지고 알아보세요.

(물론 당장의 안전 등 문제가 현재진행형이라면 바로 긴급하게 대응해야겠습니다.)

둘째, 잘 모르는 것이라면 침묵을 지키시고 꼭 필요한 말만 하세요.

앞에서도 일도이부삼백에 대해서 말씀드렸습니다. 실제로 모 법조인께서 해주신 수사받을 때 조언도 있습니다. 차라리 아무 말도 하지 말라고요. 학교에서도 마찬가지입니다.

그리고 말을 할 때 처음과 끝의 일관성이 매우 중요합니다. 처음에는 이렇게 말했다가 나중에는 저렇게 말하는 식으로 논리의 일관성이 부족해지면 이는 불리한 요인이 될 수 있습니다.

따라서 이 부분을 정리하면 다음과 같습니다.

말을 매우 신중하게 합시다. 억울해서 중언부언 이치에 안 맞게 할수록 일관성이 떨어집니다. 사실적으로 얘기하되, 아직 정리가 안 되어 있으면 일단 침묵을 지키도록 합시다. 그리고 여유를 가지고 상황을 살펴보시고 그때 정돈된 얘기를 하세요. 또한, 잘 모르겠으면 상대방에게 질문은 하시되, 나는 가급적 침묵을 지키거나 충분히 고민하고 말하는 방향으로 합니다. 학부모, 교사, 학생 모두에게 마찬가지로 적용되는 내용입니다.

그래서 교사가 학부모에게 학생의 문제행동에 대해 연락을 해서 질문을 하고, 학부모가 교사에게 의견을 얘기할 때도 당황스러운 상황에서 말씀하지 마시고 다음과 같이 얘기하세요. 학부모 입장에서는 다음과 같이 말할 수 있을 것입니다.

"선생님 죄송하지만, 제가 지금 말씀드릴 내용이 정리가 안 되어 있습니다. 일단 당분간 시간을 주시고 양해해주시면 정리해서 말씀드리겠습니다."

이렇게 하면, 안 된다고 하는 사람 별로 없을 것입니다. 결론적으로 신중하게 말씀을 하시고, 평소에도 지식을 가지려고 노력하세요. 그리고 상황 발생 시, 여유를 가지고 행동하세요.

학교생활 실전 대처법

단, 현재 실시간으로 진행되는 일이라면 이야기가 좀 다를 것입니다. 예를 들어 만약에 교사로부터 연락이 와서, 내 자녀가 지금 친구를 계속 때리고 있고 다른 선생님들이 내 자녀를 말리는데도 해결이 안 된다고 한다면, 교사에게 "물리적인 것까지 포함해서 적극적으로 말리시고 적절한 조치를 취해달라."라고 하는 게 상식이겠죠.

이렇듯 특별한 상황이 아닌 이상, 최대한 여유를 가지시고 주변에 충분히 알아보고 정리한 다음에 의견을 말씀하시는 것이 중요합니다. 초기 진술의 일관성이 매우 중요하거든요.

2. 자녀가 겪는 상황에서
교사에게 문의하는 방법

보통 생활지도에서 교사에게 하는 문의는 3가지입니다. 안전사고, 학교폭력 피해자로서, 학교폭력 가해자로서입니다.

1) 안전사고 발생 시 다음과 같습니다

안전사고에서 교사의 책임은 결국 "사전에 안전 지도를 했는지 그리고 사후에 조치가 적절했는지"입니다.

먼저, 부모 입장에서 많은 경우 애를 키우다 보면 우리 애가 극성맞은 애인지 여부에 대한 판단이 섭니다.

한편으로 교육과정에도 안전 지도가 의무적으로 들어가 있습니다. 그래서 특이한 상황이 아니고서야 기본적인 안전 지도는 사전에 이미 한 상태일 것입니다. 그리고 많은 경우 안전사고를 유발하는 학생은 평소에도 주의력이나 자제력이 떨어지는 경우가 있습니다.

학교생활 실전 대처법

그래서 다수에게 피해를 끼칠 때가 있는데요. 실무에서 안전 지도를 해도 해당 학생이 그냥 한 귀로 듣고 한 귀로 흘리는 경우가 있을 수 있습니다. 그렇다고 매번 수업이나 특별활동을 하기 전에 두툼한 깨알 같은 약관을 하나하나 읽어보면서, 모든 학생이 충분히 이해할 때까지 모르는 문장을 설명해주게 되면, 정작 활동은 하나도 못 하고 안전 지도만 몇 시간씩 하고 끝나게 될 것입니다. 즉, 이런 방식은 실제적이지 못하지요.

또한, 사건 발생 시 당장 더욱 중요한 것은 사후 조치입니다. 그래서 만약 우리 아이에게 어떤 안전사고가 일어났다면, 일단은 보건실 등 의료 조치를 했는지 애는 괜찮은지 물어보는 정도로 얘기하시면 될 것 같습니다.

물론 실제 현장에서 학부모님이 선생님께 "선생님, 사전에 예방 교육 하셨나요?"라고 물어보실 수는 있겠습니다. 그런데 그렇게 되면 더욱 교사는 해당 학부모에 대해서 본능적으로 조심해야 할 사람으로 느끼게 될 가능성이 높습니다. 이후 교사 또한 방어적으로 응대하는 식으로 진행될 확률이 있겠지요.

따라서 어떠한 일이 발생했을 때, 그 교사를 고소 고발할 것이 아니라면 '사전 예방 교육을 하였는지', '사전 예방 교육을 하였다면 어떤 방식이었고 적절하였다고 생각하는지'를 해당 교사에게 추궁하고 소명시키는 것보다는 차라리 애는 괜찮은지, 보건실은 다녀왔는지 등 그런 후속 조치들에 대해 질문을 하시는 편이 좀 더 좋습니다.

물론 학부모가 교사들에게 밉보여도 많은 경우 자녀에게 무슨 문제가 발생하지는 않습니다. 오히려 학부모가 강하게 나오면 교사들이 조심할 것입니다. 왜냐하면 교사는 교직이 걸려 있으니까요.

다만, 교사도 사람인 이상 하나하나 추궁받고, 또한 구체적으로 소명을 요구하는 학부모에게 걸리면, 이후부터는 해당 학생에게 적극적인 지도보다는 방어적으로 지도할 것 같습니다. 적극적으로 지도했다가 이 학부모와 어떤 문제가 생길 수 있겠다고 본능적으로 판단할 테니까요.

그렇다고 학부모가 (해당 교사가 내 자녀를 적극적으로 케어 안 해줄 것 같아서) 해당 교사를 고소 고발 등으로 직위 해제하게 만들어버려도 여전히 내 아이가 적극적인 케어를 받는 것은 쉽지 않을 수 있습니다.

왜냐하면 새로 들어온 교사도 위기감을 느끼고 방어적으로 조심할 것이니까요. 따라서 지나치게 민감하게 반응하게 되면, 이후로 해당 학생을 위한 적극적이고 헌신적인 교육은 현실에서 확률적으로 쉽지 않을 것

학교생활 실전 대처법

같습니다.

2) 자녀가 학교폭력 피해자가 된 경우 말씀드리겠습니다

자녀가 피해자인 경우, 교사가 정보를 어느 정도까지 우리에게 제공해 줄지 고민되실 수 있습니다. 교사가 알려줄 수 있는 부분이 (비밀 누설 금지로 인하여) 한정되어 있으니까요. 그럴 때는 선생님께 솔직하게 말 씀드립니다.

"법적으로 상대방 정보에 대해서 제한되어 있다는 것은 알겠습니다. 선생님도 양쪽에서 힘드시겠지요. 상대방 특정 학생에 대한 정보를 주기 어려우시면, 보편적으로 말씀해주세요. 선생님 경험상 이런 상황에서는 확률적으로 상대방이 어떻게 나올 가능성이 있을까요?"

산부인과에서 의사가 애가 남자인지 여자인지 직접 얘기 못 하고 비유 를 해서 말하는 경우가 있는데요. 즉, 일종의 행간을 읽는 방식의 말하기 입니다.

가급적 특정인에 대한 정보를 직접 알려달라고 하기보다는 이렇게 "이 런 경우, 대부분 어떻게 나오시는 경우인가요?" 이런 식으로 최대한 행간과 은유를 사용해서 물어보셔야 그나마 교사의 답이 나올 가능성이 높습니다. 그리고 얻은 정보를 바탕으로 모든 경우의 수를 생각해봅니다.

장기나 체스를 할 때 중요한 것이 상대방의 수를 읽는 것이지요. 법정에서의 소송 또한 그러합니다. 그리고 학교폭력 사안 진행 또한 법으로 규정된 것이기에 비슷한 성격을 가지고 있습니다.

따라서 학교폭력을 접수하고 나서 단순히 어련히 알아서 잘 되겠지 하시면 실망하실 수 있습니다. 내가 가진 것들(지식과 정보, 시간적 여유, 체력, 멘털 등등)과 상대방이 대응해서 나올 수 있는 수를 검토하세요. 지피지기면 백전불태입니다. 상대를 알고 나를 알면 백번 싸워도 위태롭지 않다는 뜻이지요.

그래서 학폭으로 가는 것이 유리할지, 아니면 일단 담임교사에게 생활지도를 요청하는 것이 유리할지, 차라리 전학이 나을지 모든 경우의 수를 충분히 현실적으로 판단해서 진행하시면 됩니다. 그리고 그 과정에서 자녀와 충분히 얘기를 나누세요.

이후 자녀에게는 "이러저러한 경우와 예상되는 시나리오들이 있을 것 같다. 그리고 나는 당연히 부모로서 너의 편이다. 어떤 방법이 가장 좋을

학교생활 실전 대처법

것 같니?" 이렇게 얘기해주면서 자녀와 충분히 소통하시고, 법률 전문가 및 교사들과 이야기하면서 가장 효과적인 방법을 정하시고 진행하시면 좋을 것 같습니다. 그리고 단순히 승소 여부의 문제가 아니라, 아이의 심리와 성장, 다른 친구들과의 이후 관계까지 종합적으로 꼼꼼히 검토하시고 결정하면 좋을 것 같습니다. 이렇듯 학폭 해결이 정말 쉽지 않습니다.

3) 자녀가 학교폭력 가해자
(특히 무고성 혹은 억울한 부분이 있는 경우)인 경우입니다

아무래도 일단 가해자로 지목된 학생의 학부모님은 기분이 안 좋으시겠지요. 그래도 이 경우 정보를 많이 가지고 있는 교사와 원만한 관계를 가져가는 편이 좋습니다. 물론 교사도 공무를 수행하고 합법적인 성향이겠지만, 사람 일은 모르니까요. 현실에서 교사가 승진 등을 포기하면서 형사처벌 및 징계를 각오하고 가해 측 부모에 대해 언론에 제보하고 SNS에 공개한다면, 이런 마음속 각오를 가진 사람을 법으로 사전에 막기가 매우 어렵습니다. 그리고 평판에 대해 소문이 한 번 퍼지면 수습하기 힘듭니다. 사람 일은 모르는 것이니 화가 나시더라도 어지간하면 교사와 원만하게 협조하는 게 좋습니다.

아무튼 내 자녀가 학폭 가해자로 지목되면 당연히 분노부터 일겠지요.

그래도 교사에게 상황을 객관적으로 알려달라고 하시고(일반적으로 가해 학생에 대해 불리한 정보를 그 가해 학생의 보호자인 학부모에게 알려주는 것은 현재 판례들을 살펴보면 명예훼손이 아니라고 볼 가능성이 높습니다), 그리고 상대방인 피해 측은 어떤 스타일(해당 피해 측 부모는 평소 소통이 될 만한지, 화해가 될 만한지 등등)이신지를 직접 혹은 돌려서 물어보는 방식으로 문의를 합니다.

또한, 요즘은 학교에서도 전화 통화 녹음이 되는 편이고, 녹음이 되는 이상 앞으로 세상만사가 어떻게 될지 모릅니다. 분노의 언어보다는 표현을 정선해서 대화하실 것을 추천드립니다.

왜냐하면 글이든 말이든 내가 사용한 표현이 나중에 '나 자신'을 찌를 수도 있기 때문입니다. 그래서 내(특히 가해 측으로 몰린 학부모의 경우)가 화가 나서 과격한 표현을 하다가 오히려 내가 한 표현으로 인해 나중에 내가 다치는 경우가 있을 수 있습니다.

이는 자녀의 학폭에 부모까지 휘말리는 것입니다. 부모가 휘말리면, 부모는 성인이기 때문에 형사처벌될 가능성이 높아집니다. 자녀는 학폭으로, 부모는 형사처벌로 진행되면 집안에 얼마나 큰일일까요. 실제 유사한 사례도 있습니다.

학교생활 실전 대처법

그리고 앞서 말했듯 사적 제재로 인하여 가해 측 학부모인 나의 정보가 주변에 알려지면, 비록 명예훼손으로 상대에게 배상을 청구하더라도 사실상 그 손해를 온전히 구제받거나 만회하기 어려운 경우가 꽤 있습니다.

따라서 학폭 가해자로 몰려 화가 나시더라도 최대한 필요한 말만 하시고, 통화 내용은 외부로 노출될 수 있다는 마음가짐으로 신중히 조심스럽게 말씀하실 것을 권유드립니다. 옛말에도 편지를 쓸 때, 누가 보더라도 문제가 되지 않을 글을 쓰라는 말이 있습니다. 옛날의 말이지만 지금도 통용되는 진리이지요.

그리고 계속 강조하지만 가장 중요한 것은 최초의 의견 진술부터 최종 의견 진술까지 일관성을 가지는 것입니다. 이때, 자녀가 왜곡된 정보나 착각을 할 수도 있습니다. 가장 믿기 힘든 상황이지만, 자녀가 혼나기 싫어서 부모님께 거짓을 말할 수도 있습니다. 자녀와 충분히 소통하시고 상황을 객관적으로 보려고 노력하십시오.

이 모든 것을 객관적으로 했음에도, 학부모님께서 음해성 혹은 무고성 학폭 접수라 판단되시면 교사와 법률 전문가에게 도움을 구하십시오.

억울한 마음이 물론 드시겠지만, 가장 중요한 것은 대응 전략을 냉정하게 판단하는 것입니다. 상대방의 학폭 접수에 대해서 그에 대해 맞폭을 걸지, 무고성에 대해 주장을 할지, 소명을 어떻게 할지 등을 충분히 시나리오로 검토하시고 진행하시면 됩니다.

그리고 사안 조사 과정에서 진술, 재진술을 할 수도 있는데요. 진술을 하는 것 자체가 학생에게는 매우 쉽지 않고 상처가 되는 일일 수 있습니다. 자녀가 힘든 상황을 이겨낼 수 있도록 정서적으로 지지해주시고, 필요하다면 심리 치료를 받는 것도 방법입니다.

3. 자녀가 학폭 가해자로
휘말리지 않는 방법

먼저 절대적으로 100% 학폭 가해자가 안 되는 법은 없습니다. 현행법에서 학폭의 정의는 너무 광대해서 누구나 다 가해자로서 접수가 될 가능성이 있습니다. 개선이 필요한 부분이긴 한데 쉽지 않습니다.

학폭에 대한 참고 지식

학폭 접수가 될 때는 학폭 인정이 되기 전까지는 원칙적으로 관련 학생으로 지칭됩니다. 일종의 무죄 추정이라고 생각하시면 되십니다.

예를 하나 들어보겠습니다. 일진이 모범생(해당 모범생은 해당 학교 내신 1.00등급, 용모 단정, 품행 방정인 드라마 같은 설정으로 가정함)에게 관심을 가지면서도 내심 싫어한다고 해보겠습니다.

평소에도 그 모범생을 주목하던 일진이 작정하고 모범생을 학폭으로 찔러서 정신적으로 고통받게 하고, 합의금을 유도한다면 매우 끔찍한 일일 것입니다. 그리고 일진이 집단이고 다들 본인들이 유리하게, 그리고 모범생에게는 불리하게 증언한다면 정말 무섭습니다.

아무리 나중에 "학폭 아님"으로 조치가 나온다고 해도, 접수된 순간부터 모범생에게는 큰 스트레스이고 학업에 악영향을 받습니다.

또한, 못된 짓은 빨리 배울 수 있기 때문에, 만약 대입과 학폭을 연관시킬 것이면 학폭에 대한 정의를 좀 더 명확하게 수정해야 합니다.

이미 스승인 교사를 상대로 합의금을 요구하는 사람이 있는데, 학생한테는 못 할까요? 게다가 학폭 합의금이라는 말은 이미 공론화된 상황입니다. 이러한 상황에서 대학 입시에 학폭이 포함된다면, 이 학폭 접수 기준에 대해서도 충분한 고찰과 검토가 필요합니다.

학폭 상황에 대한 공정한 결과 판정도 중요하지만, 악의적이고 불필요한 학폭 접수는 애초에 하지 않도록 해야 합니다.

그래야 악의적인 무고성 학폭 접수로 사람 괴롭히는 것을 막을 수 있습니다. 물론, 무분별한 아동학대 악용 신고도 마찬가지입니다. 무고죄 입증이 쉽지 않기 때문입니다.

교사뿐만 아니라 학부모님의 자녀 지도, 동네 주민의 명백하게 정당한 훈계 훈육(학생이 동네에서 흡연이나 약물 오남용 상황, 친구 괴롭힘 등에 대한 지도 등)은 설령 그 학생이 혼나서 기분 나쁘다고 악의적으로 신고를 한다고 해도, 접수 단계 초기에서 막을 수 있도록 해야 합니다. 그러려면 학교폭력과 아동학대에 대해서 현실적이고 명확한 정의가 필요합니다.

과거 동네 어르신들이 치안 역할

과거에는 학생들이 동네에서 나쁜 짓을 하면 그걸 지적하시는 어른들이 많이 계셨습니다. 그런데 지금은 행실 나쁜 학생들이 어른의 정당한 훈계에 대해 악의적으로 신고하기 때문에, 동네에서 나쁜 짓을 보아도 그냥 못 본 척을 하는 어른들도 있습니다. 또한, 치안을 담당하는 경찰의 인력 부족도 생각해보아야 할 것입니다.

차라리 어떤 지점까지는 어른인 동네 주민이 나쁜 짓을 하는 학생에게 훈계 훈육을 해도 되는지 가이드라인이 나와서, 어른이 안심하고 훈계 훈육할 수 있는 분위기가 만들어져야 합니다. 이는 실제적으로 선량한 학생을 보호하기 위해서 필요한 부분입니다.

또한, 그래야 경찰의 인력 부족을 조금이라도 커버할 수 있다고 생각합니다. 우리나라에 정의감을 가진 시민들이 많다고 생각합니다. 동네에서의 학생 지도에 관한 법이 알맞게 개선된다면, 선량한 시민들에게 더욱 큰 힘이 될 것으로 생각합니다.

그럼에도 지금 현실은 현실입니다. 따라서 현실적으로 우리 아이가 학폭에 휘말리지 않는 방법은 그나마 다음과 같습니다.

가급적 (특히 이성 친구) 친구랑 과도한 신체 접촉은 하지 않습니다. 그리고 평소에 자녀와 부모님은 소통을 많이 해야 합니다. 그래야 부모님께서 자녀의 상황을 이해하기가 좋습니다. 학교폭력 발생 시 초기에 어른의 도움을 받았으면 해결될 수 있는 일임에도, 자녀가 혼자 끙끙 앓다가 극단적인 상황으로 가기도 합니다. 평소의 자녀와의 소통이 매우 중요합니다.

또한, SNS 중 단톡방 같은 형식은 가급적이면 안 하도록 하는 편이 좋을 것 같습니다. 경우에 따라 자녀가 단톡방에서 별말 안 했지만 사이버

폭력으로 인한 학폭 가해자로 엮이고 몰릴 수 있습니다. 자녀의 휴대폰 관리 교육은 중요합니다.

그리고 실제로 학생의 인권을 존중하는 미국 정신의학과에서도 일정 연령(예를 들어, 중학교 졸업까지)까지는 학부모의 '자녀 스마트폰 SNS 게시물 확인'이 필요하다고 권고하고 있다고 합니다. 또한, 요즘은 스마트폰 SNS 등을 통해서 성인이 미성년자인 어린 학생에게 접근하는 경우도 있습니다. 따라서 학생의 안전을 위해서, 그리고 학폭 피해 혹은 가해 예방을 위해서도 자녀의 휴대폰 사용 교육은 주기적으로 해주고 확인할 필요가 있습니다. 이 부분은 매우 사적인 부분이라 교사가 하기가 쉽지 않습니다. 따라서 가정에서 지속적으로 해주셔야 하는 부분입니다. 사건이 발생하고 나서는 늦습니다. 사전에 해야 합니다.

또한, 정의로운 스타일의 자녀가 있을 수 있는데요. 친구와의 싸움을 말릴 때, 말리는 과정에서 신체 접촉이 있어서 자녀도 학폭 가해자로 몰릴 수 있습니다. 차라리 그럴 때는 말로 하지 말라고 하거나 어른을 모셔 와서 해결하도록 알려 주세요.

그리고 반에 대단히 예민한(특히 타인에게 시비를 걸면서도, 피해의식이 매우 강해서 무고성 학폭 신고를 할 것 같은) 학생이 있는지 물어보시고, 그 학생과는 매우 조심해서 지낼 수 있도록 교육시켜주는 것도 필요할 수 있습니다. 한편으로 다음의 경우도 생각해보면 좋습니다.

자녀가 오지랖이 넓고, 여기저기 관여해서 친구들 다툼 때 함께 말려들 것이 눈에 보이는 경우.

자녀가 정말 그런 스타일이면, 말해도 부모님 말씀을 안 들을 가능성이 높습니다. 참 어렵지요.

그런 경우라면, 그나마 조언으로써 자녀에게 싸움 말릴 때 녹음기를 켜겠다고 사전에 얘기하고, 녹음한 뒤에 말리는 방법도 있겠습니다. 하지만 이렇게 하면 평판 부분에서, 나중에 친구들 사이에 "쟤 친구 말 녹음하는 애다."라고 퍼질 수 있고 혹시 모를 불법 과정이 발생할 수 있으니 이 방법은 그리 추천 안 합니다.

물론 평판 부분에서는, 자녀가 요즘 말하는 인싸이고 친구들 사이에서 장악력이 있는 학생이라면 위와 같이 해도 평판에서 별문제는 없을 가능성이 높습니다. 다만 그래도 불법 과정이 발생할 수 있으니 여전히 추천하기는 어렵습니다. 게다가 친구들 사이에서 녹음하는 애라는 평판이 생기면, 당장은 괜찮더라도 장기적으로 구성원들 사이에서 신뢰받기는 쉽

180

지 않습니다. 정말 불가피한 상황에서나 수용이 가능할 것 같습니다.

그래서 저렇게 증거를 남기고 말리는 방법이 있기는 합니다. 하지만 현실적으로 부작용 또한 있을 수 있으니, 자녀에게는 친구 간 다툼이 있을 때 어지간하면 말로 말리고, 선생님을 부르며, 신체 접촉은 하지 않도록 당부하는 편이 최선일 것 같습니다.

4. 좋은 변호사를 찾고
상담하는 방법

사건 사고가 터지고 나서, 학부모님은 보통 학교 담임교사 및 담당자와 이야기를 나누는 것이 보편적입니다. 이때 상황의 심각성에 따라 변호사를 찾는 경우도 있습니다. 다만, 이때에도 좋은 변호사를 찾아야 합니다. 실력은 물론이고 성실한 변호사이어야 합니다. 또한, 관련 분야의 전문성을 가지고 있어야 합니다.

의사를 예로 들면, 의사 면허증이 있는 사람은 사실상 거의 모든 의료를 할 수 있습니다. 하지만 우리가 심각한 심장 수술을 하는데, 그쪽 분야의 전문의가 아닌 의사에게 수술을 받는 것은 매우 꺼려질 수 있습니다.

따라서 해당 분야의 전문성을 가진 변호사를 찾아야 합니다. 한편으로 "무조건 승소할 수 있다."라고 하는 변호사는 가급적 피해야 합니다. 어떤 상황이든 유리한 점과 불리한 점이 있습니다. 그래서 리스크를 얘기하지 않고 무조건 승소한다고 하는 변호사는 가급적 조심해야 할 가능성이 높습니다. 물론 너무나 명백한 사안은 제외입니다.

학교생활 실전 대처법

또한, 앞서 말했듯이 성실한 변호사도 매우 중요합니다. 입소문이 전부는 아니겠지만 가급적 좋은 소문이 있는 변호사를 찾으면 좋습니다.

한편으로 변호사에게 수임을 맡기기 전에, 해당 변호사에게 "해당 사안을 직접 처리하시는 것인지", "구체적으로 자주 연락이 되는지" 꼭 물어보시고 어떻게든 문의한 내용을 기록으로 남겨두시면 좋습니다.

그리고 변호사에게 수임을 맡겼다고 그냥 알아서 잘 해결해줄 거라고 절대 생각하지 마세요. 사람은 누구나 실수를 할 수 있습니다. 변호사도 사람입니다. **그 사안을 제일 잘 아는 것은 바로 당신입니다.** 계속해서 상황을 보시면서 진행 과정을 체크하셔야, 문제가 발생하지 않을 가능성이 높습니다.

변호사가 실수로 특정 날짜까지 제출해야 하거나, 특정일에 출석해야 하는데 깜박할 수도 있거든요. 따라서 변호사에게 모든 것을 맡기지 마시고, 본인 또한 정신을 바짝 차리시고 계속 상황을 체크하셔야 합니다.

지금까지 **1장 학부모**에 대한 설명이었습니다.

현재의 학교 상황을 잘 대처하려면, 결국 다양한 관점을 보아야 합니다. 그래야 상황을 종합적으로 판단하고 효과적인 대응을 할 수 있습니다. 따라서 **2장 교사** 또한 읽어주시길 바랍니다.

2장 교사

문제 편 : 지금 교실은 가불기 상황입니다

해결 편 : 현실 학교 상황에서 할 수 있는 최선의 기술

문제 편

: 지금 교실은 가불기 상황입니다

1. 지금 교실은 "가불기"로 인한 불안 상태입니다

가불기. 무슨 말일까요? 유사한 의미의 사자성어로 진퇴양난입니다. 가불기란 단어를 모르는 사람은 "거참, 요즘 애들은 이상한 단어를 다 쓰네."라고 생각할 수 있습니다. 그리고 이 단어를 아는 교사들은 "그래, 요즘 교실이 가불기이긴 해."라고 공감과 함께 쓴웃음을 지을 것입니다.

가불기라는 것은 가드(방어)가 불가능한 기술이라는 뜻입니다. 게임에서 나오던 표현이 일상에서도 쓰이다가, 요즘은 주요 일간지 및 공중파 뉴스에서도 종종 나옵니다. 그럼 과연 가불기는 구체적으로 무슨 뜻일까요?

가불기는 원래 격투 게임에서 나오는 말로, 상대의 캐릭터가 내 캐릭터를 때릴 때 내가 머리를 막으면 나의 복부를 때리고, 반대로 내가 복부를 막으면 나의 머리를 때리는 것입니다. "즉, 내가 어떤 방법을 쓴다고 해도 결국 나는 얻어맞는다." 그래서 가불기란 어떤 수를 써도 방어가 절대 불가능하다는 의미입니다.

학교생활 실전 대처법

이렇게 가불기란 일상에서는 내가 어떤 행동이나 말을 해도 결국 "**나는 비난받는 결말**"로 수렴된다는 것으로 이해하시면 됩니다.

그럼 가불기의 뜻은 알지만, 지금 우리나라 교실 상황을 잘 모르는 사람은 다음과 같이 물어볼 것입니다.

근데 왜 교실이 가불기로 인해 불안 상태예요?

왜냐하면 교사의 어떤 행동도 아동학대 범죄 신고 접수로 엔딩을 맞이할 수 있기 때문입니다. 즉, 결정된 미래 같은 느낌입니다.

간단하게 예를 들어보겠습니다. 교실에 문제 학생이 하나 있습니다. 이 문제 학생은 친구들을 귀찮게 하고 수업을 방해합니다. 그리고 때로는 공격적인 표현으로 주변 친구들의 안전을 위협합니다. 당장의 실시간 상황에서 교사는 어떻게 할 수 있을까요? 경우의 수를 나열해 보겠습니다.

교사의 문제 학생 제어 기술
-경우의 수 나열-

경우1 말로 하지 말라고 단호하게 얘기합니다.

경우1에 해당하는 교사는 다정할 때와 엄격할 때를 구별해서 활용할 줄 아는 분이실 가능성이 있습니다.

경우2 더 크게 사고 나기 전에 물리적으로 제지합니다.

이분은 '물리적으로 행동하는 양심'입니다. 요즘 세상에 용감하시거나 아니면, 이미 경제적 자유를 얻으신 분이실 수도 있습니다.

경우3 문제 아이에게 정말 살짝 표현합니다. "○○아, 친구들이 아야 해요~."라고 최대한 부드럽게 얘기하거나 그냥 적당히 못 본 척 가만히 있습니다.

이분은 아동학대 신고로 교사 직위 해제 뉴스를 많이 보신 분이실 가능성이 높습니다.

급한 상황에서 문제 학생이 공격적으로 행동하면, 당장 대처할 수 있는 것이 저 위의 세 가지 정도입니다.

"경우의 수 안 따지고, 그냥 경찰을 부르면 되지 않아?"

그냥 경찰을 부른다고 해도, 현대 과학기술 발전이 아직 덜 돼서, 경찰이 순간 이동해 뿅! 하고 나타나지는 않습니다.

　　　　　　　　　학교생활 실전 대처법

결국, 당장의 급박한 상황에서 교사는 뭔가를 해야 합니다. 그리고 경찰에 신고하는 것도 현실적으로 다음과 같이 말씀드릴 수 있습니다.

문제행동 발생할 때마다 경찰 신고가 답일까요?

애초에 학생의 문제행동 하나하나에 경찰을 부르면, 전국에서 매시간 아니 매분 경찰을 부르게 되고 경찰행정력이 마비될 수 있습니다.

전국 교사들이 진짜로 매번 경찰에 신고해보면, 경찰 측에서도 체감이 될 것입니다.

그리고 현실적으로 경찰도 일단 우선순위로 심각한 범죄자를 먼저 잡아야 하지 않겠습니까? 여성청소년과의 배치 인력을 생각하면 전국 학교에서 각 교사들이 건마다 경찰 신고하면 사실상 경찰행정 마비로 이어질 수 있습니다.

그러면 앞서 말씀드린 세 가지 경우의 수에서 예상되는 결말을 써보겠습니다. 영화는 감독판과 극장판 엔딩이 다르면 번거롭게 다 봐야 하지만, 교사의 엔딩은 다행히(?) 하나로 수렴될 수 있습니다.

예상되는 결말 3가지

소싯적 심리 테스트 결과 느낌으로 작성해보았습니다.

경우1을 선택한 당신. 단호하신 분이시군요!

결말 : 말로 아이의 마음을 아프게 했으니 정서적 **아동학대 신고 접수**당함.

경우2를 선택한 당신, 요즘 세상에 간이 크시군요!

결말 : 신체로 아이에게 고통을 줬으니 신체적 **아동학대 신고 접수**당함.

경우3을 선택한 당신. 뭔가 아시는 분이긴 한데, "도망친 곳에 낙원은 없다."라는 말을 기억하세요.

결말 : 효과적으로 대응 안 하고, 결국 피해자가 생겼기에 방치로 인한 **아동학대 신고 접수**당함.

이제 왜 가불기라고 하는지 이해하셨는지요? 뭘 해도 교사는 기승전 '아동학대 범죄자 신고 접수행'으로 될 가능성이 있습니다. 물론 무혐의 혹은 무죄가 나올 수 있겠지만, 소명하는 과정이 필요하고 시일이 꽤 걸릴 것입니다. 여하튼 교사가 미래 상황에 대해 머릿속으로 시뮬레이션을 열심히 돌리셔도, 어떤 경로로도 바꿀 수 없는 결정된 미래 같은 느낌이

학교생활 실전 대처법

라 볼 수도 있습니다.

너무 과장된 것 아니냐는 생각이 드실 수도 있겠지만, 신고 접수 자체를 막을 수는 없기에 학부모가 마음먹으면 불가능하지는 않습니다.

여기를 선택하면 저기로 공격이 오고, 저기를 선택하면 여기로 공격이 들어옵니다. 이런 상황에서 교사가 어떻게 학생을 지도할 수 있을까요? 그러면 다시 누군가는 다음과 같이 물어볼 수 있습니다.

전문가의 의견을 바탕으로 아동학대가 안 되게 잘하면 되지 않을까요? 방송 보면, 전문가가 단호하게 대처 잘하시던데? 교사도 그렇게 하면 되잖아. 검증된 방식인데 아동학대 신고를 학부모가 할까? 그래도 신고할 수 있습니다. 이유는 다음과 같습니다.

전문가의 조언이 학교 현장에서 잘 안 되는 이유

방송에서 만약 전문가가 "문제 아동은 이렇게 저렇게 하면 됩니다."라고 이야기하면, 사람들은 '선생님들이 저 방송대로 했으면 되지 않나?' 그런 생각이 들 수 있습니다.

그런데 그건 방송이라 공개되기 때문에 해당 학부모도 조용히 했을 가능성이 있습니다. 즉, 방송에 나온다는 것 자체가 해당 아이의 부모가 촬영 등의 협조에 동의 했을 가능성이 있다는 뜻입니다. 물론 방송 관계자 분들께서도 좋은 프로그램을 만드시느라 수고가 많으셨을 것입니다. 한편으로 일반 교사가 방송처럼 하면 학부모 및 학생 기분 상해죄로 아동학대 신고 접수를 당할 수 있습니다. 언론에서도 지금 이 교실 현장 상태에 대하여 '기분 상해죄'라는 표현이 나오기도 했습니다.

그래서 방송에 나오는 좋은 방법이 정작 실제 교실에서는 아닐 수도 있습니다. 즉, 방송은 학부모의 동의가 있었을 가능성이 있습니다. 그런데 방송이 아닌 실제 교실에서, 교사가 적극적으로 해결하려고 행동하면, **아동과 학부모님의 기분이 상하셔서 교사는 아동학대 범죄자로 신고 접수당할 수 있습니다.**

학교생활 실전 대처법

2. 교직 인생을 걸고
생활지도해야 하는 교실 상황

교사가 아닌 사람들 중 일부는 말합니다.

"아동학대로 신고 접수당해도, 사실상 (아동학대 범죄행위에 대한) 기소까지 되는 경우는 적잖아. 또한, 재판 가서 무죄 되는 경우도 있고. 따라서 교사가 아동학대 범죄자가 돼서 법정까지 서는 경우는 별로 없어. 그러니 교사는 소신껏 적극 행정을 펼쳐서 우리 아이들 공교육에 이바지해야지. 거참, 요즘 참스승이 없고, 사명감과 소명의식 없이 몸을 사리려는 태도가 작금의 상황을 만들어내서……. (이하 생략)"

일단, 교사는 바보가 아닙니다. 교사는 일반적으로 '초등의 경우는 교대, 중등의 경우는 사대'를 나오고 임용시험을 통해 정규 교원으로 임용됩니다. 물론 다른 입직 경로도 있습니다. 하지만 다른 경로 또한 나름의 교원 트레이닝을 받고 입직합니다.

이러한 교사가 아동학대 신고 접수 대비 기소율이 매우 낮다는 것을 왜 모를까요? 실제로 아동학대로 신고 접수를 당하더라도 무조건 기소되거나, 또는 법정까지 가더라도 판결이 반드시 아동학대 결론으로 귀결되는 것은 아닙니다.

하지만, 그 과정에서 엄청난 모멸과 불확실한 판정의 시간이 기다리고 있습니다. 아동학대 신고에 따라 교사가 두려워하는 것은 제 생각에 구체적으로 7가지가 있습니다.

(1) 아동학대 기소와 판결 내용은 결과가 나오기 전까지는(담당 검사 혹은 담당 판사 등을 제외하면) 알 수 없습니다.

실제로 뉴스 기사를 보면, 법조인 출신도 본인이 대상이 되는 재판에서 마음이 불안하다는 식의 인터뷰를 한 적이 있습니다. 법조인 출신도 불안하다는데, 법의 전문가가 아닌 교사는 얼마나 불안할까요?

또한, 교사가 선임한 변호사가 아무리 잘 얘기해주어도, 실제로 변호사도 틀릴 때가 있습니다. 기소나 판결은 변호사가 하는 것이 아니기 때문입니다. 각각 담당 검사와 판사의 몫입니다. 그리고 3심제이기에 재판도 몇 년 걸릴 수도 있습니다.

실제로 어떤 교사는 학생을 말리는 과정에서 아동학대 신고가 되었고 결국에는 잘 해결되는 과정에 있지만, 그러한 법률적 과정이 정말 몇 년 씩 걸렸습니다. 그 교사에게는 결과가 나오기까지 매일매일이 피가 마르는 과정이었으리라 짐작됩니다. 또한, 아무리 잘 해결되었다고 해도, 문제 아동을 훈육했다고 몇 년간 이렇게 마음고생하면, 앞으로 이 교사는 생활지도를 제대로 할 수 있을까요? 그리고 그 장면을 봤던 동료 교사들은 소신껏 생활지도를 할 수 있을까요?

(2) 대부분의 교사는 교직에 대해서 높은 자존감이 있습니다. 그런데 아동학대 혐의에 걸리면, 그만큼 심리적 타격이 매우 큽니다.

대부분의 교사들은 자신의 직업을 선택함에 있어서, 기본적으로 아이들을 좋아해서 교직을 선택하였습니다. 아동학대를 하기 위한 목적으로 교직을 선택하는 사람은 거의 없을 것입니다.

물론 교직을 선택함에 있어서, 안정성 등 이런 요소도 충분히 고려되었을 것입니다. 그래서 교대 또는 사대를 선택함으로써 그만큼 다른 직업군에 대한 확장성을 다소 뒤로하였고요. 그리고 임용 후 많은 교사들은 교직을 천직으로 생각하고 있습니다.

또한, 교사들은 모범생의 비율이 매우 높은 편이고, 질서 의식도 강한 편입니다. 실제로 2023년도에 수차례 교사 집회가 있었지만 매우 정돈된 형태로 집회를 진행했으며 이 질서 의식은 뉴스 보도로도 나갔었습니다.

그런데 이러한 모범생 집단인 교사가 아동학대 신고 접수를 받아서, 일종의 아동 범죄 용의자 취급을 받아버리면 심리적으로 매우 충격이 큽니다.

특히, 진짜 아이들을 좋아할수록 그러한 사람이 학부모의 심기를 거슬러 아동학대 신고 접수가 되면, 그만큼 정비례해서 심리적으로 타격을 받습니다.

그래서 현재의 아동학대 관련 법은 교사가 정당한 생활지도를 못 하게 되는 가불기 상황을 만들어버립니다. 따라서 그 부분을 개선해야 할 것입니다.

아동학대법 개정?

어떤 사람들은 "교사들 너네 아동학대하려고 개정하는 거지?"라는 말을 할 수도 있습니다. 이에 대하여 생각한 답을 드리겠습니다. 현재 교사들이 아동학대 관련법을 개정하기 위해 목소리를 높이고 있습니다.

학교생활 실전 대처법

애들 괴롭히기 위해서일까요?

차라리 아이들에게 애정이 없을수록, 그 교사는 "문제 아동이 사고를 치거나 말거나 나는 월급이나 받겠다." 이런 마음으로 있을 것입니다. 피해 학생이 늘어나든 말든 추궁이 들어오면, 이러한 교사는 "인지하지 못했다."라고 하거나 인지했어도 "저는 어쨌든 하지 말라고 (가볍게 살짝) 지도했어요. 근데 사건이 발생해서 안타깝네요."라고 소명해 버릴지도 모릅니다.

만약 앞으로도 이게 지속된다면, 악화가 양화를 구축할 가능성이 높습니다. 즉, 적극적으로 지도하는 교사들은 교실에서 아동학대 범죄자로 퇴출당하고, **소극적인 교사만 남게 될 것입니다. 이게 모두가 원하는 공교육일까요?**

따라서 아동학대법을 개정하라고 목소리 높이는 교사들은 아동학대를 하려고 아동학대법을 개정하는 것이 아니라, 학교폭력이나 안전이 우려되는 사건 사고에 대해 교사가 적절하고 효과적인 조치를 취하기 위해서 기존의 아동학대 관련 법을 개정하라고 하는 것입니다.

(3) 아동학대 혐의에 걸리면, 교사의 정체성이 아동학대 범죄 용의자라는 원치 않는 새로운 정체성으로 중첩될 수 있습니다.

특히 아이들에게 진심인 교사일수록, 아동학대 신고 접수가 들어오면, 정체성이 혼란스러워집니다. 그동안의 교사 정체성이 있었는데, 이제는 아동 대상 범죄자가 될 수도 있게 된 판입니다. 다음과 같은 생각이 들 수도 있습니다.

아동학대 신고당한 교사의 생각

"나는 학교 다닐 때 모범생이었고, 아이들 좋아하고 알려주는 거 좋아해서 교사를 선택했는데……."

"문제행동에 대해서 그럼 가만있으라는 건가? 그렇게 놔두는 게 맞는 건가?"

"내가 TV에서 혀를 차면서 보았던 그런 흉악한 아동 범죄자라니……."

이렇게 생각지도 못한 새로운 정체성을 가지게 된 것입니다. 요즘 젊은 사람들이 보곤 하는 판타지 웹소설 제목 스타일 중에는 다음과 같은 느낌의 제목도 있다고 하는데요.

현실에서는 평범했던 내가 다른 차원의 세상에서는 용사님?

아마 이런 제목의 웹소설은 현실의 내가 판타지 세계에 가는 내용의 소설일 것입니다.

이제 교사에게도 펼쳐지게 된 것입니다. 그것도 범죄자라는 형태로. 즉, 아동학대 신고를 당한 모범생이었던 교사 입장에서는 다음과 같이 생각할 수도 있겠습니다.

학창 시절 학교 모범생이었던 내가 막상 교사 되고 교실 현장에서는 흉악 아동학대 범죄자?

이런 웃기지도 않는 제목의 웹소설 주인공같이 되는 것입니다.

이런 식이니 교사들이 아동학대로 신고당하면 충격에 빠지고, 주변 동료 교사들 또한 영향을 안 받으려야 안 받을 수가 없습니다. **왜냐하면 어제는 옆 반 선생님이, 오늘은 내가 범죄자가 될 수도 있는 것이기 때문입니다.**

이렇게 흉악 범죄자는 나와 다른 이야기라고 생각하고 살았던 '모범생 출신 담임교사'가 이세 바로 그 흉악 범죄자가 된다는 것입니다. 심지어 더 충격적인 것은 그냥 흉악 범죄자보다 죄질이 더 안 좋은 '흉악 아동학대 범죄자'가 될 가능성이 생기게 되었습니다. 학생과 학부모의 기분을 상하게 했다는 대역죄로 말이지요. 그리고 그렇게 기분이 상하신 학생님과 학부모님께 교사는 대역죄인으로서 석고대죄라도 해야, 언짢으신 기분을 풀어드릴 수 있을지도 모릅니다.

이렇게 모범생 출신 담임교사가 '예비' 흉악 아동학대 범죄자로 취급된다면, 정상적으로 생활지도할 수 있을까요?

(4) 교사가 아동학대로 의심받아 신고되면, 학생에 대한 실제적 생활지도력이 매우 떨어집니다.

교사가 아동학대로 신고받는 경우, 2가지로 나뉩니다. 직위 해제가 되거나 직위 해제가 안 되는 것입니다. 그런데 결국 해당 학급에서 생활지도력이 떨어진다는 결론은 같습니다. 결정된 미래지요.

경우1. 직위 해제되면, 다른 교사가 들어오게 됩니다.
아이들에게 쉬쉬해도 솔직히 소문 다 퍼집니다. 선생님 하나 교실에서 퇴출시켰으니, 그 부모와 학생은 얼마나 기세가 당당할까요. 이렇게 새

학교생활 실전 대처법

로운 교사가 들어올 것입니다. 그런데 새로운 교사가 아동학대법 앞에서 뭘 더 새로운 것을 할 수 있을까요?

새로운 교사도 그러한 교실 분위기를 보면서, 본연의 교사 권위를 살려 제대로 생활지도할 수 있을까요? 또한, 해당 학부모 입장에서 첫 번째로 교사를 내쫓는 시도를 하는 게 어렵지, 두 번째는 첫 번째보다 더 쉽습니다.

경우2. 직위 해제가 안 되면, '병가나 휴직을 쓰지 않는 이상' 기존의 담임교사가 그대로 들어오게 됩니다. 그런데!

아동학대 신고했던 학부모 입장에서는 얼마나 불안할까요. 내 아이 생각해서 아동학대 신고를 했는데, 그 악마 같은 교사가 여전히 이 교실에 있다니! 그러면 이제 저 교사는 내 아이를 괴롭힐 텐데, 저 악마 같은 교사를 어떻게든 내보내야겠다는 생각에 각종 민원을 넣을 가능성이 높습니다.

질문 : 아동학대 수사를 받는 교사가 해당 학생에게 보복할 가능성은?

답변 : 사실, 교사가 이렇게 특정 학생에게 아동학대 신고를 받으면, 일

반적으로 오히려 더 조심하게 됩니다.

왜냐하면 교사는 자신의 교직 인생이 걸려 있기 때문입니다. 아동학대 범죄자가 되면, 아동 관련 기관에서 근무를 일정 기간 못할 수 있습니다. 따라서 오히려 조심할 가능성이 높습니다.

학부모는 자녀의 안전을 위해서 모성이든 부성이든 최선을 다해서 저 악마 같은 교사를 없애기 위해 빌미를 잡고 민원과 추가 신고 그리고 고소 고발을 할 것입니다.

결국 경우들을 살펴보면 다음의 결론이 나옵니다. 아동학대 신고가 되면, 교사가 새로 오든 그대로 있든 결국 교실 생활지도는 매우 어려워지는 결론으로 수렴됩니다.

이렇게 교사 본연의 생활지도가 안 되면, 결국 대다수 선량한 학생들의 안전에 악영향을 줄 수 있습니다. 왜냐하면 교사의 영향력이 줄어들고 이러한 학생들이 영향력을 갖게 되면, 결국 학생들 중에서 무력이든 다른 요소든 입지가 센 학생이 그 반의 왕처럼 군림하게 될 수 있기 때문입니다.

학교생활 실전 대처법

교사 입장에서는 아동학대 신고 대상자가 되는 것이 개인적으로도 매우 마음이 불편하고, 수치스러울 수 있습니다. 특히 과거에는 더 심했습니다. 아동학대로 억울한 교사들에 대한 정보가 부족했기에, 혼자 마음 고생하며 내가 무엇인가 잘못한 것 같다는 생각이 듭니다. 자기 검열과 자책을 하게 되는 것이지요. 그리고 그 생각은 차츰 교사의 정신 건강을 잠식하게 됩니다. 이후로는 정신병에 걸릴 가능성이 높아집니다.

물론 요즘은 워낙 무고로 신고당하는 경우가 많아서 상대적으로 그러한 부분이 다소 덜한 경향이 있습니다. 주변에서도 저 교사 아동학대했다고 백안시하기보다는 안타깝게 여기는 경우도 있습니다. 그럼에도 일단 아동학대 신고를 당하면 주변에 부담스러운 부분은 분명 있습니다. 그런데 위에 말씀드린 부분은 기분의 문제라고 해도, 사실 행정적인 문제가 있습니다.

바로 나의 아동학대 혐의 신고 접수가 박제당하는 것입니다. 유죄든 무죄든 상관없이 말입니다. 이것이야말로 옛날 소설에 나오는 진짜 주홍글씨 같습니다.

뉴스를 보니 아동통합정보시스템에는 '혐의 없음' 처분이 나와도 여전히 등록되어 있다고 합니다. 신고가 접수되면 그 사람이 유죄든 무죄든 등록해서 박제해버리는 것입니다.

위와 관련해서 2023년도 뉴스에도 나왔었습니다. 물론 해당 건이 이슈가 되니 해당 부처에서 개선 방안을 검토한다고 합니다. 이렇게 이슈가 되어야만 해결될 가능성이 보이니, 교사 입장에서는 불안할 수밖에 없습니다. 교사 개인은 아무런 힘이 없기 때문입니다.

(6) 교사가 혼자 감당하게 되는 경향이 있습니다.

구조적인 부분인지, 교직 문화 분위기인지, 여러 가지 원인이 있겠지만, 아동학대 신고를 받으면 교사가 혼자 마음고생하면서 감당하게 되는 경향이 있습니다.

실제로 뉴스 등을 통해 신고당하는 교사의 후기나 진행 과정들을 보면, 정말 많은 경우 정당하게 훈육하시려다가 아동학대 신고를 당하십니다. 그리고 몇 개월에서 몇 년간 마음고생 엄청나게 하셨다는 내용을 보면, 무죄 혹은 무혐의가 나올 때까지 혼자서 감내해야 하는 부분이 많아 보입니다. 그리고 **이러한 상황은 주변 교사들에게도 생활지도를 하면 위험하다는 시그널을 줄 수 있습니다.** 그리고 이는 선량한 학생들의 안전이 위험해지는 악순환의 반복이 되는 것이지요.

 또한, 정당한 생활지도에도 신고를 받고 직위 해제가 되면 사실상 당장의 월급도 꽤 깎이고 생활고에 시달리는 형편이 됩니다. 그런데 궁금한 것이 있습니다. 교사가 개인 사업자도 아니고 정부의 공교육 의지를 실제적으로 실현시키는 실무 공직자인데, 정부의 의지를 이렇게 놔두어도 되는 걸까요? 특히 교사의 아동학대와 관련해서는 애매한 게 많아서, 끝날 때까지 불안한 것이 사실인데도요? 지원이 있다고 하더라도, 좀 더 강화할 필요가 있어 보입니다.

(7) 교사 입장에서는 아동학대 관련 사안을 처리하거나 의견을 내는 부서 및 기관이 교사에게 불리한 입장을 취할 수도 있다고 걱정할 수 있습니다.

 아동학대 관련 사안에 대해서 처리를 하거나 의견을 내는 부서 및 기관이 있을 것입니다. 그런데 교사 입장에서는 고민이 될 수 있습니다. 애초에 어디까지가 아동학대이고 훈계인지는 완벽하게 다 구분할 수가 없습니다.

 또한, 아동학대 관련 기준이 나온다고 하더라도, 여러 학생이 상주하는 교실 현장에서 현실적으로 가능한 얘기를 하는 것인지 이 부분에서는 교사 입장에서 의문이 생길 수 있습니다. 그래서 아동학대라는 것이 어디까지 아동학대인지 모든 사례를 명확하게 알기가 쉽지 않습니다. 그래서 법조인끼리도 의견이 갈릴 수 있습니다.

물론 아래와 같이 아동학대를 정의할 수도 있을 것입니다.

**"그냥 아동을 정신적으로나 신체적으로 힘들게 하는 것은
모두 아동학대 아닌가요?"**

참고로 아동의 범위는 중고생까지 포함될 수 있습니다. 아동복지법상 만 18세 미만의 사람이 아동이기 때문입니다.

이때 위와 같이 아동학대에 대해 기준을 잡게 되면 다음과 같은 상황이 나올 수 있습니다.

어떤 고등학생 아동이 남을 괴롭혀서, 교사가 훈계 훈육을 했다고 가정하겠습니다. 당연히 그 고등학생 가해 아동은 혼났으니까 힘들어할 것입니다.

그러면 훈계 훈육한 교사는 자연스럽게 다음 생각이 나겠지요.

학교생활 실전 대처법

"이 학생이 친구를 괴롭혀서 혼났고, 혼났으니 힘들어하네. 내 행위에 대해서 아동학대 관련 사안을 처리하거나 의견을 내는 곳은 과연 어떻게 판정해줄까?"라는 고민이 교사에게 생길 수 있습니다.

정말 모든 맥락과 현실을 고려해서 판정해줄지, 아니면 그냥 단편적으로 '친구 괴롭힌' 애라도 선생님께 혼나서 힘들어하니 맥락과 관계없이 아동학대로 판정해줄지 교사 입장에서는 걱정되는 것이지요.

한편으로 일부 학부모의 경우, 교사에게는 그렇게 이상적인 모습으로 생활지도할 것을 요구하면서, 정작 가정에서는 아이 대하는 것이 어떨지 궁금하기도 할 수 있습니다. 물론 교사는 직업이니 가정과 다르지 않냐고 반문할 수 있겠지만, 아이 입장에서는 학교든 가정이든 '생활'입니다. 따라서 부모는 아이에게 엄격히 해도 되지만, 교사는 항상 다정다감해야만 하는 것도 이치에 맞지 않고요. 게다가 정말 끔찍한 아동 사건 사고는 교사로부터보다는 부모(물론 극소수입니다.)에게서 일어나기도 합니다. 학교에 비해 가정은 상대적으로 제3자의 접근이 쉽지 않기도 하고요. 법을 제정할 때 이러한 부분도 고려를 해야 합니다. 가정에서 문제가 있는 것 같아서 교사가 아동학대로 신고하는데, 역으로 교사가 아동학대 신고를 당한다는 우려가 있습니다. 그리고 이렇게 되다 보면, 하인리히 법칙에 의거해서 큰 사건 사고로 이어질 수 있습니다.

지금까지 서사가 생각하는 아동학대 신고 접수를 두려워하는 교사들의 일곱 가지 이유를 살펴보았습니다.

이렇듯 교사는 문제행동 하나를 지도했다가, 앞으로의 교직 인생은 물론 교사 정체성과 신념을 잃어버릴 가능성이 큽니다. 그런데 반면에, '자녀가 문제행동을 했음에도' 교사를 기분 나쁘다고 아동학대로 신고하는 일부 학부모와 학생은 리스크가 과연 얼마나 있을까요? 물론 다음과 같은 궁금증이 생길 수 있습니다.

"무고죄가 있잖아! 문제행동한 학생 측이 단순히 기분 나쁘다고 교사를 아동학대로 신고하면, 그거는 무고죄로 하면 안 되나?"

일단 무고 자체가 그렇게 성립이 쉬운 것이 아닙니다. 왜냐하면, 고의성 등 알맞은 요건이 있어야 하고, 학부모인 내가 교사의 행동을 아동학대로 믿고 신고했다면 그것은 무고죄가 성립되기 어렵기 때문입니다.

또한, 앞에서도 말씀드렸듯이 법적으로 고등학생도 아동입니다. 다 큰 고등학교 3학년 학생조차도 훈계 잘못했다가 아동학대로 신고 접수당할 수 있습니다. 그리고 대부분의 학교에 다니는 초등학생, 중학생은 아동에 해당할 뿐만 아니라, 촉법소년에도 해당합니다. 물론 일부 중학생은

학교생활 실전 대처법

만 14세가 넘어가면 촉법소년에 해당하지 않습니다.

즉, 아무리 교사가 각종 이론으로 무장하고, 정당하게 행동해도, 학부모와 학생 입장에서는 기분 나쁘면 그냥 한 번 아동학대로 신고해버리면 되는 것입니다.

또한, 교사는 잃을 것이 많지만, 학부모와 학생 입장에서는 밑져야 본전입니다. 그리고 교사에게 적당히 얘기 잘하면 합의금도 받을 수 있습니다. 실제 사례이기도 하고요. 그리고 교사들의 성향상, 범죄 혐의에 대해서 매우 스트레스를 받기 때문에 빠른 합의를 위해 돈을 줄 가능성도 높습니다.

그리고 문제 학생의 경우, 가정교육이 안 되는 경우가 많고, 부모님의 인성도 그리 좋지 않은 경우가 있습니다. 조상님들께서 말씀하신 표현이 있습니다.

콩 심은 데 콩 나고, 팥 심은 데 팥 난다.

유전학 등 생명과학이 본격적으로 발달하기 전에, 이미 선현들은 알고 있었던 것입니다. 애랑 부모는 인성이 비슷한 경우가 꽤 있다고요. 물론

100% 꼭 그런 것은 아닙니다. 따라서 절대 편견을 갖지 않으셨으면 합니다. 호부견자라는 표현도 있으니까요. 부모와 자녀의 인성이 꼭 일치하지는 않습니다.

그래서 악순환이 다음과 같은 알고리즘으로 펼쳐질 수 있습니다.

1단계 : 친구 괴롭히는 문제 학생을 교사가 지적(2단계로 가시오.)

2단계 : 학부모도 비슷한 인성의 소유자라 아동학대로 신고함
(상황에 따라 3-1 혹은 3-2 단계로 가시오.)

3-1단계 : 아동학대로 담임교사 쫓겨남(4-1단계로 가시오.)
3-2단계 : 아동학대지만 담임교사 남음(4-2단계로 가시오.)

4-1단계 : 새로운 교사도 위의 학부모에게 시달림
4-2단계 : 기존에 남아도 여전히 학부모에게 시달림
(4-1단계든, 4-2단계든 5단계로 가시오.)

5단계 : 생활지도 어려워짐, 학급 안전 붕괴됨

이런 식으로 어느 쪽으로 진행되더라도, 결국은 가불기(진퇴양난) 상태가 됩니다. 즉, 결론은 학급의 안전 붕괴 엔딩으로 가는 것이지요.

그리고 해당 학급만 그럴까요? 학교의 소문은 빠릅니다. 옆 반 교사들도 생활지도하기가 매우 어려워질 것입니다. 이제 도미노처럼 옆 반에서도 비슷한 상황이 펼쳐지고, 교사들은 소극적으로 생활지도하게 될 것입니다. 이게 상식적인 상황이라고 보기는 어렵지 않을까요? 교사가 교직을 걸어야 생활지도를 할 수 있고, 그렇다고 생활지도를 하지 않으면 문제 상황이 생길 수 있습니다. 이도 저도 안 되는 즉, 가불기 상황입니다.

3. 한 권의 책만 읽어본 사람은
매우 위험한 사람입니다

학교에 대해 다들 아는데 어설프게 알고 있습니다.

학교 하면 대부분 학교가 뭔지 다 알고 있습니다. 왜냐하면 홈스쿨링이나 특별히 다른 경로로 학력을 갖지 않는 이상, 국민 대부분은 학교에 다녔기 때문입니다. 그래서 학교가 어떻게 돌아가는지 다들 아는 것 같은 느낌적인 느낌이 듭니다. 그리고 여기서부터 교사들의 불행이 시작됩니다.

한 권의 책만 읽어본 사람이 매우 위험한 사람입니다.

위의 말은 오래전부터 내려온 경구 중 하나입니다. 간단히 말해, 자기 관점 하나만 고집하는 것은 위험하다는 뜻입니다.

차라리 아예 학교라는 것을 몰랐으면, 학부모들도 좀 더 알아볼 생각이 들었을 텐데, 다들 학교라는 것 자체는 경험해 보았기 때문에 각자 한

학교생활 실전 대처법

마디씩은 할 수 있습니다.

　그러다 보면, 교사는 모든 가능성을 염두에 두고 최적의 결과를 내는 방식으로 아동에 대해 생활지도를 한 것인데, 학부모들한테 오해를 받습니다.

　다음의 예시 상황이 있습니다.

예시 상황

　A 학생과 B 학생 사이에 마찰이 발생했습니다. A 학생이 상대적으로 좀 더 B 학생을 강하게 몰아세웠다고 하겠습니다. C 교사는 상황을 확인하고, 중지시켰습니다.

　담임교사인 C 교사는 양쪽 학생과 학부모의 성격을 알고 있어서, 잠시 두 학생에게 머리 좀 식히라고 한 뒤에 기분이 풀리고 나서, 생활지도 및 화해를 중재했습니다.

　그리고 각 학생들은 부모에게 알리고, 각 부모들은 C 교사에게 연락하였습니다.

A 학생 쪽 학부모 : 선생님, 혹시 우리 애한테 뭐라고 하셨나요?

좀 불편하네요.

B 학생 쪽 학부모 : 선생님, A 학생 좀 똑바로 혼내면 안 되나요?

너무 몸 사리시는 것 아닌가요?

사실 담임교사인 C 교사는 양쪽을 모두 고려해서 무난한 선택을 한 것입니다. 만약 강하게 지도했으면 A 학생 쪽에서 불만이 있고, 그렇다고 아예 안 했으면 B 학생 쪽에서 불만이 있었을 것입니다.

이렇게 C 교사 입장에서는 현실적인 적절한 생활지도 지점을 찾았지만, 결과적으로 양쪽 학부모의 불만이 생겨버렸습니다. 그렇다고 맥락을 얘기하려면, 양쪽 학부모에게 상대측의 성향이나 성격을 얘기하고 설득해야 하는데, 그건 법적으로 조심스럽습니다. 비밀 누설이라든가 사실 적시 명예훼손이 될 수도 있으니까요.

그래서 교사는 모든 상황과 맥락, 아이와 학부모 성향을 다 아는데, 학부모들은 한쪽 관점으로 보고, 교사를 탓하게 되는 결과가 발생할 수도 있습니다.

학교생활 실전 대처법

마치 옛 동화에서 나오는 '부자(아버지, 아들)와 당나귀' 같은 상황입니다. 당나귀를 팔려는데, 아버지가 타든, 아들이 타든, 둘 다 타든 옆에서 훈수가 들어옵니다. 그리고 **결말은 여기저기 휘둘리던 부자는 당나귀를 잃어버리게 됩니다. 여기서 교사는 부자에 해당될 수 있겠습니다.**

이렇듯 일부 극소수의 학부모는 전체적 상황을 다 알지도 못하면서 훈수를 두는 경우가 있을 수 있습니다. 반면에 교사는 당시 상황을 설령 다 안다고 해도 그 정보 공개가 조심스러워서(사실 적시 명예훼손이나 비밀누설 금지 등) 설명을 못 하니, 교사는 답답할 수밖에 없습니다.

결국 어떻게 행동해도 한쪽 부모에게 혹은 양쪽 부모에게 비난받을 수 있는 가불기 상황인 것입니다.

4. 교사를 바라보는
양극단의 시선들

교사는 하나인데, 별명은 서너 개

교사가 이렇게 해도 욕먹고, 저렇게 해도 욕먹는 이유는 여러 가지가 있습니다. 그 이유 중 하나는 교사의 포지션 자체가 지금 매우 불확실하기 때문입니다.

교사들이 아닌 사람들은 교사에 대해서 필요에 따라 올려서 대접하는 표현(올려치기)을 쓰기도 하고, 반대로 비난하기 위한 표현(내려치기)을 쓰기도 합니다. 그런데 어떤 식의 표현이든 결국 교사를 괴롭히는 방식으로 쓰일 때가 있습니다.

먼저, 교사에 대해서 올리는 표현은 스승, 참교사, 교육 전문가입니다. 이 표현은 물론 진심으로 존중하는 경우에도 쓰이긴 합니다.

그런데 교사에게 뭘 시키거나 비난하려고 할 때 전가의 보도처럼 쓰이기도 합니다. 외부인 입장에서 교사가 뭔가 더 해줬으면 할 때도 사용될 수 있습니다. 다음과 같이요.

"아니, 아무리 요즘 시대에 선생님이 선생님 같지 않다고 해도요. 그래도 선생님이라고 하면 스승이고, 전문가 아닙니까? 애들 생각하면 이 정도는 해줘야 하는 거 아닙니까?"

위의 표현처럼 이렇게 교사에게 뭔가 시키거나 비난을 목적으로 쓰일 수 있습니다.

혹은 교사가 뭔가 잘못했을 때, 또는 교사의 권위를 무시하기 위해서도 관련된 표현들이 쓰입니다. 특히, 문제 학생을 혼내고 나서, 자기 애 혼냈다고 화가 난 사람이 다음과 같이도 얘기할 수 있습니다.

"아니, 너희 옛날 그런 스승 아니야. 너네는 그냥 교육 서비스 제공자야. 그것도 사교육만도 못한. 학생이 너네의 고객이고 손님인데, 감히 손님을 혼내고 그러냐?"

이런 식으로 상황에 따라 입맛에 맞게 표현을 달리해서 일을 시키거나, 혹은 비난할 때 쓰일 수 있습니다. 마치 청소년 시기 때 청소년들의 입장과 비슷합니다.

청소년기 아이들이 종종 이중 잣대에 대한 불만을 다음과 같이 털어놓기도 하지요.

"아니 뭐만 하면 아직 미성년자라 통제받아야 한다고 하면서, 그러면서 뭐 시킬 때는 그 정도면 애도 아니고 다 컸다며 시키고. 이중잣대 어이없어. 어른들은 자기 편한 대로야."

지금 교사가 비슷한 상황으로 보입니다. 이렇게 하면 저렇게, 저렇게 하면 이렇게. 즉, 교사는 어떤 행동을 해도 결국 이도 저도 아닌 가불기 상황인 것입니다.

학교생활 실전 대처법

5. 학교에 전가되는
학부모의 불안감

법이라는 시스템은 결국 사람에 의해서 운영됩니다. 결국 법이 있든 없든 사람들이 각자의 입장을 이해하고 적절한 선에서 하게 되면 정말 법 없이도 사는 세상이 옵니다. 그런데 그게 안 되기 때문에 법이라는 일종의 규칙이 있는 것입니다.

사실 아동학대법이든 학교폭력법이든 결국 입법 의도와 입법 취지는 매우 좋습니다. 그런데 문제는 일부 학부모가 그것을 교사의 정당한 생활지도를 제어하는 데 쓰고 있다는 것입니다. 왜 그럴까요?

첫째, 본인과 자녀를 동일시합니다.
과거에는 애가 학교에서 혼나면, 부모도 집에서 아이를 훈육하는 경향이 있었습니다. 그런데 요즘에는 아이가 혼나면, 마치 본인이 혼난 것처럼 동일시하고, 그것에 대해서 교사에게 항의합니다. 그런데 원래 아이들은 실수도 하고 그러면서 훈계도 받고 하며 자라는 것입니다. 그런데 그러한 과정이 없다면, 결국 나중에 부모가 더 고생을 할 텐데도, 이러한 상황이 펼쳐집니다.

둘째, 주변 평판을 본인 기준으로 신경 씁니다.

사실 대부분의 아이들은 정말 심각한 사건이 아닌 이상, 많은 경우 혼나도 시간이 지나면 잊혀집니다. 그런데 일부 학부모들 중에서는 아이가 겪는 작은 좌절도 있어서는 안 되는 것처럼 생각하고, 다른 아이들도 자기 아이가 혼나는 것을 생생히 다 기억하는 것처럼 생각합니다. 그러다 보니, 부모의 자의식 과잉이 자녀에게도 투영되어서, 지나치게 예민해지는 과정이 발생합니다. 이는 결국 자녀의 올바른 인격 성장에 방해가 됩니다.

셋째, 함부로 사과하면 안 되는 사회 분위기가 있습니다.

요즘에는 법률적인 공방이 많다 보니, 인정한다는 것이 법률적으로 문제가 되는 경우가 많습니다. 즉, 인정하고 사과한다는 것이 일종의 패배 선언이 되는 것 같은 분위기가 없지 않습니다. 부모도 당연히 이런 부분을 알고 있습니다. 그래서 자신의 자녀가 사과하면, 나중에 문제가 되지 않을까 불안해합니다. 그래서 이러한 불안감은 아이에게도 전해지고, 자연스럽게 사과를 거부하는 아이도 생기고 있습니다. 또한, 교사가 사과를 중재하면, 부모가 왜 우리 애한테 사과를 강요하냐는 식으로 나오기 때문에 점점 사회는 각박해져 갑니다.

학교생활 실전 대처법

넷째, 과거 본인의 학창 시절을 지금의 교사에게 투영합니다.

일단, 과거 교권이 강했던 시절에는 지금 기준에서 과거의 교사가 잘 못한 부분이 없지 않았습니다. 체벌, 촌지, 그리고 담임교사가 은근슬쩍 맘에 안 드는 학생을 돌려서 까는 식으로 망신 주기도 있었던 것 같습니다. 물론 그 시절에는 학교뿐만 아니라 직장, 군대 등 또한 마찬가지로 요즘보다 더 강했던 분위기가 없지 않습니다.

그러다 보니 학부모 입장에서는 과거의 생각이 나고, 당연히 지금과 과거의 담임교사는 다른 사람이지만 자연스럽게 투영될 수밖에 없는 것입니다.

어떤 교사의 경우, 체격도 좋고 당당한 스타일의 교사였습니다. 그러던 어느 날 정당하게 학생 생활지도를 하고 이에 대해 학부모가 항의하러 왔었습니다. 그 교사는 소신 있는 생활지도였고, 전혀 고민이 없었기에 당당하게 얘기를 했습니다. 그런데 그 부분이 학부모에게 좀 고까웠는지 교사가 굽신대기를 바랐던 것 같습니다.

그래서 그 학부모는 교사에게 "선생님 당신이 그렇게 자세를 취하는 모습을 보니, 내(학부모)가 학교 다닐 때 선생님이 생각난다."라고 하였습니다. 이어서 덧붙여 다음과 같이 말하였습니다. "그 선생님도 되게 오받아셨는데 지금 낭신노 그렇다."라고요.

즉, 일부 학부모는 의식이든 무의식이든 지금의 교사들을 보면서, 과거 생각을 하는 것입니다. 그리고 그로 인한 피해의식은 은퇴한 교사가 아니라 현직의 교사들이 감당하고 있습니다.

그런데 이러한 일들로 인해 현직의 교사들이 소극적이거나 방어적으로 되면 결국 선량한 학생들이 손해를 봅니다.

이렇게 학부모는 학교에 가지고 있는 여러 가지 불만이나 불안감이 있습니다. 그리고 그것을 학교에 투영시킵니다. 물론 학부모의 입장에서도 교사 탓을 하는 것이 제일 간단하고 쉬운 방법입니다. 그런데 문제는 여기서 시작합니다.

학부모 입장에서는 우리 애가 사고를 치거나 다치는 것도 싫고, 혼나는 것도 싫습니다. 그런데 안전을 위해서는 결국 훈육을 해야 합니다. 이때 훈육을 하는 과정에서 효과적으로 하려면 결국 쓴소리를 할 수밖에 없습니다. 방글방글 웃는 것만이 훈육 방식은 아닙니다. 그런데 학부모 중 일부는 이것도 싫고 저것도 싫어하는 경우가 있습니다. 따뜻한 아이스 아메리카노를 요구하는 것이지요. 그리고 불행이 시작됩니다.

학부모의 이러한 불안감은 교사의 행동을 제약시키고 뭘 하든 교사의 행동을 비난받게 하는 가불기 상황이 만들어집니다. 악순환의 반복인 것입니다.

6. 훈육 훈계를
어색해하는 학생과 학부모

다양한 이유가 있지만, 어릴 적에는 가능했던 훈육 훈계를 어색해하는 사람들이 많아지고 있습니다.

어릴 적에 동네 아파트나 빌라에서 놀다가 동네 친구들과 사고를 치면 경비 아저씨가 혼내고, 부모도 죄송해하는 경우가 있었습니다. 매우 간단한 훈계 방식이었죠.

과거에는 이렇게 우리나라에서 가능했던 부분입니다.
지금은 아닙니다.

그러다 보니 꼭 교육계가 아니더라도,
진상 환자로 인한 소아과의 폐업
진상 손님으로 인한 자영업자의 어려움
진상 민원인으로 인한 전화 상담실 등 1차 민원 대응 창구의 고통

등등 매우 힘든 것이 사실입니다.

물론 다들 지금 상황에 수긍하면서, 그냥 시대의 흐름이라고 납득할 수도 있습니다.

그냥 인성과 예의가 낮은 상태로 국가 질서가 운영되어도 모두가 납득한다면, 그래서 공공 인프라에 근무하고 있는 사람들 또한 의욕 없이 일해도 괜찮다면, 그 낮은 수준의 상태에서 어찌어찌 살아가면 되는 것입니다. 위의 상황에 대해 국민 전체적인 사회적 합의가 있다면 어쩔 수 없지요.

하지만 우리나라 국민들이라면 대부분은 상식적인 사람들일 테고, 이런 사회를 원치 않을 것으로 생각합니다.

7. 이제는 솔직해져야 할 시점 : 학교가 할 수 있는 것과 없는 것

이제는 학교에서 할 수 없는 것과 그 한계점을 솔직하게 툭 털어놓고 얘기해야 합니다.

학교폭력 안내 또한 (사실상 현실적으로 해결이 어려운데도) 다 해결해줄 것처럼 얘기하면 안 됩니다. 그건 학부모에게 기만이 될 수 있습니다. 학교를 믿고 있다가 배신감이 들 수도 있습니다. 안내를 할 때 솔직하게 현실적으로 상대방이 이렇게 저렇게 대응할 수 있다는 부분까지 안내를 구체적으로 해야 합니다.

그래서 학폭을 접수하시는 경우, 상대방 또한 이러저러한 방어를 할 수 있다고 이렇게 최대한 다양한 경우의 수를 설명하고 진행해야 합니다. 그리고 학교를 지원하는 기관에서도 이러한 부분을 잘 고려해서 지원해야 합니다.

애초에 공교육 교사는 개인 사업자가 아닙니다. 그래서 공무를 수행하는 실무가에게 다양한 지원을 해야 합니다.

이때 대표적인 것이 실무자에게 감당할 수 없는 무한책임을 부여하는 것이 아니라, 교사가 어디까지 지도할 수 있는지를 현실적으로 명확하게 알려주고, 이러한 부분에 대해서도 학부모에게 교육 당국 차원에서 안내가 되어야 합니다.

교육 당국이 학부모에게 학교가 모든 것을 다 해줄 수 있다고 말하는 것은 오히려 현실과의 괴리감만 늘어납니다.

따라서 학교와 교사는 모든 것을 다해줄 수 있는 기관이 아니며 "이러저러한 것은 할 수 없습니다."라고 확실히 안내해 주어야 합니다.

그게 진정한 지원이라고 생각합니다.

: 현실 학교 상황에서 할 수 있는 최선의 기술

대한민국 사람이라면 누구라도 대한민국이 잘되길 바랄 것입니다.

따라서 우리나라 기관인 '입법, 행정, 사법' 기관에서도 대한민국의 교육이 잘되길 바라며 법령을 만들고 집행하고 판단할 것입니다.

다만, 인간이 만든 시스템의 특성상 어쩔 수 없는 빈틈이 있을 수밖에 없습니다. **선한 의도의 입법이라도 고의는 아니지만 역효과나 일종의 독소 조항 등이 있을 수도 있습니다.**

특히나 극소수의 문제 학부모가 나쁜 마음을 먹고 교사를 피로하게 하려고 한다면, 교사를 전과범으로 만들진 못해도 여전히 정신적으로 얼마든지 피폐하게 만들 수 있습니다.

물론 우리나라 국민들이 그걸 가만히 놔둘 분들은 아니라고 봅니다. 대다수의 우리나라 국민들은 정의롭고 공명정대한 것을 선호하고, 그렇

학교생활 실전 대처법

지 않은 것에는 분노한다고 생각합니다.

그래서 불법적 요소가 있을 수 있지만 사적 제재까지 벌어지는 것이고요. 이 부분은 시스템의 빈틈으로 만들어진 상황이기에, 사법 불신이 더악화되기 전에 그 빈틈이 빨리 메꾸어져야 한다고 봅니다. 사법 불신이만연한 풍조가 발생한다면 국가 질서에 매우 큰일이 됩니다.

그럼에도 인간이 만드는 시스템의 구조상 빈틈은 발생할 수밖에 없으며, 지금 말씀드리는 교사의 생존 방법도 만병통치약은 아닙니다. 다만,생존 확률을 높여주는 현실적인 방법들이오니 상황에 맞게 사용하시면되시겠습니다.

본격적으로 말씀드리기에 앞서, 학부모는 결코 하나의 개체가 아닙니다. 따라서 학부모도 마치 스펙트럼처럼 성향이 다양합니다.

어떤 학부모는 교사가 할 말 100개 중에서 10개 정도만 얘기해도 교사에게 원한을 갖는 분이 있을 수 있습니다.

그리고 또 어떤 학부모는 교사가 할 말 100개 중 100개를 전부 직설적으로 다 얘기해도, 진심으로 잘 알려주셔서 감사하다고 하실 수도 있고요.

또 극단적으로 어떤 학부모는 피해의식이 매우 강해서 교사가 할 말 100개 중 1개만 얘기해도 교사에게 원한을 가질 수 있습니다.

따라서 학부모와의 관계에서는 확률적으로 그나마 나은 방법들을 결정해야 합니다.

가장 중요한 것은 피해의식이 강한 학부모를 빨리 감지해내는 것입니다. 마치 일종의 위험 감지 센서를 작동하는 것이지요. 뛰어난 의사들 중에는 같은 의학 자료를 보고도 더 깊이 있는 의학적 상황들을 파악해내시는 분이 계실 수 있습니다. 거기서 전문성의 차이가 나는 것이지요.

결론적으로 뛰어난 교사라면, 그동안의 경험과 통찰력을 바탕으로 극소수의 위험한 학부모를 최대한 빨리 인지하는 것이 중요합니다. 그래서 내가 감당할 만한 사람인지 아닌지를 메타 인지(상황과 나의 역량을 객관적으로 파악하는 능력 등을 의미)를 통해 대처 방안을 마련하는 것입니다. 그리고 그 대처 방안에는 상황에 따라 휴직 등 이탈까지 포함됩니다.

그럼 위의 내용을 전제로 말씀드립니다.

1. 학부모와의 관계 : 멀고도 가까운 사이

법령이 어떻게 바뀌든 간에, 어떤 관점에서든지 교사와 학부모의 관계는 여전히 매우 중요합니다.

'교육적 관점'에서는 학생의 올바른 성장을 위해 학부모와의 협력이 필수이기 때문에 중요합니다.

"법이나 행정적 관점"에서도 학부모가 교사를 법이나 행정적으로 매우 피로하게 만들 수 있는 합법적인 절차들(**1장 학부모**에서 이미 서술함)이 있기 때문에 관계가 중요하다고 볼 수 있습니다.

어떤 관점에서 바라보아도, 아무리 법령이 바뀌어도 교사와 학부모의 관계는 매우 중요하다는 것을 꼭 생각하면서 교육과정을 운영하면 좋을 것 같습니다.

사실 이런 내용은 대부분의 교사들은 이미 다 알고 있을 것입니다.

그래서 원론석으로 교사는 학부모와는 친한 사이가 되면 좋습니다. 그런데 너무 친해지고 교류가 많아지면 실수가 그만큼 확률적으로 많아질 수 있습니다. 따라서 적절한 거리에서 불가근불가원(너무 가깝지도, 너무 멀지도 않음)으로 대하는 것이 좋습니다.

처음부터 너무 친구처럼 혹은 다 해줄 것처럼 친근하게 할 필요가 없다는 뜻입니다. 물론 대부분의 상식적인 학부모님은 상식적인 요청만을 할 것입니다. 그러나 극소수의 학부모 중에서는 교사를 편하게 생각해서 교사에게 무리하게 요구를 더 많이 하게 되고, 나중에는 실망하고 서운하게 생각합니다. 더욱이 이러한 서운함이 악화되면 더 나아가 무서운 상황까지 발생할 수 있습니다.

물론 그렇다고 처음부터 학부모를 너무 배척해서도 안 되고요.

그래서 교사는 자신의 역량과 미래 상황까지 고려해서 역할을 하는 것이 좋습니다. 예를 들어, 학생들 사진 찍어주기가 있겠습니다. 초반에 의욕이 과다하여 학생 관련해서 사진이든 뭐든 이것저것 하려고 하는데 "내가 과연 학년 말까지 유지할 수 있을지"를 메타 인지를 통해 검토하면 좋을 것 같습니다. 해주었다가 안 해주면 그만큼 서운함의 기준만 만들게 됩니다.

학교생활 실전 대처법

또한, 다양한 변수들도 고려해야 합니다. 앞의 예시인 학생들 사진 찍어주기에서도 만약 민원이 발생할 것 같으면, 최대한 조심해서 하는 것이 좋습니다.

왜냐하면 일부 극소수의 학부모 중에서는

"선생님~, 우리 아이 사진이 다른 애들보다 몇 컷 덜 나온 것 같아요~. 신경 좀 써주세요~."

이런 얘기를 할 수도 있기 때문입니다.

그러다 보면 가볍게 시작한 '학생 사진 학급 SNS에 올리기'가 하나의 업무로 다가올 수가 있습니다. 그렇다고 중간에 중단해 버리는 것도 괜히 해당 학부모를 의식하게 만드니까 조심스럽고요. "내가 사진 신경 써 달라고 얘기했다고 지금까지 올리던 사진을 바로 중단하는 건가? 서운하네."라는 생각이 들게 할 수 있기 때문입니다.

따라서 학급에서 어떠한 것을 추진할 때는 미래 변수까지 최대한 예견해서 진행하시면 좋을 것 같습니다.

2. 학급 생활지도는
미리 3월에 정립해두세요

3월은 학기의 시작점이고, 이때 학생 및 학부모와 관계를 형성해나가는 것이 매우 중요합니다.

이러한 3월 초에는 생활지도에 있어서 사전에 수업 지도안 수준으로 시나리오를 충분히 쓰고 학생과 학부모에게 공유하는 것도 방법입니다.

예를 들어, '학생이 거짓말하는 경우'나 "학생이 친구를 때리는 경우' 등에 대해서 각종 교육적 이론과 법령 및 판례 등 지침을 바탕으로 현실적이고 구체적인 학급 지도 방안 시나리오를 만듭니다. 일종의 지도안 같은 것입니다. 그리고 여력이 된다면 법조인이나 교육 관련 교수님의 검토를 받는 것도 좋습니다. 그만큼 지도 방안 시나리오에 근거가 생기기 때문입니다.

그래서 **학교와 담임교사는 왜 현실적으로 이렇게 지도할 수밖에 없는** 지를 학생과 학부모에게 사전에 제공하고 사건 사고 발생 시 다음과 같

학교생활 실전 대처법

이 구체적인 지도를 하게 된다고 미리 안내하는 것도 방법입니다. 이 책에서도 앞에 학부모님께 해결책을 바로 제시하기 전에 현실 학교 상황(문제 편, 궁금증 편)에 대해 먼저 말씀드리고 있지요.

또한, 순서가 중요한데요.

사건 사고 터지고 저런 시나리오를 보내면, 일종의 저격이 됩니다. 그런데 사건 사고가 터지기 전에 위의 내용을 먼저 보내면, 사전 안내가 됩니다.

가급적 3월 초에 매우 구체적인 생활지도 시나리오를 가정에 보내시는 것을 추천드립니다. 물론 안 볼 사람은 안 보겠지만, 추후 문제 발생 시 담임교사로서 사전에 분명 안내했다는 점은 긍정적 요소로 작용할 수 있습니다. 또한, 저렇게 3월 초반에 구체적인 안내를 보냈는데, '사건이 아직 터지지 않았는데도 반발'을 하는 경우, 조심해야 하는 학부모임을 미리 알 수 있지요.

3. 디테일
그리고 또 디테일!

지옥으로 가는 길은 사실 선의로 포장되어 있다.

악마는 디테일에 있다.

위의 경구는 어떠한 것이 대강 겉보기에는 좋아 보이지만, 구체적으로 들여다보면 겉으로 본 것과는 다르다는 뜻입니다.

'학교폭력 관련 법, 아동학대 관련 법' 또한 선의의 입법에서 진행되었습니다. 그런데 실무에서 하다 보면, 입법자의 예상과는 다른 부작용이 있을 수 있습니다.

학교폭력 관련 법은 피해 학생을 지켜주려고 만든 것이지만, 규정을 잘 살펴보고 적용하면 오히려 악용할 수 있습니다. 예를 들어, 명백한 가해 학생도 어쨌든 학생이고, 적반하장으로 피해 학생에 대해서 학폭 접수를 요청할 수 있습니다.

학교생활 실전 대처법

특히 가해 학생이 경제나 지식적으로 여유 있는 집이고 특히 친구들 사이에서도 인기가 있는 학생이면, 같은 상황에서도 법적인 전략을 잘 짜서 결과물이 달라질 수도 있습니다.

일도이부삼백이라는 말은 앞에 **1장 학부모**에서도 언급하였습니다.

마찬가지로, 선생님들께서는 이제 새로 도입된 생활 규정들을 적용하실 것입니다. 이때 **내가 영악한 학생이라면 이 새로 도입된 생활규정의 빈틈을 어떻게 이용할지 충분히 고민하시고 규정을 적용하시길 바랍니다.**

또한, 그냥 규정의 겉만 믿고 생활지도했다가, 예상치 못한 상황으로 인하여 돌이킬 수 없는 사태가 벌어질 수 있습니다. 부디 규정의 이면까지 다 고려해 주세요.

4. 군자는 나아갈 때와
물러날 때를 압니다

일단 과거에 비해 교단에서 학기 중간에 안타까운 일로 휴직하는 경우가 많이 있습니다.

과거에는 "교사가 끈기가 없다, 헌신적이지 못하다, 애들 생각해야지."라는 말로 교사를 가스라이팅했습니다.

하지만 그렇게 말하는 사람들도 막상 본인에게 적용해보면 큰 차이는 없을 것으로 생각됩니다. 또한, 어떤 사람은 교사에게 "누가 그거 하라고 무기 들고 협박했냐? 너 말고 할 사람 줄 서 있다."라고 말할 수도 있겠습니다.

하지만 그 '줄 서 있는' 사람들도 똑같이 행동할 것입니다. 그리고 실제로도 이쪽 분야의 인기는 계속 떨어지고 있고요. 일본에서는 이제 가정통신문도 제대로 못 쓰는 교사들까지 생겨나고 있습니다. 자질 있는 사람들이 교사를 기피하게 되면서, 공교육에 누수가 생겨버린 것이지요. 만약

240

대한민국 공교육이 잘되길 바란다면, "누가 그거 하라고 무기 들고 협박했냐?"이라는 식으로 얘기하면 안 되고 시스템을 개선해야 할 것입니다.

그리고 힘든 교사들도 이제는 무조건 버티지 말고, 일단 본인 역량 내에서 최선을 다했으면 좋겠습니다. 그래서 내 역량으로 이러한 극소수의 문제 학부모랑 법적으로 다퉈볼 수 있다고 하면 하십시오.

그런데 내 역량으로 그렇게 하면 정신적으로 병에 걸릴 것 같고(혹은 이미 진행 중이신 경우) 못 버티시겠으면, 무조건 합법적으로 병가를 내거나 병 휴직하십시오.

예전에 존경하던 교장 선생님께서, 선생님들께 말씀하셨던 게 기억이 납니다. 이분은 선생님들께 힘들면 학교 신경 쓰지 말고 쉬라고 하셨습니다. 어떻게든 본인이 책임지실 것이고, 그리고 어떻게든 학교는 돌아간다고요. **누군가가 과도한 사명감을 불태워가며 희생해야 돌아가는 시스템은 제대로 된 시스템이 아니라고 하셨습니다.**

그래서 이 책의 독자 중 하나이실 선생님께 다음과 같이 말씀드리겠습니다.

"선생님, 힘드시면 병원 가서 진료받고 신난서 받으시고 쉬세요. 교대 혹은 사대에 입학해 교사 양성 과정 트레이닝까지 받으시고 병날 때까지 노력하셨는데도 안 되시겠으면 선생님 탓 아닙니다. 일단 선생님 병부터 치료하셔야죠."

따라서 일단 본인 몸부터 추스르셔야 합니다. 옛 고전에 군자는 나아갈 때와 물러날 때를 안다고 하였습니다. 또한, 다른 고전에도 36계 주위상이라고 있습니다. 고전에서 말하는 바는 결국 현명한 사람은 나아갈 때와 물러날 때를 알아야 자신을 위태롭게 하지 않는다는 뜻이라고 생각합니다. 도저히 안 되시겠으면, 2보 전진을 위해 1보 후퇴하세요.

또한, 고전을 보면 후퇴할 때도, 병력이 없는 상태에서 후퇴하는 것이 아닙니다. 병력이 적절히 있는 상태에서 질서 정연하게 대비하고 후퇴하는 것입니다.

사실 "병원 다니고 진단서 받고, 병가나 휴직계 제출하는 것"도 마음이 아픈 사람에게는 에너지가 정말 많이 소모되는 일입니다.

따라서 에너지를 소진하고 병원에 다니지 마세요.
예를 들어 에너지 100 중 70 정도 남았을 때부터 나의 정신 상태와 현

242

재 상황을 객관적으로 파악해보세요.

그리고 그나마 에너지가 적절히 남아 있을 때부터 미리 병원에 다니시는 것을 추천드립니다. 초진에 진단서를 끊어주는 병원이 아마도 많지 않을 수 있습니다.

따라서 에너지 100 중 10 남았을 때 병원 찾지 마시고, 좀 더 에너지가 남아 있을 때 미리 찾아다니십시오.

또한, 휴직이든 뭐든 본인 권리를 주장하실 때는 법령을 포함한 규정을 잘 확인해보시면 좋습니다. 교육공무원 인사실무편람(보통 해당 교육청 홈페이지에 있습니다.), 교육부 민원 질의 · 회신 사례집(교육부 홈페이지에 있습니다.), 공무원 인사실무(인사혁신처 홈페이지에 있습니다.) 자료들을 충분히 살펴보시는 것을 권유드립니다.

아는 만큼 보이기 때문에, 아는 만큼 권리를 주장할 수 있습니다. 또한, 담당자가 최신 규정을 잘못 알고 있거나 해석 혹은 적용에 실수할 수도 있기 때문에, 문의하면서도 만약 대답이 이치에 맞지 않는다 싶으면 관련해서 법조인의 도움을 받는 것도 방법입니다. 규정에 대한 해석은 누구나 다 실수 혹은 다른 해석을 할 수도 있기 때문에, 이에 대해서 행정적인 절차나 소송으로 바로잡아야 할 때도 있습니다. 다시 말씀드리지만, 규정에 있는 권리라 하더라도 현실에서는 주장하거나 행동하는 만큼 받을 수 있는 가능성이 커집니다. 가만히 있으면 있는 권리도 못 챙길 가능성이 생깁니다.

5. 공교육 교사는
개인 사업자가 아닙니다

공교육에서 많은 교사들은 정식 공무원입니다. 그리고 그렇지 않다고 하더라도 공무원에 준하는 특징을 가지고 있습니다. 공교육에서 공무를 수행하는 교사는 개인 사업자가 아닙니다.

그리고 현실적으로 교사는 가급적이면 학부모와의 대립을 피해야 합니다. 따라서 교사가 공무(수업, 생활지도 등)를 잘 진행하기 위해서는 불필요하게 학부모의 기분을 상하게 하지 않는 것이 좋습니다. 협력이 필요한 것도 있지만, 앞서 말씀드렸듯이 일부 학부모가 합법적으로 교사를 매우 힘들게 만들 수 있기 때문입니다.

물론 정말 어쩔 수 없는 상황은 있습니다. 학부모가 너무 말도 안 되는 주장과 요구를 하는데, 지나치게 저자세로 굽신대는 것도 오히려 결과적으로 상황을 안 좋게 이끌 수 있습니다. 그래서 이 부분은 교사의 성향에 따라 갈릴 것 같습니다. 따라서 해당 내용은 선생님의 성향에 따라 적절히 활용하시라고 말씀드립니다.

먼저 교사가 학부모에게 서류를 요청할 때가 있습니다. 예를 들어 출결 증빙서류나 신청서 등입니다. 또는 반대로 학부모가 교사에게 어떠한 요청을 할 때가 있습니다.

이럴 때 교사 본인이 직접 학부모에게 "이거 기한이 언제까지인데, 기한 넘어갔습니다. 빨리 제출해 주세요."라고 직설적으로 말하면, 어떤 학부모는 명령받는 것 같아서 기분 나빠 하는 경우가 있을 수 있습니다.

물론 정상적인 대다수의 학부모는 이걸로 화내지는 않을 것입니다. 하지만 세상에는 다양한 사람이 있으니까요. 그리고 이런 부분에서 조금씩 학부모의 기분 나쁨이 누적되다 보면 안 좋은 상황까지 갈 수 있습니다.

이럴 때 선생님께서 다음과 같이 말씀드리는 것도 방법입니다.

"학부모님~, 서류 제출 기한이 너무 촉박하시죠? 마음 정말 이해됩니다. 그런데 학교 혹은 교육청에서 요청해서 어쩔 수 없네요. 바쁘시겠지만 부탁드리겠습니다."라는 식으로 어쨌든 살짝 피해 가는 화법을 쓰세요. 그래야 학부모의 분노를 매일 만나는 담임이 아닌 다른 곳으로 일부 보낼 수 있습니다.

학교생활 실전 대처법

특히 매일 학생과 학부모를 상대하는 담임교사는 (물론 수입은 다르겠습니다만) 아이돌 연예인이라고 생각하시면 됩니다.

팬들이 악성 팬이 되면 무서운 것처럼, 학부모의 분노를 직접 받지 마세요. 다양한 화법을 통해 학부모의 분노를 소속사(학교 혹은 교육청)와 함께하세요.

애초에 교사가 이러 저러한 서류가 필요하다고 결정한 것이 아닙니다. 위에서 결정해서, 교사가 학부모에게 요청하게 된 것이니까요. 학부모의 분노를 최대한 직접적으로 안 받고 어느 정도 피할 수 있는 화법을 쓰시면 좋을 것 같습니다.

6. "죄송하다는 말" 함부로 하는 거 아닙니다

간혹 학부모는 교사에게 사과를 받고 싶어 합니다. 이제 다음 경우를 살펴보겠습니다.

예시 상황

특별히 담임교사의 잘못은 아니며, 해당 학부모가 억지를 부리는 상황에서 교장 혹은 교감이 다음과 같이 해당 교사에게 말하였다고 가정하겠습니다.

"○○선생~, 그냥 사과하고 끝내지. 그게 쉬운 길이야."

이렇게 주변에서 담임교사에게 해당 학부모님께 사과하라고 강요하였습니다. 어떻게 해야 할까요? 절대 함부로 사과하시면 안 됩니다. 경우에 따라 사과는 인정으로 여겨질 수 있기 때문에 이게 나중에 법적으로 불리한 요소로 작용될 수 있습니다.

따라서 선생님께서 소신껏 여유를 가지고 법률적 검토를 하고 진행하시길 바랍니다. 책임지는 관리자도 있지만, 책임을 회피하는 관리자도 있을 수 있습니다. 명백한 상황에서의 사과도 조심스럽게 검토하고 진행하는데, 위에서처럼 애매모호한 상황에서 해당 학부모가 억지를 부리는 경우 교사가 함부로 사과했다가 큰일 날 수 있습니다.

다만, 상황에 대해서 안타까움을 표현하는 것은 죄송하다는 인정보다는 법률적으로 나으니 그런 부분은 조심스럽게 하셔도 됩니다. 예를 들어, "아, 부모님 마음이 아프셨겠어요. 저도 유감입니다. 저 또한 마음이 아프네요." 같은 방식입니다.

사실 여기에 개인적으로 생각한다면, 이러한 법률적 부분으로 인하여 인간적으로 미안함 등을 사과하고 싶어도 조심스러운 경우에 대한 개선책이 필요하다고 생각합니다. 법률적인 인정으로서가 아니라 법적 잘잘못을 떠나서 인간적으로 미안함을 표시하는 것에 대해서요. 모든 것을 법과 논리로만 접근하다 보면, 너무 각박한 사회가 될지도 모른다는 생각이 듭니다. 그리고 세상에 완벽한 것은 거의 없습니다. 현행 법령의 내용이 현실 인간 사회에 적용할 때 과연 어떤 모순이나 불합리한 것이 하나도 없이 완벽한 것인지도 궁금하기도 하고요.

7. 억지 부리며 분노한 학부모와 전화 상담을 어떻게 할까요?

일단 학교마다 상황은 다양하지만, 채팅(문자) 상담, 전화 상담, 방문 상담이 모두 있다고 가정하겠습니다.

학부모가 채팅보다는 전화 상담을 요구하는 경우가 있습니다. 특히 일부 학부모 중에서 분노해서 밤중에 억지로 전화로 자신의 감정을 교사에게 쏟고 싶은 경우가 있는데 교사에게 참 힘든 순간입니다.

교사 입장에서는 설령 민원 거부법이 있어도 전화를 거부하자니 후환이 두렵습니다. 왜냐하면 이 일로 학부모가 원한을 품고 합법적으로 괴롭힘을 시작할 수도 있으니까요. 그렇다고 (특히 밤늦게 전화 통화 요구에 대하여) 전화 상담을 진행하자니 감정 소모가 매우 심하고 다음 날 수업에도 악영향을 줄 것 같습니다. 사실 아무리 민원 거부에 대한 권한이 있다 하더라도 실무에서는 적용이 쉽지 않습니다. 그리고 전화 상담 중 이러한 감정 소모적인 비생산적인 대화는 오히려 상황 해결에 도움이 되지 않고, 다음 날 교사의 수업에만 좋지 않은 영향을 주어서 대다수 학생

학교생활 실전 대처법

들이 손해를 볼 수 있습니다.

사실 교육 선진국 중에서는 교장이 민원을 감당하거나, 이메일 등을 통해서 진행하는 경우가 있는데요. 일단 현재의 현실에 맞게 말씀드리겠습니다.

먼저 본인의 역량과 멘털이 감당할 수 있으면 그에 맞게 적절히 거부하시거나 전화 요구에 응하시고요. 하지만 본인의 역량이 실시간 전화는 감당 안 될 것 같고, 안 받자니 후환이 염려되면서 현재 목 상태도 그리 좋지 않을 것 같으면 다음과 같은 방법도 있습니다.

학부모가 전화 통화를 하자는 문자를 보냈다고 하겠습니다. 이때 목 상태 등으로 전화 통화가 어려우시면 이러저러한 상황(목이 아프다던가 등)으로 전화는 어렵고 대신 이메일, 서면, 채팅으로 상담을 진행하겠다고 전달하세요. 대신 최대한 정성껏 답을 드리겠다고 말씀드리는 것도 방법입니다.

그런데 일부 학부모 중에서는 저런 말이 안 통하는 사람이 있습니다. 교사가 "목 상태가 안 좋아서 채팅으로 하면 안 될까요?"라고 했는데도, "애를 생각하는 사람이 목 아픈 거 못 참냐? 네가 선생이니? 나도 답답해서 그런 거니까 전화 받아라!" 이렇게 하는 학부모도 있을 수 있습니다.

이런 사람들은 전화 녹음 안내 메시지가 사전에 나와도 감정적으로 나옵니다. 즉, 전화 녹음은 완벽한 해결책이 못 됩니다. 민원 거부를 하자니, 후환이 두렵고요.

아래는 그나마 현실적인 방법 중 하나입니다. 다음 내용을 전화 통화 전에 메시지로 전달하는 것도 고려해보세요.

"○○ 학부모님, 지금 기분 정말 나쁘시고 속상하시지요? ㅠㅠ 저도 마음이 아프네요. 현재 제가 목 상태가 많이 안 좋아서요. 그러면 전화를 주시고, 하시고 싶으신 말씀 다 하세요. 제 목이 안 좋아서 제가 말씀 드려도 전화로 잘 안 들리실 거예요. 저는 전화로 학부모님 말씀 잘 듣고 이후 답변 내용 글로 써서 보내드리겠습니다."

이렇게 전달하면, 학부모가 전화해서 감정적으로 쏟아부어도 상대적으로 오래 못 갑니다. 왜냐하면 학부모는 상대방 목소리를 못 듣고, 일방적인 전화처럼 되니까요.

보통 학부모가 전화해서 화를 내는 경우, 교사가 "부모님, 진정하세

학교생활 실전 대처법

요."라고 하거나 어떤 식으로든 대답하면 그걸 학부모는 장작으로 써서 더 화를 내거든요.

고장난명 : 손바닥이 마주쳐야 소리가 난다.

학부모가 생산적인 대화가 아니라 단순히 짜증을 내기 위해 교사에게 전화를 하는 경우, 교사가 전화로 학부모의 말에 대답하게 되면 학부모는 그걸 분노의 장작으로 삼습니다. 이렇게 되면 생산적이지 않은 불필요한 전화 대화만 길어지고 감정만 소모됩니다.

그렇다고 "○○ 학부모님, 지금 말씀은 교권 침해입니다. 끊겠습니다."라고 하기에는 해당 교사가 강한 성품을 지니지 않는 이상 교사 입장에서 후환이 두렵습니다. 그리고 오히려 저런 말은 학부모를 더 자극하기도 하고요.

그런데 교사가 전화 통화에서 학부모의 말을 일단 경청만 하고, 대답하는 목소리를 내지 않으면 불필요한 대화 시간이 줄어들 수 있습니다. 전화 통화 중 상대방의 대답이 없는 일방적인 말은 상대적으로 한계가 있습니다.

불론 이때 교사는 대답하지 않더라도 학부모의 말씀을 잘 경청하고, 그에 대한 피드백을 문자나 채팅 등으로 잘 써서 해주어야겠지요.

그런데 위와 같이 한다고 했는데도 더 난리 치는 경우가 있을 수 있습니다. "뭐 이런 교사가 다 있느냐! 목소리가 안 나와도 어떻게든 소리를 내서 대답해야지! 목 관리도 실력인데, 교사가 자기 관리를 못하네."라고 하면서요.

그럴 때는 선생님께서 이후 조용히 '몸 아픈 데 없는지 정신 아픈 데는 없는지' 병원에 다니시면 좋을 것 같습니다. 더 험한 꼴 보기 전에요. 하인리히 법칙에 따르면 큰 사고 전에는 작은 징조들이 있다고 합니다. 이 징조들을 놓치지 마세요.

징조와 암시, 힌트를 놓치지 마세요.

우리는 결혼 전에 시댁이나 처가에 가서 가풍이나 분위기를 보곤 합니다. 그래서 그 집안이 너무 이상해서 파혼을 결심하고 그 사연을 인터넷에 올리면 사람들이 조상님이 힌트를 주시며 후손을 도우셨다고 생각하고 더 험한 꼴 보기 전에 도망가라고 하지요.

254

교사도 마찬가지입니다. 요즘은 시댁이나 처가보다 더 무서운 게 학부모입니다. 위와 같은 상황에서처럼 느낌이 싸하면, 합법적으로 몸 상태 및 정신 상태 진단을 받고 가급적 후퇴하십시오. **나는 내가 지켜야지요.**

사실 우리나라 공무원 집단이 민원인의 요청에 빨리 피드백해주는 편이고, 서구권 교육 선진국 중에서는 교사와 직접 소통하는 게 쉽지 않은 경우가 있습니다. 그런데 일부 극소수의 학부모로 인하여 이러한 문화가 서구권처럼 바뀐다면 아쉬울 것 같습니다.

8. 문제행동 지적했는데 학생이 말대꾸? 어떻게 해결할까요

생활지도할 때, 학생과 말다툼이 되는 경우가 있습니다. 논쟁으로 가는 경우인데요. 개별 학생 성향에 따라 다르겠지만, 어지간하면 학생과 논쟁 형식으로 말다툼하지 마십시오.

어차피 학생이 그냥 밑도 끝도 없이 우기거나 억지 부리는 것임에도, 학생은 어른에게 말대꾸하기만 해도 주변 친구들에게 학생 자신이 이기는 것 같은 분위기를 조성하기가 쉽거든요. 그리고 학생 입장에서는 얼마나 재밌겠습니까? 어른을 이겨먹는 것을 또래에게 보여줌으로써 일종의 과시 효과도 누릴 수 있는걸요. 따라서 학생과의 논쟁은 길어질수록 교사의 손해입니다.

그냥 "너의 말은 이해가 되는데, 그 행동은 잘못된 행동이야. 만약 더 얘기하고 싶으면, 따로 남아서 구체적으로 얘기하자."라는 식으로 대화를 끊으십시오. 여기서 더 학생이 뭐라 하면, "여긴 1:1 공간이 아니고, 네가 정말 그렇게 중요한 문제라고 생각하면 따로 남아서 얘기해. 이제 같은 말 반복 안 할게요. 끝." 이 정도 선에서 중지시키는 것으로 최대한 끝을 내야 합니다.

대화를 길게 이어갈수록 학생이 말꼬리를 잡기 때문에, 교사의 손해가 더 큽니다. 따라서 담백하게 얘기하시고, 학생이 더 얘기하려고 하면, 끝나고 나서 따로 얘기하라고 하면 됩니다.

물론 이렇게 해도, 학생이 투덜대면서(속발음이라고는 하지만 사실상 주변에 다 들릴 정도의 목소리로) 교사의 권위를 깎으려고 시도하는 경우가 분명 있습니다. 그냥 이때도 무시하시던가, 또는 다음과 같이 말씀하십시오. "만약 억울하면 서면으로 육하원칙에 맞춰 써서 제출해. 이제 더 이상 하시면 수업 방해입니다. 저는 분명 얘기했고, 여기까지만 얘기합니다." 정도로 하십시오.

사실 제가 예시로 드린 말씀들도 말이 깁니다. 심각하거나 복잡한 상황이 아니라면, "그만하자 했다. 남아서 얘기해." 식으로 최대한 짧게 지도하시는 것을 추천드립니다.

하인리히의 법칙과 선생님의 대응

학부모 편에서도 하인리히의 법칙을 말씀드렸지만, 여기서도 조금만 더 구체적으로 말씀드리겠습니다.

미국의 하인리히라는 사람이 사건 사고를 조사하다가 흥미로운 법칙을 발견했다고 합니다. 심각한 1개의 사고 뒤에는 29개의 작은 사고 그리고 300개의 무상해 사고가 있었다는 것입니다. 즉, 큰 사고처럼 보이는 것 이면에는 작은 사건 사고들이 복선처럼 있었다는 것이지요.

학교에서 적용해보면, 저렇게 교사에게 억지를 부리며 뻗대는 학생이 나중에 심각한 문제행동을 할 가능성이 높습니다. 그래서 선생님께서는 이런저런 미래 시나리오 시뮬레이션을 생각으로 돌려보시고 최선의 선택을 하십시오. 학급 차원의 생활지도, 부장 교사나 학교 관리자에게 도움 요청, 교육청의 지원 요청, (몸 상태가 좋지 않으면) 병가 및 휴직까지 모든 합법적인 선택지들을 고민하고, 현실적인 대응을 하셨으면 합니다. 사람이 심적으로 병이 날 때가 언제인지 아십니까? '안 되는 일을 자꾸 되게 하려고 할 때' 병이 납니다.

9. 적자생존 :
기록하고 또 기록하자

적자생존이라는 말이 있습니다. 물론 원뜻은 '적합한 자가 생존한다.' 라는 뜻입니다.

그런데 조금 유치하다 느끼실 수도 있겠지만, 적는 자(기록하는 자)가 생존한다는 말로도 사용되기도 합니다. 물론 농담식의 표현이긴 합니다. 하지만 매우 중요한 의미를 나타내는 표현입니다.

학생을 생활지도하고 기록하는 것은 사실 평소에는 큰 의미가 없을 수 있습니다. 하지만 만약에 중요한 법률 상황으로 넘어가면, 설령 구체적인 증거로 채택이 안 될 수 있더라도 정황 파악에 도움이 됩니다.

특히나 갑자기 작성한 기록이 아닌 명백하게 그날그날 기록했다고 하면 더욱더 그렇지요. 그래서 어떤 식으로든 꼭 기록해서, 문제 상황에서 확인할 수 있으면 도움이 될 수 있습니다.

10. 교사가 수사나
조사받는 법

아무리 법적으로 개선이 되었어도, 교사를 대상으로 신고 접수 기능이 아예 없어진 것은 아닙니다. 따라서 현실에서는 여전히 수사나 조사받을 수 있다는 것을 염두에 두셔야 합니다.

원론적인 부분은 학부모 편에서 말씀드린 다음 내용을 참고하시면 좋을 것 같습니다.

1. 우리 모두 충분히 알고 갑시다. 아는 게 힘!
4. 좋은 변호사를 찾고 상담하는 방법

또한, 수사와 조사를 꼭 최초 지정된 날짜에 받아야 하는 것은 아닙니다. 경우에 따라 연기 신청을 할 수 있으니, 교사 본인이 정리되지 않은 상태에 받지 마세요. 충분히 여유를 가지고 법조인과 논의를 한 후 조사받으세요.

학교생활 실전 대처법

그리고 판사님이나 수사기관이 어련히 알아서 잘해주시겠지라는 마음은 곤란합니다. 그 사건 현장을 제일 잘 아는 것은 당사자들입니다. 당사자들의 주장을 법정에서 다양한 법적 근거들을 통해서 판단하는 것이고요.

따라서 나의 권리는 내가 명확히 주장해야 제대로 판단받을 수 있습니다.

소신껏 지도하셨는데, 아동학대로 수사를 받게 된다면 아동학대를 인정하거나 죄송하다는 말 함부로 하지 마십시오. 교육적 이론이든 해외 선진국 교육 사례든 나의 주장을 유리하게 할 수 있는 이론들은 다 가져와서 주장하세요.

물론 이러한 행동이 해당 사례에서 법적으로 유의미한지는 꼭 변호사와 상담하고 진행하셔야 합니다. 왜냐하면 개별 사례에 따라서 다른 양상일 수 있기 때문입니다. 어떤 경우에는 '인정하고 반성하는 포지션'을 가져가는 것이 더 나을 수 있고, 반대로 충분히 무죄를 다툴 수 있는 부분인데 '권리 주장을 안 해서 유죄가 될 수 있는 부분'도 있기 때문입니다.

이러한 부분은 개별 사안마다 해석과 적용이 다를 수 있으니 법률 전문가와 상담하고 진행하시면 좋겠습니다.

특히 사안에 내하여 느심이 좋지 않으면, 초반부터 변호사와 상담하시면 좋습니다. 사건이 커지고 나서 수습하는 것이 시간과 비용이 더 많이 들기 때문입니다. 속담에도 "호미로 막을 것을 가래로 막는다."라는 표현이 있습니다. 법률적인 사건에서도 마찬가지입니다. 본인 생각대로 수사받다가, 나중에 일이 잘못돼서 변호사 선임을 하는 것보다는 초반부터 선임해서 제대로 대응하시는 것이 좋습니다.

교사가 수사나 조사받는 법에 대해서는 일단 현실적인 부분이라 작성은 해두었지만, 쓰면서도 씁쓸하기도 합니다. 이렇게 교육 현장에서 소송 위기감이 커진다면 누가 적극적으로 교육하고 생활지도할까요. 변호사를 지원해준다고 해도, 한계가 있습니다. 소송은 몇 년씩 걸릴 수도 있으니까요. 그럴 바에야 운전할 때 방어운전처럼 생활지도를 방어적으로 하겠다는 교사가 생길지도 모릅니다. 반드시 현실적이고 실무적으로 개선되어야 할 것입니다.

학교생활 실전 대처법

3장 | 학부모와 교사

3장에서는 1장과 2장에서 다루었던 내용을 정리하고,

개선 방안을 제시합니다.

지금까지 **1장 학부모**와 **2장 교사**를 통해 현실 교육에 대한 저자의 생각을 말씀드렸습니다. 사실 대부분의 대한민국 국민들은 정의감이 있고, 권선징악의 성향을 가졌다고 생각합니다. 우리나라에서 냉소적인 사람들이 늘어난 것처럼 보여도, 현실 상황이 팍팍해서 그런 것이지 실제로 의인이나 뿌듯한 상황이 나타나면 다들 감동하고 또한 정(情)도 많습니다.

그러니 우리나라가 국가적으로 절망적인 상황들이 수없이 많았지만, 여기까지 우리 민족이 살아남은 것이지요.

착한 학부모님, 학생, 교사들 많습니다. 절대다수가 선량하거나 보통의 상식적인 학부모, 학생, 교사라고 생각합니다.

그리고 대부분의 교육정책 관계자분들 또한 우리나라 공교육이 잘 되길 바랄 뿐일 것입니다. 사교육에서 일하시는 분들도 우리나라 공교육이 잘 되기를 바라실 것으로 생각하고요.

즉, 대부분은 결국 우리 대한민국 공교육이 잘 되길 바란다고 생각합니다.

법을 악용하거나 본인의 위치를 이용한 "극소수의 문제 학부모, 문제 교사, 문제 학생"이 작금의 사달을 만든 것이지요.

앞의 내용을 정리하면 다음과 같습니다.

1) 현재 현실 학교 상황

현재의 학교는 한 명의 학부모가 악의적으로 행동하면 어떻게 하기가 매우 어렵습니다. 심각한 것은 이러한 학부모의 본인 리스크는 별로 없는데, 학교 관계자(교장, 교감, 교사 등)들은 대부분 공직자들이라 잃을 것이 많다는 점입니다.

이때 "몸 사리는 학교 관계자들이 문제다. 교사 자격이 없다. 내보내라!"라고 생각하셔도, 이 사람들이 다 그만두고 신규 교사가 들어와도 똑같은 상황이 펼쳐질 것입니다.

따라서 "너 아니어도 임용 대기자 상황 보니 할 사람 많다."라는 것은 겉으로 보기엔 맞는 말처럼 보이지만, 미래에 새로 임용될 분들의 역량

266

부분(심지어 요즘에는 수능 9등급이 교대 1차에 합격한 상황이지요.)을 생각해 보아도 근본적인 문제 해결에 도움이 될 것 같지는 않습니다.

따라서 이러한 부분을 고려해서 종합적이고 제대로 된 개선 방안이 필요합니다.

2) 그나마 현실 대처법 정리

이러한 현실 상황에서 앞의 대처 방안들을 간단하게 요약 정리하면 다음과 같습니다.

학부모의 경우

첫째, 내 자녀와 관련된 학교생활 사건 사고 발생 시, 학교와 상대방 부모가 어떻게 나올지를 판단해 봅니다.

둘째, 일관성을 유지하며 초기 진술을 잘 해나갑니다.

셋째, 교사가 아주 이상한 사람이 아닌 이상, 도와주려는 경향이 있습니다. 물론 선량한 교사지만 방어적인 교사도 있을 수 있으니 그 점도 고려해서 진행하시면 됩니다. 따라서 교사와는 기본적으로 어지간하면 좋게 관계를 정립하시고, 또한 정당한 요구를 하시면 좋을 것 같습니다.

넷째, 시간을 들여시라도 충분히 진문가와 상담을 하고 자녀와도 지속적으로 소통을 해서 최선의 대응을 해나갑니다.

교사의 경우

첫째, 아무리 법이 바뀌어도 교사에 대한 신고 접수는 막기 어렵습니다. 그리고 법원까지 가면 최종 판단은 판사님이 하시는 것이니, 어지간하면 학부모와의 관계를 좋게 가져가는 것이 좋습니다.

둘째, 교사는 개인 사업자가 아니라 공교육이라는 공무를 집행하는 사람입니다. 학부모의 분노를 직접 맞지 마십시오. 학부모에게 출결 증빙 서류든 뭐든 요청하거나, 반대로 요청받을 때 "나는 학부모님 마음 이해되는데(학부모 편 뉘앙스), 교육청이나 학교에서 규정이라고 하네요. 안타깝습니다." 이런 식으로 어떻게든 최대한 학부모의 분노를 직사광선처럼 받는 것을 피하십시오.

셋째, 몸 상태가 안 좋으면 솔직하게 학부모에게 얘기하시고, (불필요한) 전화 상담을 피하십시오. 특히 학부모가 필요 이상으로 화를 낼 때, 그에 대한 대응을 교사가 "이러시면 법으로 조치하겠다."라고 해봤자, 분노를 더 자극할 뿐입니다. 이렇게 되면 교사는 오히려 더 심적으로 힘들 수 있습니다. 자신에 대해서 메타 인지를 이용해 판단하고 하실 수 있는

학교생활 실전 대처법

부분까지 대응하시면 좋을 것 같습니다. 사실 도를 넘은 학부모의 교사 협박에 대한 법적 대응 경고는 학기별로 교육 당국이 학기 초처럼 사전에 개별 가정통신문 등으로 공지해주시면 좋겠습니다.

넷째, 몸 상태나 정신 상태에 대해서 적절한 시기에 병원 다니십시오. 크게 악화하고 나서 병원 가는 것보다 그 전에 미리 다니는 편이 좋습니다. 왜냐하면 병원 다니는 것도, 진단서 받는 것도, 휴직계 내는 것도 에너지가 필요한 일입니다. 초진에 진단서 주는 곳도 아주 많지는 않을 수 있습니다. 에너지를 소진하고 가지 마시고, 에너지 있으실 때 미리미리 다니세요.

다섯째, 개선된 법안이 나와도 실무에 적용할 때는 좀 더 치밀하게 살펴보시고, 적용하시길 바랍니다. 세상에 완벽한 것이 존재하기 어렵습니다. 무엇이든 일장일단이 있지요. 또한, 최근 몇 년간 교육권 관련 법안의 미비로 인해서 선생님들께서 고통을 많이 받으신 것으로 생각됩니다. 개선된 법안도 지금은 좋아 보이지만, 또 막상 실행해보면 생각지 못한 부분이 있을 수 있습니다. 새로운 정책에 대해서도 항상 꼼꼼하게 다양한 상황을 고려해서 교실 상황에 적용하시면 좋겠습니다.

2. 미래 교육 편 : 학생 생활지도 시스템 개선 방안

　이 책의 주요 목적은 현실 학교에서 어떻게 그나마 대처할 수 있는지에 대한 말씀을 드리는 것이었습니다. 그리고 저는 현재도 중요하지만 미래 또한 중요하다고 생각합니다. 애초에 교육은 미래 세대를 위한 것이기도 하고요. 그래서 여기서는 미래의 생활지도 시스템이 어떻게 되었으면 좋을 것인지 개인적인 저자의 생각을 써보았습니다.

　현재 미래 교육의 화두로 AI(인공지능)를 포함해서 여러 가지 주제들이 있습니다. 또한, 앞으로 세상이 계속해서 빠르게 바뀌고 있기 때문에 우리나라가 지금의 위치 혹은 그 이상을 향해 가려면, 결국 미래 세대에 대한 교육이 매우 중요합니다.

　그래서 현재 우리나라 교육 전문가와 석학들이 다양한 교수 학습 기법 등을 연구하고 세계의 교육 트렌드를 선도하기 위해 노력하고 있습니다.
　이렇듯 미래 교육은 국가 미래 흥망의 핵심이기 때문에 매우 중요합니다. 하지만 아무리 심오한 교수 학습 활동이 있어도, 학생 생활지도 부분

학교생활 실전 대처법

이 되지 않으면 아무리 좋은 수업도 진행되기 힘듭니다.

또한, 애초에 공부라는 것이 원래 항상 재미가 있다고 보기는 어렵습니다. 대표 저자가 SKY 이과 나왔고, 자녀가 의치한 나온 모범생이지만 말씀드리는 것입니다. 세상에는 더 재미난 것이 많기도 하고요. 물론 공부가 제일 재밌다는 사람, 제일 쉽다는 사람도 일부 있을 수는 있겠지요.

그리고 한편으로 학습에서 자기 조절이라는 개념이 있습니다. 자기 조절에는 여러 가지 정의가 있지만, 결국 자기 자신을 컨트롤해가는 것입니다. 이는 앞서 말씀드린 세상의 더 재미난 것들이 있는 상황에서, 당장 눈앞에 있는 즐거움을 참아내고 공부를 하는 것을 의미합니다.

이러한 학생의 **자기 조절 역량**은 자라나는 과정에서 부모와 교사의 **생활지도**를 포함한 다양한 경험을 통해 성장해 나갑니다. 그리고 현재 이러한 **생활지도** 시스템의 미비한 부분은 새로운 법령과 정책을 통해 개선 중입니다.

그러나 선한 의지로 만든 시스템이어도 사람이 만든 이상 허점이 있을 수밖에 없습니다. 특히 현재의 시스템(학교폭력 관련 법, 아동학대 관련 법 등) 또한 입법 의도는 선하지만, 역효과나 부작용 또한 존재했습니다.

그래서 저자는 이러한 부분까지 고민해서 개선 방안을 생각해보있는데요. 이 또한 완전무결한 방안은 없고, 일장일단이 있습니다. 따라서 효과와 역효과 등을 잘 고려해서 운영의 묘를 살려야 할 것입니다.

그리고 무엇보다도 앞으로 학교생활에 대한 생활지도 개선 방안 정책을 수립할 때, 다음의 요소들을 꼭 고려해야 합니다.

미래 생활지도 시스템 개선을 위해 필수로 고려해야 할 요소들

첫째, 무엇보다 정책은 효과적이어야 하면서도 역효과를 모두 고려해야 합니다.

둘째, 정책이 적용된 이후, 그 바뀐 정책을 보고 **성실하고 역량 있는 신규 교사**가 계속 교직으로 유입될 수 있는 그러한 정책이어야 합니다.

셋째, 이 세계는 현실 세계(real world)이므로 현실적인 제약(저출산 상황, 예산 문제, 실제적 운영 등)을 고려해야 합니다.

미래 생활지도 시스템은 여러 가지 요소를 고려해야겠지만, 특히 위의

학교생활 실전 대처법

3가지는 꼭 필수적인 고려 요소라고 생각됩니다.

예를 들어, 어떤 정책이 **교사를 더욱 쥐어짜는 방식**이라고 해봅시다. **이러한 정책은 예산을 절감할 수는 있겠습니다. 하지만 젊고 유능한 사람들이 교직에 들어오지 않을 것입니다.**

유능한 사람 중에 연봉이 우선순위가 아닌 사람은 있겠습니다만, 이러한 사람조차도 교직 환경까지 안 좋으면 들어올 이유가 거의 없겠지요. 사명감은 본인 마음에서 우러나오는 것이지, 타인이 사명감 타령하는 것은 맞지 않습니다. 타인이 사명감을 언급할 때는 꽤 많은 경우 그 사람에게 일을 시키고 싶을 때입니다. 연봉도 별로 환경도 별로인 곳에 뛰어난 역량이 있음에도 들어올 사람이 세상에는 그리 많지 않습니다. 사람은 나를 진정으로 알아봐 주는 곳에 최선을 다하기 마련인데, 열악한 환경을 제공하고 사명감을 운운하면 굳이 들어올 이유가 없겠지요.

그리고 어떠한 직업이 열악한 환경이다 아니다에 대해서 가장 간단한 판별 기준이 있습니다. 어떤 직업에서 신규로 들어오려는 사람의 역량(수능 점수 등)이 과거보다 뛰어나고 경쟁률도 높아지면, 그 직업 환경이 상대적으로 열악하지 않다고 볼 수 있습니다. 그 반대라면 아무래도 그 직업의 환경이 어려운 상황에 있다고 생각해볼 수 있겠습니다. 아무리 말로 그 직업이 괜찮나 어쩌나 하너라노, 신규 유입사의 역량과 경쟁률을 보면 간단하게 솔직한 분위기를 대략적으로 알 수 있습니다. 물론 이게 전부는 아닐 것입니다. 그럼에도 나름의 유의미한 지표라고 생각합니다.

그리고 이런 식으로 교사를 쥐어짜는 방식이 몇 세대 반복되면 대한민국의 공교육은 절망적으로 바뀌겠지요. 왜냐하면 교육은 교사의 역량과 자질이 매우 큰 비중을 차지하기 때문입니다.

교육과 교사의 역량 관계

수업 및 생활지도 교육에서 교사의 역량이 차지하는 비중은 매우 크기에 지속적으로 뛰어난 인재들이 교직에 와주어야 합니다. 각종 좋은 기자재만으로는 한계가 있습니다. 이 부분을 쉽게 예로 들어 보겠습니다. 원래 강한 예시로 해야 이해가 빠르니 현실에서는 말도 안 되는 예시지만 양해 부탁드리겠습니다.

'1타 실력의 강사에게 방송 장비나 기자재는 평범한 것'으로 하고, 반면에 '실력은 분명 좀 떨어지는 강사지만 방송 장비나 기자재는 최고급 명품 세팅'으로 맞췄다고 하겠습니다.

학교생활 실전 대처법

이렇게 하면 결국 어떤 수업을 학생들이 일반적으로 더 들을까요? **아무래도 전자일 것입니다.** 결국 수업은 교사의 역량이 대부분의 비중을 차지하기 때문입니다. 따라서 공교육이 살려면 유능한 교사를 지속적으로 유입하고, 실력을 발휘할 수 있게 제약만 풀어주어도 훨씬 교육의 질이 살아날 수 있습니다.

결국 말씀드리고 싶은 부분은 어떤 정책을 펼치든 간에 유능하고 역량 있는 교사가 계속 수급이 될 수 있는 방향의 정책이어야 합니다.

특히 공교육은 다양한 배경의 학생들이 많이 있는 상황입니다. 입시학원 중에서는 시험 성적표나 입학시험 등 성적을 기준으로 학생을 받는 경우가 있지만, 대부분의 공교육 학교는 그렇지 않습니다. 그래서 공교육 교사가 이러한 부분들을 다 커버하려면 역량이 뛰어난 사람이 공교육 현장에 들어와 주어야 합니다.

물론 엄청난 천재가 공교육 현장에 들어와야 하는 것은 아닙니다. 그런 분은 또 할 일이 있으시겠지요. 하지만 수재 및 성실한 모범생이 계속 교직에 들어올 수 있도록 해야 합니다. 교육열이 강한 우리나라에서 이러한 부분이 잘 되지 않으면, 결국 이 우수한 인재들은 설령 교육직군으

노 간다고 하더라도 사교육으로 갈 가능성이 높아집니다. 물론 지금도 그러한 경향이 없지는 않지만, 더 심해지겠지요.

따라서 교사를 쥐어짜는 정책은 결국 잠깐은 효과를 볼지 몰라도 근시안적인 정책이 될 것입니다. 교육은 교사의 역량이 매우 중요한데, 공교육에 유능한 사람이 안 들어올 가능성이 높아지기 때문입니다. 상투적인 말이지만 교육은 백년지대계라 했습니다. 따라서 재능과 역량이 있는 젊은 교사들이 계속 들어올 수 있는 정책이 되어야 합니다.

그렇다고 교사에게 모든 것을 면책하거나 지나치게 우대하는 방식 또한 부작용이 있을 수 있습니다. 극소수라도 비정상적인 교사는 어쨌든 존재할 수 있기 때문입니다.

이러한 부분들을 염두에 두고, 새로운 정책은 복잡하더라도 많은 요소들을 고려해야 할 것입니다.

그럼 위의 내용을 고려해서 선량한 학부모와 교사의 마음을 제가 한번 짐작해서 서술하겠습니다.

선량한 많은 학부모들은 다음과 같이 생각할 것 같습니다.

학교생활 실전 대처법

첫째, 잘못한 애는 혼나고, 그런 행동을 하지 않도록 충분히 훈육했으면 좋겠다.

둘째, 우리 애가 잘못했을 때는 그래도 상황을 잘 들어주셨으면 좋겠다. 또한, 담임교사는 계속 우리 애를 만날 텐데, 담임교사와 내 아이 및 나(학부모)의 관계는 서로 나쁘지 않았으면 좋겠다.

선량한 많은 교사들은 다음과 같이 생각할 것 같습니다.

첫째, 문제 학생의 잘못된 행동에 대해서 후환, 근심, 걱정 없이 정당한 생활지도를 효과적으로 했으면 좋겠다. 특히 힘 약하고 선량한 학생들이 고통받으니 너무 안타깝다. 지금 상태에서는 학교폭력을 막기 매우 어렵다.

둘째, 학생 한 명 한 명에게 더 신경 써줄 수 있는 환경이 되었으면 좋겠다. 아이 한 명을 제대로 키우려면 온 마을이 협력해야 한다는데, 나는 반대로 교사 한 명인데 애들은 훨씬 많은 상황이다.

물론 여기에 이런 물음이 나올 수 있습니다.

"예전에는 훨씬 많은 학생들을 가르쳤는데? 엄살 아냐?"

정교사일 때 40~50명 이상 가르치시던 분들이 기간제로 잠시 현재의 교직을 경험하시고는 말씀하신 것을 들은 적이 있습니다. 그때와 달리 요즘은 교사에 대한 제약은 많고 요구와 책임은 늘어나서, 지금이 더 힘들다고 하신 분들이 꽤 있었습니다. 그래서 과거와 지금은 결코 학생 수만으로 비교되지는 않습니다.

그러면 지금까지 언급했던 내용을 고려해서, 개선 방안을 하나하나 말씀드리고 제 나름대로 평가를 해보도록 하겠습니다.

1) 생활지도와 관련해서 아동학대 관련 법에 대해 좀 더 실제적으로 명확하게 개선합니다

여기서 실제적으로 명확하게 개선한다는 것은 다음과 같습니다. 예를 들어 "아동복지법 제17조 5항 정서적 학대" 부분을 포함해서 아동학대 관련 법을 이현령비현령식이 아닌 보다 구체적이면서, 현실을 고려한 내용으로 정비합니다. 법의 모호성을 악용해서 무분별하게 아동학대 신고를 할 수 있는데, 신고만으로도 학교 현장의 실제적 수업과 생활지도를 어렵게 합니다.

학교생활 실전 대처법

이러한 개선 방안에는 여러 가지 안이 있습니다.

방법 1. 학교 현장에서는 아동학대 관련 법을 대신하여 초·중등교육법 등을 통해 적용합니다.

다른 나라의 아동학대 정의 사례(일본)

일본의 "아동학대 방지 등에 관한 법률"(2019년 6월 26일 개정)에서 아동학대에 대한 정의를 보면 제2조의 앞부분이 다음과 같습니다.

제2조(아동학대의 정의)

이 법에서 "아동학대'란 보호자(친권을 행사하는 자, 미성년 후견인, 그 밖에 아동을 실제로 보호 감독하는 자를 말한다. 이하 같다)가 자신이 보호 감독하는 아동(만18세에 도달하지 아니한 자를 말한다. 이하 같다)에게 하는 다음의 행위를 말한다.

(이하 생략)

이렇게 일본 외에도 다른 나라의 아동학대가 어떻게 정의되고 실제로 현장에서 어떻게 적용되는지, 그리고 개선될 점은 없는지 참고하면 좋을 것 같습니다.

물론 학교 현장에서 아동에 대한 보호는 필요하며, 이를 위에 언급한 것처럼 초·중등교육법 등 교육 관련 법을 통해서 교원에게 책임을 지도록 합니다.

방법 2. 아동학대가 무엇인지 구체적으로 리스트를 나열하되, 그에 해당하지 않으면 아동학대로 보지 않도록 수정합니다. 이때에도 실제적 교육 환경을 고려해서 리스트 나열을 합니다. 또한, 단순히 추상적인 단어를 나열하는 것은 구체적인 리스트 나열이 아닙니다.

방법 3. 아동학대 신고가 무혐의 혹은 무죄 등으로 종결되었을 때, 신고자에게 적절한 법적 책임을 물을 장치를 만듭니다. 물론 무고죄 성립은 쉽지 않습니다. 다만, 무고죄로 진행하기는 어렵더라도 대상자에게 무혐의 혹은 무죄 등이 나오면, 신고자에게 최소한 일정 시간 이상의 의무 연수(아동학대 관련 내용)를 받게 합니다. 왜냐하면 신고자가 법적으로 아동학대가 무엇인지 모르기 때문에 신고했을 수 있기에, 신고자에게 무고죄 성립 여부와는 별개로 아동학대에 관한 교육을 필수로 받게 해서 공부를 할 수 있도록 도움을 드리는 것이지요. 그리고 연수 통과 여부에 대해 시험도 보게 하는 것입니다. 이때 필수 교육을 거부하실 경우 과태료를 부과하게 됩니다.

학교생활 실전 대처법

이러한 방법은 아동학대 관련이 아니라 다른 공무원을 대상으로 하는 무분별한 민원에 대해서도 적용하면 좋을 것 같습니다. 정당한 민원을 넣는 방법을 공부하게 하는 것이지요. 무분별한 민원임에도 공무집행방해죄 성립이 실제적으로 어려운 경우, 공무집행방해죄 적용은 어렵더라도 해당 민원인에게 필수 교육과 그에 따른 통과 시험이 실행되면 좋을 것 같습니다.

이 외에도 여러 가지 현실적인 방법들이 있을 것입니다. 물론 이번에 이러한 부분들은 최근에 개선되어, "정당한 생활지도는 아동학대로 보지 않는다."라는 조항이 생기는 것으로 보입니다. 그런데 '정당한'이라는 말은 언어의 한계상 모호한 영역이고 그러면 그만큼 이에 대한 해석이 법조인마다 다양할 수밖에 없습니다. 이렇게 되면 세부 규정은 복잡해질 수밖에 없고, 교사는 다양한 변수가 있는 교실 현장에서 소신껏 지도하기 어려워집니다.

현재 교육부 및 교육청 산하에는 많은 부서들이 있습니다. 그리고 그 각각의 부서들에서 다양한 규정과 지침이 정말 계속 쏟아져 내려오고 있습니다. 즉, 교사(특히 담임교사)가 알아두고 숙지해야 하는 내용이 너무 많습니다. 마치 대학교 때 교수님이 본인만 과제를 내주신다고 생각하시는지, 정작 각 교수님들 과제를 다 합쳐보면 엄청 많아지는 모양새입니다.

이렇게 현재 각 부서들의 수많은 지침들이 공문이나 메신저 등으로 매년, 매 학기, 매 분기 쏟아져 나오는 가운데, '정당한' 생활지도라는 말 또한 명확한 표현은 아니기에 해석이 분분할 수밖에 없습니다.

이러한 상황에서 모범생 비율이 높은 교사 입장에서도 너무나 많은 규정으로 인하여 숙지하기가 정말 어렵습니다. 이렇게 수많은 지침을 완벽히 숙지하는 사람은 그리 많지 않을 것으로 생각합니다, 그리고 이는 교원이 의도치 않게, 부지불식간에 규정을 위반하는 상황이 어쩔 수 없이 생기는 구조가 될 것 같습니다. 그리고 해당 기관 혹은 부서는 "우리는 (수많은 내용이지만) 지침을 이미 미리 안내하였습니다." 이렇게 대응할 가능성이 아예 없진 않고요. 이렇듯 지켜야 할 지침은 워낙 많고, 성인보다는 상대적으로 법적으로 보호받는 미성년자 수십 명을 동시에 대하기 때문에 돌발변수는 많습니다.

따라서 아동학대 관련 법령 자체 내에서 누가 봐도 명확한 규정과 간단한 기준이 있으면 좋을 것 같습니다. 법의 모호성 정도가 높으면 법조인끼리도 의견이 다르니, 교사들은 자신 있게 생활지도하기 너무 어렵습니다.

한나라를 세운 한고조의 '약법삼장'이라는 말이 있습니다. 당시 진시황

제가 만든 법이 너무 가혹하고 복잡해서, 그것을 한고조가 명확하고 간략하게 줄인 것입니다. **지나치게 복잡하거나 모호한 법령은 그것만으로도 지키기를 어렵게 합니다.**

물론 현대에서 법령이 복잡한 것은 어쩔 수 없지만, 앞서 말씀드렸듯이 교육부와 교육청 각 부서별로 쏟아지는 규정과 지침은 담임교사 개인이 숙지하기에는 너무 방대합니다. 좀 더 단순하고 명확한 법령이 있으면 생활지도하기 좋을 것 같습니다. 이 부분은 선량한 대다수의 학부모에게도 마찬가지입니다. 예를 들어보겠습니다. 부모가 공공장소에서 자녀에게 '정당하게' 훈육할 일이 있다고 해보겠습니다.

이 법의 애매모호함을 이용해서 뜬금없이 제3자가 "지금 그거 아동학대 아닙니까? 아이가 상처받았을 것 같네요."라고 하면서 신고를 해버리면 무혐의가 나오더라도 학부모가 입증하는 데 시간이 걸립니다.

심지어 신고자가 매우 예민한 편인 경우, 이 신고자가 신고 상황을 심각하게 얘기할 수도 있습니다. 이후 공교롭게도 만약 관련 기관에서 보호를 명분으로 아이를 데리고 가는 등의 진행으로 되면, 나중에 부모의 훈육이 정당하다고 밝혀진다고 하더라도 부모는 소명 과정에서 고통받을 수 있습니다.

부모나 교사의 정당한 교육적 지도에 대하여 무분별한 아동학대 신고를 막기 위해서는 적절한 법적 장치가 필요합니다. 즉, 교사뿐만 아니라 부모의 자녀 훈육 권한에 대해서도 현실적인 존중이 필요하고 이를 명시적으로 해야 할 필요가 있습니다. 그리고 어떤 식으로 개선이 되든 아동학대 관련 법률은 좀 더 현실적이고 누가 봐도 명확해야 할 필요가 있습니다. 이는 학교폭력 관련 법률에도 마찬가지로 적용될 수 있습니다.

특징 : 알맞게 개선이 된다면 추가 예산 없이도 교직에서 유능한 사람들이 이탈하는 것을 어느 정도 막을 수 있습니다. 현재의 교육 현장에 실망해서, 유능한 교사 지망 학생 혹은 현직 교사가 아예 다른 길로 가는 경우가 보이고 있습니다.

일단 고연봉이 목표인 사람은 어쩔 수 없지만, 적어도 현장에서 자신의 공교육 뜻을 펼치는 것이 중요한 사람만큼은 이탈을 막을 수 있을 것이라 봅니다. 그렇게 하면 경쟁력 있는 신규 예비교사들도 교직에 들어올 것입니다. 게다가 현장에서도 현직 교사들도 안심하고, 교묘하게 나쁜 짓 하는 아동(만 18세 미만)들도 정당하게 훈육할 수 있습니다.

한편으로 학부모 및 동네 어르신들도 문제 학생들에게 적절한 훈계를 함으로써 동네 치안에 도움이 될 수 있습니다. 경찰로는 현재 인력이 매

학교생활 실전 대처법

우 부족합니다. 지금까지는 동네에서 비행 청소년에게 정당한 훈계를 했음에도 신고가 들어가면 소명하는 과정으로 인하여 피로감이 생기고, 그에 따라 청소년들의 비행에 대해서 대응하는 것이 조심스러웠기 때문입니다. 그리고 이렇게 어른들이 엮이지 말자는 생각으로 청소년의 문제행동을 회피하기 시작하면 그건 다 사회적 비용으로 돌아옵니다. 사회가 대가를 치르는 것입니다.

주의 사항 : 학부모든 교사든 어떤 집단에든 극소수의 이상한 사람이 있는데요. 이를 악용하는 수단이 될 수 있습니다. 이러한 부분에 대해서도 충분히 고려되어야 합니다.

2) 학교 훈육 전담 교사 도입

먼 옛날 '이놈 아저씨' 효과입니다. 부모님이 아이를 혼낼 때, 지나가는 아저씨를 가리키면서 "너 자꾸 그러면 이놈! 하고 저 아저씨가 혼낸다." 라고 해서 생활지도를 하기도 하였는데요. 제가 학창 시절에는 학주(학생주임), 선도부 교사 등이 있었습니다. 이들은 학생들 사이에서 '독사' 등의 별명으로 불린 것으로 기억합니다.

교권이 살아 있던 시절, 이때도 학생들이 부드러운 교사들에게는 강약

약상(강한 자에게는 약하게, 약한 자에게는 강하게)으로 해서 덤비는 경우가 있었는데요. 실제로 학창 시절 친절하고 상냥한 교사를 만만히 생각한 일부 학생들이 해당 교사를 괴롭히니까 독사(학주)가 출동해서 제압한 경우가 있었습니다. 그런데 지금은 강력한 교사들도 각종 부담으로 사실상 역량을 발휘하지 못하고 있고, 선량한 학생들의 피해로 이어지고 있습니다.

이럴 때 학교 훈육 전담 교사(필요시 보디캠 장착 등)를 지정하고, 이 전담 교사에게는 민형사상 많은 부분에서 면책 및 구체적 가이드라인을 제공합니다. 그리고 학교 현장에서 실제적으로 훈육합니다. 현재 상황을 보면, 피해 학생과 피해 학부모가 학폭 사안 처리 과정 등 정당한 학폭 절차를 진행했지만 그 효과성에 대해서 걱정하는 경우가 있습니다. 그래서 학부모가 처벌을 각오하고, N년마다 가해자의 신상을 유포하겠다고 엄포를 놓는 경우도 있습니다.

모두에게 안타까운 일입니다. 그만큼 법적인 조치들이 미흡하고 예방이 잘 안 되기 때문에 이렇게 형사처벌을 각오하고 나오시는 것이리라 추측됩니다. 또한, 한편으로 학폭 조치 중 최대가 퇴학이라는 것도 사회적 효과성에 의문이 생깁니다. 가해 학생을 퇴학시킨다고 어디 해외로 추방하는 것도 아니고, 여전히 우리 사회에 있습니다. 그리고 퇴학에 대

학교생활 실전 대처법

해서 그다지 타격을 안 받는 학생의 경우도 있고요.

한편으로 소년원, 구치소 또한 뉴스를 보면 오히려 거기서 더 안 좋은 것을 배우기도 한다고 합니다. 이러한 부분들을 생각해보면, 차라리 단위학교 내에서 유휴 교실을 사용해서 현실적으로 필요한 권한과 적절한 면책을 부여받고 선발된 훈육 전담 교사가 어떻게든 이 학생을 관리하는 것이 우리 사회에 더 낫지 않을까 생각이 됩니다. 퇴학을 시킨다고 끝이 아니라, 그 학생은 이제 어디에서도 효과적으로 관리되지 않는 존재가 될 수 있기 때문에 더 큰 사회적 문제로도 이어질 수 있다고 생각합니다.

그래서 법적인 절차로 하는 것도 방법이겠지만, 이는 느린 방식일 수밖에 없고 교육적으로도 즉각적인 지도와는 대비되기 때문에 그냥 "친구를 괴롭히면 즉석에서 바로 크게 혼난다."라는 인식이 들 수 있는 조치들이 필요합니다. 현재로서는 어떻게든 가해 학생이 억지를 써서 우기고 시간을 끄는 대응을 하면서 결과적으로 피해 학생에게도 가해 학생 본인 장래에도 안 좋은 상황이 펼쳐지는 경우가 나옵니다. 그리고 학교폭력에 대해 역지사지, 인성 교육, 장래에 문제가 될 수 있음을 아무리 교육해도 괴롭히는 가해 학생이 있을 수 있습니다.

심지어 명문대에 진학할 수 있을 정도로 공부를 잘하는 학생조차도 이게 나중에 본인 발목을 잡을 거라는 것을 당시에는 실질적으로 체감하지 못하고 친구를 괴롭히는 경우도 있을 수 있습니다. 만약 이 학생이 그 시절로 기억을 가지고 다시 돌아갈 수만 있다면 학교폭력을 하지 않을 것입니다. 그런데 뛰어난 공부 실력을 갖춘 학생 중에도 그 나이대에는 그런 장래에 대한 통찰력 부분이 부족할 수 있습니다. **따라서 그냥 학교폭력을 하면 무서운 선생님께 무섭게 혼난다, 하는 단순한 인식을 주는 것도 필요하다고 봅니다.**

역지사지나 공감을 통한 학교폭력 예방 교육은 물론 필요하지만, 공감 능력이 떨어지거나 장래에 대한 통찰력이 부족한 학생은 "나쁜 짓을 하면 즉석에서 무섭게 혼난다."를 교육하는 편이 나을 때가 있기 때문입니다.

그리고 보통 심각한 문제 학생의 부모는 부모도 문제일 개연성이 있기 때문에(콩콩팥팥), 훈육 전담 교사는 부모 동의 없이 문제 학생을 정당하게 혼낼 수 있도록 합니다. 또한, 필요시 학부모를 소환해서 학부모를 대상으로도 교육할 수 있도록 해야 합니다.

왜냐하면 문제 학생이 심각하게 잘못(친구 구타, 학생 혹은 교사를 대상으로 한 성범죄 등 각종 범죄행위)했음에도 학부모가 오히려 "우리 아이 마음 왜 안 알아주었나. 억울하다." 이런 마음에 학교에 민원을 내는 경우도 있을 수 있습니다. 이러한 경우 충분히 훈련받은 훈육 전담 교사가 문제 학생과 문제 학생의 학부모를 대상으로 동의 없이도(단, 필요시 보디캠 장착 등) 적절한 인성 교육을 할 수 있도록 하는 것도 방법입니다. 종종 이미 학교를 졸업한 성인 중에서도 교양과 사회질서 의식에 대한 인성 교육이 필요한 경우가 있습니다.

학교폭력의 양상과 대응

학기 초부터 "학폭하면 바로 혼난다."라는 인식을 학생들 전체에 부여해야 합니다.

3월 2일 등교 첫날부터 사람을 크게 때리는 식의 학폭이 발생하는 경우는 많지 않습니다. 처음에는 만만한 학생부터 타깃을 잡고, 툭툭 건드리거나 가벼운 부탁을 하는 방법으로 가스라이팅을 합니다. 그렇게 심리적으로 장악을 하는데, 문제는 심각하진 않지만 조짐이 있는 상황에서 교사가 훈계했다가 학부모에게 역으로 당하게 됩니다. "그 정도 갖고 왜 우리 애 망신 주세요?"라는 식으로요. 그래서 정말 심각한 사건이 터지기 전까지는 적절한 훈육이 현실적으로 어렵습니다. 결국 사건이 커지고 나서야 교사는 그동안 뭐 했냐 이렇게 됩니다. **그냥 학기 초부터 친구 조금만 건드려도, 학폭 전담 교사(또는 담임교사)**

에게 정말 "망신이고 뭐고 즉석에서 크게 혼날 수 있다."라는 신호와 인식을 주는 것이 필요합니다.

특징 : 경찰행정력의 부담을 줄일 수 있습니다. 물론 경찰에 학교폭력 업무를 이관하라는 이야기도 있습니다. 그런데 경찰도 지금 인력 부족에 어려움이 있습니다. 만약 (민형사 면책을 충분히 부여받은) 학교 훈육 전담 교사를 활용하면 좀 더 실제적인 운영이 될 수 있습니다.

또한, 담임교사가 학생들을 직접 강하게 훈육하다 보면 정당하다 할지라도 서로 관계가 나빠져서 학부모가 "담임이 우리 애 싫어하나."라고 생각할 수 있는데요. 이는 학급 붕괴의 서곡이 될 수 있습니다. 그래서 차라리 담임교사는 기본적인 생활지도를 하다가, 심각한 경우에는 민형사 면책 권한을 충분히 받았다는 것을 전제로 훈육 전담 교사를 호출하는 방식도 좋을 것 같습니다. 그리고 이 훈육 전담 교사는 해당 학생을 매일 만나지는 않는 사람이기 때문에 혼나는 학생 입장에서도 그다음 날에 대한 부담이 덜할 것 같습니다.

학교생활 실전 대처법

학교 훈육 전담 교사 도입에 대한 보충 설명

훈육 전담 교사가 친구를 괴롭히는 학생을 무섭게 혼을 낸다는 것(체벌은 아니지만, 물리적 교육 방법 포함)이 장기적으로 해당 학생을 교화시키는 데 얼마나 효과적이냐는 이견이 있을 수 있습니다.

저자 또한 체벌을 반대합니다.

특히 과거에 있었던 체벌의 경우, 때린다고 가해 학생 인성이 좋아지겠습니까? 그냥 맞으면 아프니까 나쁜 짓을 일시적으로 안 하는 것이겠지요.

어떠한 상황이라 하더라도 물리적 제지 등의 방법은 몰라도(이건 경우에 따라, 현재 허용되었지요.) 사건이 이미 끝난 후에 학생에게 벌로서 매를 들어 때리는 체벌의 방식은 좋지 않다고 생각합니다.

다만, 앞서 말씀드렸듯이 물리적 제압 등 필요시 교육적인 수단으로서 물리적인 방법들은 필요하다고 생각합니다. 선진국에서도 모든 물리적 방법을 금지하지는 않았습니다.

물론 좋은 말로 가해 학생을 타이르고, 인성 및 정서 함양 교육을 하면 상기석으로는 해당 학생이 좋아실 수도 있다고 생각합니다. 조금씩이라도 변화하는 모습이 분명 있을 수 있고요. 즉, 장기적(long term) 관점에서 긍정적인 변화를 가해 학생이 보일 수 있다고 생각합니다.

그런데 경제학에서 그런 말이 있습니다.

(저자는 경제학 전공자가 아니므로, 오개념이 어느 정도 있을 수 있기에 저자 의도 정도로 해서 참고해 주시면 감사하겠습니다.)

In the long run, we are all dead.

장기적 관점으로 본다면, 우리는 모두 다 끝난다.

영국 경제학자 중 대가이신 케인스 경께서 하신 말입니다.

위의 내용에 대해 잠깐 설명을 드리자면, 현대 대부분의 정상적인 국가에서는 상황에 맞춰서 시장 자유와 정부 개입의 적절한 균형을 맞추려고 노력하고 있습니다.

그런데 저 말이 나올 당시에는 시장에는 절대 개입하면 안 된다는 일부 경제학자들이 있었습니다. 어설프게 시장에 개입하면 부작용이 나타날 수 있고, 결국 경제는 시간이 흘러 **장기적 관점(long term)**에서는 좋아질 것이라고요.

292

하지만 케인스 경께서는 장기적으로 보면 경제가 좋아질 수도 있겠지만, 지금 현실 **순간**의 중요성을 강조하셨습니다.

현재의 불경기, 불황, 경제공황 상황에서 사람이 당장 큰일이 나고 있는 순간인데, (미래에는 경제가 괜찮아진다는) **장기적 관점** 타령을 해서 어떻게 하냐고요.

학폭 가해 학생도 마찬가지입니다. 꾸준히 달래고, 어르고, 인성 교육하고 하면 **장기적 관점**에서는 좋아질지도 모릅니다.

친구를 괴롭히던 학생이 어느덧 어른이 되고, 사회생활을 하고, 결혼하고, 가족이 생기면

예전에 내가 왜 친구를 괴롭혔지?

라고 할지도 모릅니다.

사실 가해 학생은 원래는 무던한 성격이었는데, 청소년기와 사춘기 등의 일시적인 일탈이었을지도 모릅니다. 그래서 사춘기를 지나고 철이 들면서 괜찮아질지도 모릅니다.

바로 **장기적 관점**에서는 말입니다.

그런데요. 지금 우리는, 그리고 특히 피해 학생은 장기적인 관점에서

어른이 되어서 살고 있는 것이 아니라 지금 현재, 괴롭힘 당하는 학창 시절 **그 순간**을 살고 있습니다. 물론 학폭 피해자가 결국 버텨내고 **장기적 관점**에서 학교를 졸업하고 가해 학생과 떨어지면 괜찮아질 수도 있겠지만, 지금 **순간과 순간**이 매우 중요한 상황입니다.

물론 이러면, 어떤 사람은 이렇게 말할 수 있습니다.
"학교폭력 긴급조치가 있잖아!"
"가해자에게 긴급조치를 하면 되지!"

그런데 학교폭력 조치는 결국 법적인 절차의 특성상 며칠, 몇 개월 이상씩(소송까지 합하면 몇 년까지도) 해결에 시간이 걸리게 됩니다. 그 기간 동안 가해자 측은 학폭 가해한 것에 대해서 자연스럽게 대응을 고민하게 됩니다. 어른을 예로 들면, 범죄를 저지른 어른이 어떻게 하면 형기를 깎을 수 있을지 고민하고 변호사를 수임하고 대응하는 것처럼요.

그냥 그 **순간** 선생님께 혼나고 앞으로 주의하면 해결될 수 있는 일이 학교폭력 사안 처리 및 소송전으로 가면 법의 구조상 몇 년씩 **장기적**으로 걸릴 수도 있습니다. 없는 사례도 아닙니다. 전학 조치가 나와도 대응하는 경우가 있습니다. 조금만 부지런히 뉴스를 찾아보시면 학교폭력 사안 처리 과정에서 오래 걸리는 시간의 문제로 힘들어하시는 학폭 피해자

학교생활 실전 대처법

분들이 많습니다. 지연된 정의라고 볼 수도 있겠지요. 법의 맹점입니다. 학교폭력 사안 처리 절차 관련 법을 아무리 개선하더라도 가해자가 인정하지 않고 변호사를 수임하고 대응하기 시작하면 근본적으로 3심제이기 때문에, 3심제를 거치면서 오래 걸릴 수밖에 없습니다. 교육적 관점에서는 즉각적으로 훈육해야 하는데, 학교폭력 사안 처리에서는 소송까지 합하면, 경우에 따라 **장기적 관점**에서 몇 년씩 걸릴 수도 있는 것입니다. 그동안 현재 **순간**의 학폭 피해자들은 고통을 받게 되고요. 중요한 부분이라 생각하기에 다시 재차 말씀드립니다.

In the long run, we are all dead.

장기적 관점으로 본다면, 우리는 모두 다 끝난다.

장기적 관점(학폭 관련 소송까지 최대 몇 년간)으로는 학폭 사건이 해결되고 괜찮아질지 몰라도(사실 학폭 피해자는 졸업 이후에도 PTSD 등으로 안 좋아지는 경우도 많음.), 부디 현재 **순간**의 학폭 피해자가 겪는 고통을 생각해 주십시오.

또한, 학교폭력 절차를 진행해보면, 가해자는 경험도 쌓여서 오히려 법을 악용하는 방법을 배울 것 같습니다. 그리고 훈계하는 어른을 대상으로 아동학대로 신고하면 학폭 가해자 본인은 리스크도 별로 없는 반년, 상대방 어른은 아동 청소년 기관에 근무하지 못하게 될 수 있는 인생이 걸린 문제가 됩니다.

따라서 지금 일부 학생들은 본인들이 신성불가침의 존재인 것처럼 미성년자, 촉법소년, 아동을 악용하는 경우가 있습니다.

그렇다고 이런 상황에서 아픔을 호소하는 학교폭력 피해자분들께 합법적인 절차에 맞게 한 교사, 경찰, 교육 당국, 법원 등 관련자 및 관련 기관은 다음과 같이

"우리는 법에 나와 있는 대로 최선을 다했습니다."

라고 하고 그냥 이렇게 상황을 놔두는 게 모두를 위해 좋은 것일까요?

그리고 이런 풍조가 만연하면 이러한 현실 상황을 본 사람들이 나중에 자녀를 낳았을 때 공교육을 믿고 의지할 수 있을까요? **저출산과도 관련된 문제라고 볼 수 있습니다.** 지금 현실 공교육을 안전하지 못하다고 인지하게 되면, 저출산에도 악영향을 줄 수 있습니다. 내 애가 저렇게 학교에서 강자에게 괴롭힘을 당하고, 학교폭력 조치를 했더니 시일이 오래 걸리고 맞폭 등으로 유명무실하고, 자녀가 고통 속에 번민하게 되면, 누가 안심하고 아이를 출산하고 양육하려 할까요?

학교생활 실전 대처법

차라리 무서운 선생님이 문제 학생의 학부모 사전 동의 없이 단독 권한으로 보디캠 달고 즉각적으로 무섭게 혼내고(이때에도 체벌은 안 되며, 법과 사회에서 합의가 된 물리적 교육 방법론을 적용함.) 앞으로 절대 못 하게 하는 게 나을 수도 있습니다. 물론 이 훈육 전담 교사분께는 충분한 민형사 면책 및 훈육에 대한 고강도 트레이닝과 필요시 물리 관련 면허증을 취득할 수 있도록 교육 당국이 지원해 주어야겠지요.

현재 법의 특성상 이 빈틈은 어떤 식으로 개선해도 생길 수밖에 없습니다. 상대방도 법을 이용할 것이고요.

그래서 모든 교사에게 민형사상 많은 면책을 줄 수 없다면, 학교마다 적어도 1~2명의 선발된 교사에게라도 앞서 말한 내용을 적용하는 것도 방법입니다.

또한, 이러한 훈육 전담 교사들이 항상 무섭게 혼낼 필요가 없습니다. 이제 이렇게 되면 학생들(특히 강약약강 스타일)도 눈치를 보기 때문에 이 훈육 전담 교사가 학교 내에서 분위기만 잡아도 학폭에 대한 억지력이 자연스럽게 생기게 됩니다. 마치 과거의 학주(학생주임)처럼요.

물론 이 훈육 전담 교사분께는 지원비 또한 충분히 주셔서, 혼난 학생한테 따로 밥도 사주면서 좀 기분도 풀어주고 달래는 것도 할 수 있도록 해야 합니다. **가장 중요한 것은 최종적으로는 가해든 피해든 학생의 기분을 풀어주는 게 필요하다고 생각합니다. 혼낼 때 혼내더라도 이후 이 학생의 기분을 풀어주는 것이지요. 결국 우리 사회에서 함께할 시민들입니다.**

과거에는 무서우시면서도 마음 따뜻한 선생님께서 가해 학생의 잘못(특히 친구 왕따, 괴롭힘 등)에 대해 영혼이 나갈 정도로 무섭게 혼내시면서도(분위기 엄청 잡으시고, 체벌은 아니지만 필요한 교육적인 물리적 제스처를 하시면서) 또 끝나면 따로 밥(분식이나 짜장면 등)도 사주시면서 가해 학생의 이야기도 들어주시고 기분을 풀어주시기도 하셨습니다.

물론 이 학생이 한 번에 안 고쳐지면 또 이렇게 반복이지요. 또한, 필요시 (방송에서 사람들이 말하는 역지사지 의미로서의) 거울 치료처럼 똑같은 상황을 만들어주는 것도 교육적으로 필요할 때가 있습니다. 어떤 사람은 상상력이 부족해서인지 진짜 똑같은 상황에 있어보아야 그때 가서 피해자의 처지에 대해 공감하기도 합니다.

위의 방식이 "가해자가 자연스럽게 맞폭을 준비하는 등 법적으로 방어하게 만드는 학폭 사안 처리 절차 방식"보다 경우에 따라 더 괜찮을 수도

학교생활 실전 대처법

있지 않을까요? 법적으로 기록 남기기 방식은 오히려 가해자의 불안감을 자극해 저항하게 만들고, 이 상황에서 피해자와 가해자 모두 힘든 시간을 겪게 될 수 있습니다. 그냥 그 순간 교사가 무섭게 혼내서 못 하게 하고 이후 이 학생의 기분을 풀어주는 것이 더 나을 수도 있습니다. 지금은 아동학대로 신고당해서 소명하는 게 쉽지 않기 때문에 일선의 교사들도 못 하고 있지만요. 물론 못함으로써 발생하는 피해는 우리 선량한 학부모님, 학생, 교사들이 감당하고 있습니다.

또한, 학폭에서 그나마 센 조치가 전학이나 퇴학인데, 전학은 결국 다른 학교 보내기이고 퇴학 또한 해외 추방이 아니라 우리 사회에 있게 되는 것입니다. 이러면 공교육에서 문제행동을 한 학생이 제도권에서 이탈되고 관리가 효과적으로 안 될 수도 있습니다. 이는 이후 더 큰 사회적 비용 부담이 발생할 수 있습니다.

이렇듯 법적인 절차는 상대방이 맞폭, 취소소송 등을 하게 되고, 그 과정에서 **장기적 관점**으로 기간은 길어지게 될 수 있습니다. 이러면 가해자의 인정과 사과 및 화해는 없어지고, 피해자 또한 대응하다 보면 서로 상처가 남을 것 같습니다.

그래서 모든 교사에게 민형사상 많은 면책이 어렵다면, 이렇게 훈육을 전문으로 충분히 트레이닝되었으며, 실질적으로 효과성 있는 수준의 면책과 권한을 부여받은 훈육 전문 교사에게라도 적용해 주면 어떨지 생각해 보았습니다.

주의 사항 : 아예 새로운 정책이기 때문에, 이 정책에 대하여 연구 용역 및 시범 운영 학교 등을 하게 될 수도 있습니다. 그러려면 몇 년은 걸리고 그사이에 정책이 흐지부지될 수 있습니다. 또한, 훈육 전문 교사라는 제도가 말이 쉽지 막상 디테일한 규정과 운영은 결코 쉽지 않을 것입니다.

3) 학교생활 동의서(수술 동의서 효과)

학부모의 책무성을 강화하기 위해서, 사전에 자세한 학교생활 안내서를 제작하고 의무적으로 동의를 받게 합니다. 그리고 주기적으로 필수 의무 연수를 듣게 합니다.

보통 문제를 일으키는 학생을 보면 사실 평소에 학생이 과제도 제대로 안 해오고 작은 사건 사고를 빈번하게 발생시키는 경우가 꽤 있습니다. 게다가 해당 학생의 학부모 또한 서류를 기한 내에 제출하지 않거나 필요한 부분에서 협력이 안 되는 경우도 많습니다. 그런데 대형 사건 사고가 생기면, 학부모 본인에 대한 반성은 없고 담임교사의 생활지도 미흡을 문제 삼기도 합니다. 학부모는 교육의 3주체 중 하나이시고, 학생의 성장을 위해서 **권한과 책임은 쌍무적이어야 하는데, 현재 균형이 맞지 않습니다.**

극소수의 일부 학부모 중에는 자녀에 대한 가정교육을 매우 미흡하게 하면서 또한 학교에서 교사가 그 자녀에 대한 교육을 제대로 못 하게 방해를 하는 경우가 있을 수 있습니다. 그런데 막상 이 자녀가 다른 친구들에게 크게 사건 사고를 일으키면 학교 탓을 하는 경우가 있을 수 있습니다. 따라서 수술 전에 동의서를 받는 것처럼, 입학 혹은 전학 전에 학교생활에 대해서 교육부 혹은 교육청 차원에서 동의서를 받게 합니다. **이후 평소에 학기 중 담임교사가 부여하는 일반적인 과제 제출, 서류 제출, 가정생활 지도 과제 등에 대하여 학부모가 제대로 협력 이행하지 않으면 학교 공교육에 대한 학생 방치로 간주합니다.** 그리고 그에 대해 과태료를 내게 하거나 학부모를 대상으로 하는 원격 의무 연수 및 필수 통과 시험 등을 부여하도록 합니다.

이러한 방식으로 학부모와 교사가 아동(만 18세 미만)에 대해 책무성을 가질 수 있도록 합니다. 즉, 공교육의 전문성을 가진 교사가 정당하게 부여한 과제나 생활지도에 대해 학생이 준수하지 않고 학부모도 협력이 되지 않으면, 학부모도 함께 책임을 지도록 하는 것입니다.

또한, 뉴스를 보면 자녀가 사회적 불의를 일으키는 범죄(성범죄 포함)를 저지르는데도 자녀를 두둔하는 부모도 있습니다. 이러한 유형의 학부모에게 동의 및 협력을 바탕으로 학생에게 정당한 생활지도를 하는 것은 사실상 어렵습니다. 잘못을 저지른 자녀에게 교사가 생활지도를 하는 것에 대해서 매우 반대를 할 것이니까요. 따라서 이러한 극소수의 학부모도 있을 수 있기 때문에, 경우에 따라 학부모 동의 없이도 학교가 단독권한으로 학생생활지도를 할 수 있는 실질적 권한을 부여 받을 필요가 있습니다. 그래야 선량한 학생들이 안전하게 보호 받을 수 있습니다. 또한, 정당한 생활지도에도 해당 극소수의 학부모가 악의적으로 항의를 하고 불필요한 행정적 낭비를 초래한다면, 법적인 처벌 이외에도 그 학부모를 대상으로 생활지도 이론 연수와 실습까지 일정 기간 하고 통과 시험도 볼 수 있도록 해서 공교육 생활지도의 실제를 공부할 수 있도록 하는 제도를 도입할 필요가 있어 보입니다. 그리고 이러한 부분에 대해서 입학 전에 동의서를 교육부나 교육청 차원에서 받도록 합니다.

특징 : 학부모의 의무와 책임에 대해서 학부모도 명시적으로 인지할 수 있습니다.

주의 사항 : 수술 동의서를 받아도 소송할 사람은 하는 것처럼, 제도가 유명무실화되지 않게 지속적으로 관리가 필요합니다. 그리고 학부모 필수 의무 연수의 경우 잘못하다가는 교직원의 추가적인 업무가 될 수 있

302 학교생활 실전 대처법

습니다. 서류 제출도 제때 제대로 못 하는 그런 일부 학부모의 경우, 이러한 필수 의무 연수를 제대로 들을 수 있을지 궁금합니다.

비고 : 현재 여러 가지 상황으로 인해서 소아과는 폐과 선언을 하기에 이르렀습니다. 또한, 실제로 방송에서도 소아청소년과 의사 선생님이 출연하셔서 악성 민원의 힘듦을 호소하는 경우도 있었습니다.

이런 식이면 공공 교육, 공공 의료에서 이런 극소수의 학부모로 인해 다수가 피해를 보게 됩니다. 역량 있는 인재 중 누가 교육을 하고 누가 소아과 진료를 보겠습니까? 그리고 이렇게 다수가 피해 보는 상황을 알고 있는데 누가 안심하고 아이를 낳고 키울 수 있을까요? 게다가 이런 극소수가 지나치게 이기적으로 권리 주장만을 하게 되면 다른 사람들 또한 물들게 됩니다.

문제 학생과 이런 문제 학생을 키우는 부모를 차별하자는 것이 아닙니다. 문제행동을 하고도 반성이나 협력을 안 하는 행위에 대해서 소아과 의사 및 교사 또한 지도를 실제적이고 효과적으로 할 수 있도록 쌍무적인 장치를 해야 합니다. 아무리 의사와 교사가 악성 민원인에 대해 힘듦을 호소해도 이런 극소수는 절대 안 변합니다. 실제적인 장치를 해야 변하고, 그래야 소아과 의사 선생님들과 학교 선생님들이 안심하고 지도할 수 있게 됩니다. 이는 다른 공공 영역에 종사하는 분들께도 그 적용을 생각해볼 수 있겠습니다. 또한, 아무리 방안을 만들어도 어떻게든 최대한 회피를 해서 교사나 의사 등 공공 영역의 종사자들을 힘들게 하는 경우가 있을 수 있습니다. 이러한 부분도 고려해야 할 것입니다. 구체적인 내용은 다음과 같습니다.

부드러운 말로 교사와 의사를 힘들게 하는 경우

아무리 악성 민원을 근절하자고 공공 영역 종사자들이 호소해도, 항상 그렇듯이 극소수는 절대 말을 듣지 않습니다. 예를 들어, 시험 볼 때 감독관이 "이거는 절대 하시면 안 됩니다."라고 해도 종종 일부 수험생은 말을 안 듣고 해버리고 이후 컴플레인을 하는 것처럼요. 아무리 호소해도 어떤 사람들은 교사와 의사 등 공공영역의 종사자들을 겉으로는 부드럽게 합법적으로 괴롭히는 경우가 있을 수 있습니다. 그리고 이렇게 부드러운 언행으로 합법적이면서도 악랄하게 괴롭히는 방법이 정말로 다양합니다. 이런 경우 갑질 신고도 어렵고, 만약 관련 기관에 의뢰해도 "(법적으로는) 갑질 아니다."라고 판정이 나올 가능성이 없지 않습니다.

물론 이런 사람들은 정말 일부일 것입니다. 하지만 공공 인프라에 타격이 큽니다. 똑똑하신 의사 선생님들조차도 악성 민원에 대해 어려움을

학교생활 실전 대처법

호소했을 정도니까요. 교사들도 생활지도를 못 하게 되고요.

그런데 막상 이것을 형사처벌하자니 쉽지 않습니다. 어쨌든 해당 사람은 "나는 그냥 좋은 말로 이야기한 거다. 절대 협박하지 않았다."라고 나올 테니까요. 하지만 막상 자격증을 취득해서, 그 자격증을 근거로 업무를 하는 사람들 입장에서는 부담되지요. 그래서 현재 역량 있는 현직 교사 중에는 다른 전문직으로 떠나거나, 소아과에서 악성 민원을 포함한 여러 가지 어려움으로 인해 다른 과로 가시기도 하십니다.

이는 공공 인프라에 악영향을 주고, 이로 인해 시민들의 불안감이 올라갈 수 있습니다. 더 악화되면 공공 인프라의 역량은 떨어지고, 시민들은 공공 인프라의 역량에 불신감을 가지게 되겠지요. 더 심각해지면 (어차피 공교육에서 교사는 이제 학생들 관리를 사실상 못하니) 그래도 학군지는 그나마 부모가 애들 관리하겠지라는 마음으로 이사를 하게 됩니다. 이러면 비학군지는 더더욱 비인기가 되고 점점 악화가 양화를 구축하게 되며 악순환에 빠질 수 있습니다. 그리고 이게 강화되면 저출산을 가속화시킬 수도 있습니다. 학창 시절 친구를 괴롭히던 학생으로 인하여 안 좋은 기억을 가졌는데 아이를 낳고, 아이를 키우고 싶을까요?

따라서 **부드러운 말로 형사처벌을 피하는 방식**으로 의사와 교사를 괴롭히는 경우, 공공 인프라를 위해서 형사처빌을 하지는 못하더라도 민원의 횟수와 시간에 비례해서 부모도 그만큼의 필수 연수를 듣고 시험을 보게 하는 식의 방법도 생각해 보면 좋겠습니다. 아무리 부드러운 말로 민원을 넣었더라도 대응해야 하는 시간이나 횟수적으로 과도하면 형사처벌은 어렵더라도, 그에 비례해서 연수도 듣고 시험도 보게 하는 것이지요. 이를 거부하면 과태료를 내도록 하고요. 이는 다른 직렬의 공무원 쪽에도 적용해서, 민원인과 공무를 담당하는 사람이 서로 쌍무적으로 엮일 수 있도록 하면 좋을 것 같습니다. 지금 상태에서는 민원인을 서운하게 만들기만 해도 부담이 되는 상황이라 적극적인 행정을 매우 어렵게 할 가능성이 있기 때문입니다.

4) 관리자의 권한, 책무성, 역량 강화

대부분의 많은 관리자(교장, 교감)들은 교사 출신이고, 또한 (일부 예외 상황을 제외하면) 담임교사로서의 생활지도 경험이 많다고 생각합니다. 그래서 교장, 교감의 위치에 있는 경우 탄탄한 실무 경험을 바탕으로 현장을 잘 알고 있다고 생각합니다. 그리고 모든 교장, 교감 선생님들은 훌륭하시고 좋으신 분들이라고 생각합니다.

그런데 만약 미래에 어떤 관리자의 리더십 성향이 다음의 특징을 갖고 있다고 가정해 보겠습니다.

(1) 올챙이 적 생각 못 하고 보신주의가 지나치게 강함.
(2) 교직 현장이 급변하는 상황에서 과거의 경험만을 우선시하는 경향
이 너무 큼.

이는 학교 운영에 좋은 영향을 준다고 보기 어려울 것 같습니다.

(1)의 경우는 학생 수업 및 생활지도나, 학부모 대응을 최대한 어떻게든 회피하고 문제 발생 시 일선 교사들을 앞에 두는 것 등이 해당합니다. 그리고 어떤 학생이 다른 친구 및 교사를 대상으로 범죄를 저질렀는데, 실질적인 대책은 회피하고 오히려 피해자인 교사에게 가해자인 학생을 달래주라고 지시하는 경우도 해당할 수 있습니다.

(2)의 경우에는 상황을 잘 알아보지도 않고, 그냥 교사에게 무조건 학생이나 학부모께 사과하라고 하는 경우 등이 해당합니다. 과거에는 사과하면 넘어가는 경우가 많았으니까요. 시대의 흐름에 따라 이제 상황은 바뀌는데 과거의 경험을 여전히 적용하는 것이지요. 마찬가지로 학생들은 계속 세대가 바뀌는데 정작 교장, 교감은 그에 대한 감이 떨어져 있어서 같은 학교 공간에 있는데도 현실과는 괴리된 지시를 하는 경우 또한

해당할 수 있습니다.

위의 내용은 문제가 될 수 있는 리더십 성향을 가정한 것이고, 그러한 분은 없으실 것으로 생각합니다.

물론 인간으로서 보신을 생각하는 마음이나, 과거의 경험을 바탕으로 새로운 상황에 적용하는 것은 어쩔 수 없습니다.

그러나 만약 미래에 위의 두 가지 성향들이 지나치게 강한 교장, 교감이라면 일선 교사들은 무기력해질 수밖에 없습니다. 그리고 이는 공교육의 위기로 이어질 수 있습니다.

만약 해당 성향이 강한 교장 혹은 교감이 "오케스트라 지휘자가 직접 연주를 하는 것은 아니다."라는 비유적 논리로 직접적인 현장 대응을 기피하려는 성향이 강하다면, 교육 선진국 중에서는 교장이 학생 생활지도 및 학부모 민원을 직접 응대하는 경우가 꽤 있다는 것을 말씀드리고 싶습니다. 그리고 비유라는 것은 비유되는 대상들이 겉으로는 비슷해 보이지만 구체적인 부분에서는 양상이 다를 수 있기 때문에 조심해서 사용해야 하는 화법입니다. 겉으로 보이는 속성이 비슷해 보인다고 비유법을 쓰는 것은 논리적으로 위험할 수 있습니다.

학교생활 실전 대처법

또한, 만약에 혹시나 관리자의 보신주의 또는 과거의 경험 우선시가 지나치게 강하다면, 교사들 또한 마찬가지로 그렇게 될 개연성이 커지게 됩니다. 그래서 리더가 말만 앞세우고 정작 솔선수범을 회피한다면, 교원들도 열심히 할 유인이 떨어지겠지요.

한편으로 다른 나라에도 다음과 같은 말이 있습니다.

"An army of sheep led by a lion

can defeat an army of lions led by sheep."

양이 이끄는 사자 군단보다 한 마리의 사자가 이끄는 양 군단이 더 강하다는 뜻인데요. 그만큼 리더가 중요하다는 의미이기도 합니다.

물론 모든 관리자분들은 학생과 학부모, 해당 학교 일선 교사에 대해 책임감을 가지시고 최선을 다하시는 분들이라고 생각하며 또 그렇게 믿고 싶습니다.

그리고 이러한 책무성 강화 및 요즘의 학생들을 직접 대하는 역량을 유지해드리기 위하여, 교장과 교감에게 1시수라도 주당 혹은 격주 의무 수업 시수를 만드는 등 지속적으로 직접적인 상황을 체험해보게 하는 것도 방법이라 볼 수 있겠습니다. 실제로도 교장 선생님이 일정 주기로 교실에 들어와 직접 수업하시는 경우, 교감 선생님이 일성 수기로 교실에 들어와 직접 수업하시는 경우가 둘 다 있었습니다. 계속 학생들과 직접 소통하시는 것이지요. 그리고 이를 바탕으로 실제적인 수업 및 생활지도 개선을 고민하시고 담임교사들과 경험을 공유하시는 훌륭하신 분들이셨습니다.

한편으로 같은 학교라는 공간에 있어도 교직원 중에는 학생 생활지도의 어려움을 직접 체험하는 사람과 간접 체험하는 사람은 기본 마인드 세팅이 다를 수도 있습니다.

이렇게 꾸준히 직접 경험해 보시는 관리자분들은 안 그래도 바쁘실 텐데도, 솔선수범하시는 매우 존경스러운 분이실 것입니다. 이런 분이 일선 교사들에게 지시를 하시면, 교사들이 안 따르려야 안 따를 수가 없습니다. 또한, 이러한 솔선수범은 충분히 보상받고 장려되어야 합니다. 그리고 이러한 솔선수범이 권장되는 방향으로 보상 체계가 만들어져야 합니다.

실제로 중국 전국시대에 오기라는 사람이 있었는데요. 이 사람은 장군임에도 병사와 같이 숙식하고 고통을 분담하니 병사들이 강군이 되었습니다.

학교생활 실전 대처법

중국의 사례뿐만 아닙니다. 우리나라 조선 시대 당시 조선 수군도 마찬가지였습니다. 충무공 이순신 장군님께서 직접 진두지휘하셨을 때와 다른 사람이 지휘했을 때 그 차이가 컸습니다. 그만큼 지휘관인 리더의 솔선수범은 매우 중요합니다.

관리자는 리더십 포지션에 있으며 일종의 지휘관입니다. 물론 지휘관이 1차적인 실무 모든 것을 다 할 수는 없습니다. 그래서 관리자를 임시가 아닌 정규 담임교사로 하는 것은 어려운 부분이 당연히 있습니다.

그럼에도 요즘 최신의 상황(실제 수업, 실제 생활지도)을 직접 실시간으로 체험해볼수록 좀 더 실제적인 학교 운영을 할 가능성이 커집니다. 과거에 경험해 보았다고 해도, 지금은 또 다른 양상입니다. 세대는 계속 변하고 있기 때문입니다. 과거에는 이 정도로 고소와 고발의 시대는 아니었기도 하고요.

만약 학생 생활지도에 대한 감각이 매우 떨어지신다면 일선 교사들에게 현실과는 괴리된 지시를 하는 경우도 있을 수 있습니다. 따라서 관리자 또한 일선의 교사들과 생활지도 및 학부모 민원 대응을 직접적으로 함께하는 것이 좋습니다.

"내 고뿔(감기)은 남의 중병보다 더 아프다."라는 말이 있습니다. 관리자도 직접적으로 민원을 응대하고 학생 생활지도를 직접 해봐야 더 실제적인 대안들을 세울 가능성이 높습니다. 그리고 교장들끼리 이러한 현실적인 고통을 직접 체감하면 같이 의논해서 교사들과 함께 목소리를 높일 수 있고요. 실제로 지금도 교사들의 고통을 실감하고 생활지도 개선에 대해서 강력하게 어필하시는 관리자들이 매우 많습니다. 그리고 일선 교사들을 위해서 본인 징계(해임, 파면 등)를 각오하시고 노력하시는 교장선생님께서 공교육 개선에 대하여 방송에서 떨리는 목소리로 말씀을 하신 것을 들었던 기억이 있습니다. 정말 존경스러운 분들이시고, 그리고 모두들 공교육 정상화라는 대의 앞에서 한뜻 한마음이라고 생각합니다.

그럼에도 한편으로 지금은 모르겠지만, 미래에 교내 범죄 상황에서 교사 혹은 학생들을 보호하지 않아 나중에 학생들이 관리자(교장 혹은 교감) 없는 졸업식을 요청하는 사건이나 위기 시 교사를 앞에 세우는 관리자도 있을지도 모릅니다. 좋으신 분들도 많이 계시지만, 시스템을 바꾸지 않으면 앞으로 이러한 상황이 발생할 가능성이 없지 않습니다.

그리고 위의 미래 상황을 방지하기 위해서, 제대로 관리자로서 역량을 발휘 안 하거나 못 한다면 언제든지 관리자에서 내려와 평교사로서 소임을 다하실 수 있도록 해드리는 것도 방법입니다. 학급 관리는 잘하시는

학교생활 실전 대처법

데 학교 관리 부분은 역량이 미흡하신 분도 있을 수 있으니까요. 마치 회사에서 대리나 과장으로서의 업무는 잘하는데, 막상 승진해서 이사로서의 업무는 잘 못하는 것과 같은 상황인 것이지요. 이는 모두에게 불행한 일이 될 수 있습니다.

또한, 관리자 내에서도 마찬가지입니다. 만약 혹시나 미래에 교장이 부담되는 상황에서 뒤로 물러나 교감을 앞에 세우는 경우가 있다면, 이 또한 개선해야 합니다. 교감은 중간 관리자쯤 되는 포지션이라 억울한 상황도 많을 수 있기 때문입니다. 물론 요즘 교장 선생님들도 각종 민원 등으로 힘드신 경우도 있으시겠지요. 학교 내에서 제왕적인 리더십을 이젠 발현하기도 어렵습니다. 그뿐만 아니라 학생과 학부모가 억지를 쓰면 어떻게 대응하기 어려워서 교사를 보호해 주기도 어려운 게 현실입니다. 이 부분에 대해서도 대안이 필요합니다. 기본적으로 권한과 책임은 비례해야 한다고 생각합니다.

또한, 현대의 학교 행정은 매우 복잡하고, 따라서 교장, 교감 승진 대상자에게도 다양한 자격 연수가 시행되는 것으로 알고 있습니다. 다만 좀 더 본격적으로 하기 위해서, 승진 진입 장벽으로 PSAT(공직적성평가)를 도입하는 것도 방법입니다.

그동안 쌓아온 승진 점수를 바탕으로 승진하는 것도 좋지만, 더 중요한 것은 현재의 역량입니다. 그리고 그러한 역량 평가는 공신력이 있으면서도 표준화된 시험이 할 수 있습니다. PSAT는 이미 10년 넘게 시행되어왔으며 언어, 자료, 상황적으로 매우 잘 역량을 평가할 수 있는 시험이라고 생각합니다.

예를 들면 다음과 같이 도입하는 것도 방법일 것 같습니다. 이 시험을 N배수(예를 들어, 그해 교감을 원하는 평교사 중 1.5배수 선발) 안에 든 사람에 한해서 그동안 모은 승진 가산점 등에 대해 평정을 진행하고 이후 교감, 교장 승진을 할 수 있도록 하는 것입니다. 사실 학교는 다양한 변수들이 있는 곳이고 법적으로나 행정적으로 매우 빠르게 판단하고 기민하게 대응해 나가야 할 때가 많습니다.

이러한 기민성은 수능이나 PSAT같이 제한된 시간 내에서 볼 수 있는 시험으로 역량을 확인하면 좋습니다. 그래서 (지역에 따라 다르지만) 농어촌, 부장 업무, 연구 대회 등으로 고생한 것만으로 이런 순식간의 상황 판단이 필요한 부분 관련 표준화된 역량 체크가 제대로 될 것인지 조금 미지수입니다.

그리고 또한 역량이 검증된다면, 마흔 살 교장 선생님도 나올 수 있다

314

고 생각합니다. 시대에 빠르게 대응하는 대기업을 포함한 회사에서도 역량이 있다면 젊은 이사진이 나올 수 있습니다. 또한, 서유럽 선진국에서는 30대가 총리같이 높은 자리까지 올라갔습니다. 역량이 있고 잘 운영할 수 있다면 그 역량에 맞는 자리를 주는 것이지요. 일국 총리급의 자리가 학교 관리자 자리의 무게보다 가볍다고 생각하지 않습니다. 우리나라 공교육 또한 시대정신에 발맞춰야 합니다.

그래서 정말 진정으로 공교육에 대해서 말뿐이 아닌 솔선수범과 역량이 있다면 마흔 살 교장도 충분히 학교를 잘 이끌 수 있습니다. 또한, 이분이 정말 실력이 있다면, 교장 임기가 끝난 이후에도 교육공무원임용령 제9조의6에 나오는 수업 시간 경감 등의 원로 교사 제도 없이도 평교사로서의 역할을 잘 해내리라 생각합니다.

물론 위의 경우에도 정성만으로 관리자를 선발하는 것이 아니라 **PSAT 같이 표준화된 역량 평가 시험으로 일단 통과를 해야 할 것입니다.** 지식형 시험이 아니므로, 공부에 그리 많은 시간이 필요하지 않습니다. 그리고 이미 공무원 다른 직렬 중에는 PSAT를 도입한 곳도 꽤 있습니다.

기본적으로 역량이 있는 사람은 이 시험에 대해 유형 파악만 하면 충분히 PSAT 고득점할 수 있습니다. 따로 준비하는 데 시간이 그리 걸리는 시험이 아닙니다. 세나가 그 사람의 입직을 평가하는 정성적 요소는 기준이 애매모호할 수 있기 때문에 이렇게 표준화된 역량 평가 시험과 병행할 필요가 있습니다.

즉, 결론은 다음과 같습니다. 교장 혹은 교감 자리는 그간 고생했다는 이유만으로는 승진하는 자리가 되어서는 안 되고, PSAT처럼 표준화된 시험으로 역량 체크가 기본으로 들어가며 또한 그만큼 책무성(근태 포함) 을 가진 자리여야 합니다. 따라서 관리자에게 충분히 권한과 책임을 비례 해서 실제적으로 부여하고, 승진을 원하는 교사들은 역량에 대한 평가로 PSAT를 볼 수 있도록 하는 제도의 도입 또한 방법이라고 생각합니다.

특징 : 역량 있는 지휘관(교장)과 실무진(일선 교사)이 혼연일체가 될 수 있습니다.

주의 사항 : 지휘관(교장)이 학부모에게 직접 고소 고발당할 시 학교 전체 운영이 어려워질 수 있습니다. 보완이 필요합니다. 또한, 교장과 교 감에게 책무를 실제적으로 더욱 부여할 것이라면, 그만큼 비례해서 실제 적으로 효과성 있는 권한도 주어야 합니다.

학교생활 실전 대처법

5) 체벌의 명확한 정의와 생활지도 가이드라인 개선

먼저, 체벌이라는 것이 무엇일까요? 문자 그대로의 해석은 신체에 벌을 주는 것입니다. 체벌에 대해 여러 가지 의견이 있겠지만, **저는 체벌의 도입에 반대합니다.** 소싯적 학교에 다녔던 분들은 아시겠지만, 공부 못해서 맞고 품행이 방정치 못하다 해서 맞고 이런 경험 있으실 겁니다. 물론 이러한 체벌이 아예 효과가 없는 것은 아니겠지만, 그만큼 부작용도 크다고 생각하기에 저는 신체에 벌로서 가하는 의미의 체벌은 반대합니다.

다만, 어떠한 경우에도 학생 신체에 손을 대선 안 된다는 것에 대한 부분은 고려할 여지가 있습니다. 예를 들어, 폭력적인 학생이 친구를 마구 때리고 있는데 거기서 "이러면 안 되어요~. ○○학생, 진정하세요~." 이러면 효과가 있을까요? 물리적으로 신체에 멍이 들더라도 해당 학생을 제압해야 할 때가 있습니다. 대부분의 학생은 상식적이지만, 상식적이지 않은 학생도 있고 예상치 못한 상황도 있습니다. 이러한 부분에 대해서 명시된 규정이 없어서, 그동안은 애매모호했고 이를 가해 학생이 노려서 자신을 말리는 교사를 신체적 아동학대로 엮어버리는 경우도 있을 수 있었습니다. 피해자에게는 맞폭으로, 말리는 교사에게는 아동학대로 대응하는 것이지요. 물론 최근에서야 물리적 제지에 대한 내용이 보다 구체적이고 명시적으로 들어가게 되었습니다.

여기에 저는 추가로 하나 더 말씀드리고 싶습니다. 긴급한 상황에서의 물리적 제지뿐만 아니라 교육적 목적에서의 물리적 방법론입니다.

학생들 중에서는 아무 이유 없이 친구들을 툭툭 때리는 경우가 있습니다. 그리고 교사가 뭐라고 하면 중단은 하지만 이후로 이러한 행동을 몰래 반복하고, 나중에 당한 학생들이 매우 짜증이 나 있는 경우가 발생합니다. 학교폭력으로 신고하면 되지 않냐고요? 본문에서도 한참 설명했지만 학교폭력으로 신고했다가 쌍방으로 엮이거나 몇 년씩 걸리는 경우가 있을 수 있습니다.

또한, 각종 징계를 하려고 해도 학교폭력과 마찬가지로 상대방이 변호사를 수임하고 각종 민원과 신고를 넣으면 실제적으로 학교 상황이 매우 어려워집니다.

교사가 즉각적으로 생활지도를 하는 게 가장 효과적입니다. 이때 교사가 경우에 따라 말로만 지도하는 것으로 충분치 않을 수 있습니다.

많은 학생들도 교사가 '자기를 말로만 뭐라 하지 어쩌지 못하는 것'을 잘 알고 있습니다. 자신을 어쩌지 못하고 또한 이렇게 하나도 안 무서운 사람이 뭐라고 하면 과연 통할까요?

적어도 교육적 목적에서 다른 친구를 괴롭히는 학생의 경우 다음과 같은 방식도 명시적으로 도입되었으면 합니다. 교육적 목적의 물리적 방법론의 예시로 다음과 같습니다.

교육적 목적의 물리적 방법론 예시

평소에 A 학생이 친구들을 툭툭 건드리고, 기분 나쁘게 하고 난리를 칩니다. 생활지도를 말로써 여러 차례 해도 안 통하고 학부모님도 협력이 잘 안 됩니다. 그리고 워낙 예민해서 학교폭력을 걸면 맞폭으로 대응하고, 징계를 하려고 하면 이에 대해 각종 법적 대응을 한 경험이 있는 학부모님입니다. 기록 남는 것을 매우 기피하시지요.

그리고 A 학생은 본인은 친구들 건드리면서 정작 친구가 자신을 건드리면, 마치 신성불가침의 존재처럼 난리를 칩니다. 이래서 많은 학생들이 학교에 오기 싫어하게 되는 상황입니다.

이때 쉬는 시간 중 B 교사는 일단 상황 자체를 중지시키기 위해서 다시 한번 A 학생에게 이야기하지만 A 학생은 억지를 부리고 뻗댑니다. 그리고 그날도 다른 얌전한 학생을 툭툭 치면서 울렸습니다. 결국, B 교사는 **교육적 목적에서 역지사지로** A 학생을 툭 치면서 얘기합니다.

B 교사 : 야, A. 내가 너 둑 치니까 기분 좋나? 내가 세속 이렇게 둑 치면서 얘기할까?

B 교사는 이어서 얘기합니다.

B 교사 : 내가 너 공부 못한다고 뭐라 했냐? 그냥 친구 건드리지 말라고 수십 번 얘기했다. 친구 안 때리는 게 그렇게 힘드냐? 앞으로 친구 괴롭히면 나도 이제 툭툭 칠 거야. 널 싫어해서가 아니라 이거 못 고치면 나중에 커서 사회생활하기 힘들어서 그래.

이후에 물론 A 학생도 혼나서 속상할 수 있습니다. 보통 평소에 친구를 괴롭힌 아이가 정작 자신이 혼나는 것엔 취약한 경우가 많기 때문입니다. 집에 가기 전에 교사가 다시 한번 A 학생을 불러 맛있는 것도 사주면서 이야기도 나누고 기분을 풀어줍니다.

위와 같은 진행 과정도 충분히 도입해볼 만한 방법이 아닐까 싶습니다. 그리고 학생의 인권을 생각하는 교육 선진국에서도 상황에 따라 교육적 목적의 물리적 행사는 허용하는 경우가 있습니다. 게다가 국내에서도 판결 중에서는 맥락에 따라 딱밤이나 꿀밤 정도는 아동학대로 보지 아니하는 경우도 있습니다.

학교폭력이나 징계 절차는 정말 몇 년씩 걸릴 수 있고, 가해 학생도 법적으로 대응하는 과정에서 정작 실제적인 교육은 실종됩니다. 이는 가해 학생, 피해 학생 모두에게 좋지 않습니다.

신체에 벌로써 주는 것은 금지하되, 필요한 경우에 따라 교육적 목적의 물리적 방법은 명시적으로 허용할 수 있게 하는 것도 고려할 필요가 있습니다.

특징 : 학교생활은 갑작스러운 변수가 매우 많기에 교사가 대응해야 하는 영역이 넓습니다. 이때 필요시 교육적으로 물리적 방법을 쓸 수 있게 하면, 실무가의 입장에서 상황을 해결할 수 있는 방법들이 보다 다양할 수 있습니다.

주의 사항 : 이 방법은 매우 주의해서 써야 하고, 어디까지나 친구를 괴롭히는 등 명백하게 교실 질서를 붕괴시키는 학생에게 한해 사용할 필요가 있습니다. 특히 공부 못한다고 물리적 방법을 쓰는 것은 좋지 않다고 생각합니다. 공부가 더 싫어질 것입니다. 또한, 교사가 물리적 방법을 사용한 후에도 가해 학생의 마음을 풀어주는 것이 필요합니다. 한편으로

부모의 사전 동의를 받는 것은 실제적이지 못합니다. 콩콩발발일 가능성이 높기 때문입니다.

또한, 만약 보신주의가 너무 강한 관리자(교장 혹은 교감) 스타일이라면 물리적 방법론에 대해 사전 승인을 안 해줄 가능성도 있기에 유명무실화될 수 있습니다. 따라서 이에 대하여 충분히 전문 연수를 듣고 훈련받은 교사가 단독 권한으로 진행할 수 있도록 해야 합니다. 그리고 이에 대해 법적으로 충분한 권한을 줄 필요가 있습니다.

물리적 방법론에 대한 보충 설명(사적 제재 상황)

만약 지금의 상황이 계속된다면, 학부모님들이 형사처벌을 각오하고 법의 빈틈을 메울지도 모릅니다. 뉴스에서도 종종 아래 상황들이 나오는데, 마음이 아픕니다.

1. 학폭 피해 부모님이 직접 가해 학생을 훈육하다가 형사처벌당함.
2. 학폭 피해 부모님이 심부름하는 사람들을 고용하게 됨.
3. 학폭 피해 부모님이 학폭 가해자에게 N년마다 주위에 알리겠다고 강조함.

이때 여론을 보면 이러한 행위에 대해 비난하기도 하지만 부모의 마음에 공감하는 말도 없지 않습니다.

이렇게 사적 제재를 호응하는 분위기가 사회에 흐르면, 무협지 책에서나 보던 **강호 무림 협객의 시대**가 열릴지도 모릅니다. 사람들이 사적 제재를 하고 미디어에 올리면 다른 사람들이 응원하고 격려해 주는 것이지요.

이게 농담이 아니라, 해당 영상이나 글에 달린 댓글들을 보면 사적 제재에 대해 사람들이 호응하는 여론이 없지 않습니다.

이게 만약 전체의 여론이 되면 큰일이 납니다. 사적 제재에 대해 너도 나도 참여하고 응원받을지도 모릅니다. 그런데 사적 제재에는 부작용이 많습니다. 힘들게 우리나라가 여기까지 만들어 놓은 법치국가 질서에 위기가 생길 수도 있습니다.

차라리 정부가 그래도 상대적으로 통제할 수 있는 공교육 교사들에게 물리적 방법론을 적절히 풀어주는 게 현실적인 상황에서 나을 수도 있습니다.

그래서 문제행동에 대하여 학부모의 동의 없이 교사의 단독 권한으로 필요한 물리적 방법들을 사용할 수 있게 하는 것이지요. 애초에 문제 학생의 부모는 뉴스에도 나오듯이 콩콩팥팥 유형이 꽤 있어서 사전 동의 얻기가 쉽지 않고 사전 동의를 얻다가 그 기간이 길어지면, 학폭 피해자는 누가 봐도 안타까운 상황으로 이어질 수 있습니다. 앞서 말씀드렸듯 **장기적(long term) 관점**에서야 해결될 수도 있겠지만 피해자는 지금 **순간** 고통받고 있고 뉴스에도 나와 있듯이 학교폭력 사안 처리 절차나 소송은 지금 이 **순간**을 해결해 주기 쉽지 않습니다.

또한 관리자(교장, 교감)의 사전 동의 또한 책임지기 싫어하시는 보신주의 스타일이시면 동의받기 어렵고요. 그냥 교사가 직접 단독 권한으로 진행하고 학생이나 학부모가 이의를 제기하면 그때 가서 이야기를 나누어보는 방법도 있습니다. 정책은 현실적이어야 합니다. 실제 현장의 교사 목소리를 들어주시고, 학폭 피해 위기에 있는 학생들의 의견도 들어주세요. 어떻게 해야 학폭 가해자들을 현실적으로 막을 수 있는지요.

그래서 체벌은 안 되지만, 교육적으로 무섭게 혼을 낼 수 있는 분위기를 만들 수 있는 정도의 물리적 방법에 대하여 교사의 단독 권한으로 명시적으로 허용할 필요가 있다고 봅니다. 앞서 말씀드렸듯이 법원에서도 맥락에 따라 딱밤이나 꿀밤 정도는 아동학대로 안 보는 판례가 있었습니다. 이 부분에 대해서는 국회 및 교육 당국에서도 학폭을 당할 위기에 있는 우리 선량한 학생들을 보호하기 위해서 부디 검토 및 명시적으로 개선을 해주십시오.

물론 교사 또한 이러한 물리적 방법들을 행한 이후에는 현실적으로 가해 학생의 기분을 풀어주어야 합니다. **교사가 학교폭력 가해 학생을 무섭게 혼내고 그리고 나중에 기분 풀어주고 이게 생각보다 꽤 중요합니다.**

이렇듯 만약 현실에 안 맞는 정책이 지속된다면, 선량한 학폭 피해자 부모님들께서 자녀의 안전을 위해서 범죄자가 되는 풍조가 생길지도 모릅니다. 그리고 여론은 사법 불신이 강화돼 법질서 악화라는 악순환으로 이어질 수도 있고요.

따라서 재차 말씀드리지만, 차라리 국가에서 그나마 상대적으로 잘 통제할 수 있는 교사들에게 필요한 물리적 방법론을 교사들과 이야기해서 적용하는 것이 나을지도 모릅니다. 이때 정말 실무에서 효과적이어야 합니다. 정말 솔직해져야 합니다. 물리적 제지뿐만 아니라 앞에서 나왔듯이 법을 악용하려는 가해 학생에 대해 교사가 툭 치면서 무섭게 분위기를 잡는 물리적 방법들이 경우에 따라 필요할 수도 있습니다.

그렇지 않으면, 아무리 법으로 막는다고 해도 정말 위의 피해 학부모가 진행하는 사적 세새 상황이 더욱 생길지도 모르겠습니다. 안타까운 일입니다. 이러한 법의 맹점과 빈틈을 빨리 메워서 사법 불신을 막고 법치국가로서의 기능을 온전히 할 수 있도록 해야 합니다.

주의 사항 : 이러한 기법에 대해서 어디까지 허용할 것인가는 현장의 실무 전문가(실제로 현장 제1선에서 교육하는 사람을 의미합니다.)는 물론 학폭 피해자 및 학폭 피해자 부모님들의 의견도 경청해야 합니다. 학교폭력 사안 처리 절차와 소송전을 겪으시고 나서 드신 생각도 진지하게 듣도록 합니다.

6) 교원자격증의 전문성 및 취득 난이도 강화 : 프랑스 그랑제콜

저자는 2023년 공교육 사건 사고 이후로 여러모로 상황에 대해서 생각해보고 이야기를 나누었습니다. 그 이야기 중 하나는 교사의 권위가 과거에 비해 존중받지 않는 이유 가운데 하나가 "해당 동네에서 가장 똑똑한 사람이 아니기 때문"이라는 것이었습니다.

확실히 과거에는 마을에서 가장 똑똑하고 글을 잘 읽는 사람이 선생님이었습니다. 자연스럽게 존중받을 수밖에 없었지요. 마을 사람들이 모르는 게 있으면 서당이든 학교든 찾아가서 훈장님 혹은 선생님께 물어보기

학교생활 실전 대처법

도 했으니까요. 물론 지금도 교사가 좋은 직군 중 하나이지만, 과거 정도
의 위상은 아니지요.

사실 교육이라는 것은 결국 교육 내용을 학생에게 "설득"하는 것입니
다. 이러한 설득은 교수 학습 방법론도 중요하지만 애초에 전달자의 권
위와 무게감 또한 중요합니다. **즉, 메시지(내용)도 중요하지만 메신저(전
달자)도 매우 중요합니다.**

실제로 익명이면서 직업이 노출되는 사이트의 경우, 인기 전문직군 타
이틀을 닉네임으로 단 사람의 발언에 좀 더 무게감이 실리는 경우가 있습
니다. 뉴스를 보니, 그래서인지 어떤 사람은 특정 직업군 아이디를 사는
경우도 있었고요. 그만큼 직업 타이틀이 갖는 무게감 또한 중요합니다.

그런데 교사라는 직업군은 아무래도 과거에 비해 무게감이 줄어들었고
그만큼 메신저 본연의 권위로서 교육 전달력은 떨어질 수밖에 없습니다.

어떤 사람은 "아니, 교사가 열심히 잘하면 학생들과 학부모들도 인정
해주고 설득되는 거 아닌가? 핑계 아닌가?"라고 생각할 수 있겠지만, 다
양한 사회 경험을 해본 저자로서는 "열심히 한다고 상대가 설득된다."라
는 생각은 조금 나이브한 생각이라고 생각합니다. 저자는 같은 사람이지
만 대기업에 다닐 때와 나와서 사업을 할 때는 또 달랐거든요.

같은 사람이라 할지라도 명함의 위상에 따라 현실에서는 또 다른 양상입니다. "열심히 잘한다고 인정받는다."라는 명제는 생각보다 참이 아닐 때가 많습니다. 따라서 교육 내용을 설득하기 위해서는 전달 내용도 중요하지만, **직업 위상 자체에서 오는 전달자의 무게감 또한 중요합니다.**

그런데 현재 교대와 사대 입결(입시 결과 점수)이 매우 떨어지고 있으며, 심지어 수능 9등급이 교대 1차 합격까지 한 상황입니다. 만약 이게 보편적인 입결이 된다면, 학생과 학부모가 그 교사의 말을 잘 새겨들을까요? 어린 왕자에도 나옵니다. 어른들은 숫자를 좋아한다고요. 그 말은 눈에 보이는 스펙 또한 중요하다는 뜻이기에, 교원자격증 취득을 위한 교대와 사대 입결도 어느 정도 위상을 가질 필요가 있습니다. 이 책의 저자인 저만 해도 민망하지만 이 책의 약력으로 SKY 이과 및 자녀의 직업군까지 적었지요. 그런 이유에서입니다.

따라서 교대와 사대 교원자격증의 난도를 올릴 필요가 있습니다. 그 방법 중 하나는 대학 입학 정원 제한 등 교원자격증의 숫자를 줄이는 것입니다. 그리고 추가로 프랑스의 그랑제콜에서 필요한 부분을 도입하는 것입니다. 그랑제콜은 대학위의 대학이라고 해서 사회 엘리트를 양성하는 기관입니다. 물론 그랑제콜을 그대로 도입하자는 것은 아닙니다.

학교생활 실전 대처법

우리나라 실정에 맞게 알맞은 부분을 도입하고 대우도 그에 걸맞게 해주는 것입니다. 이렇게 교원이 입학할 때부터 입결을 관리하고, 처음부터 뛰어난 사람들을 선발하는 것이지요. 그리고 이러한 새로운 '교대 및 사대 그랑제콜'에 입학을 할 때 입학 면접에서 수업 시연을 해보게 합니다. 이때 외부 면접관(예를 들어 사교육 1타 강사)을 초빙해서 교원 희망자의 잠재력을 파악해보는 것입니다.

"아니, 교대 및 사대 입학도 전에 수업 시연을 시켜본다고요?"

네, 그렇습니다.

실제로 우리나라 아이돌도 소속사에 연습생으로 들어가기 전에 아이돌로서 필요한 분야의 시연들을 해봅니다. 연습생이 되기 위해 면접에서 아이돌로서 갖추어진 타고난 잠재력을 보여주는 것이지요.

교사 지망생 또한 '교대 및 사대 그랑제콜'에 입학하기 전에 일단 수업 시연 및 학교에서 일어날 수 있는 돌발 상황에 대해 대처를 시연해보는 것이지요. 이렇게 잠재력에 대해 면접을 보게 됩니다.

그렇다면 교육에 이렇게까지 뛰어난 인재들을 선발할 필요가 있나 싶기도 하시겠지만, 사교육을 보시면 아시다시피 1타 강사 등 엘리트 선생님에 대한 수요가 매우 많습니다. **초등이든 중등이든 공교육을 정말 살리시려면 이러한 공교육 엘리트 교원이 양성되고 유지되어야 합니다. 그러려면 그만큼 대우를 해주어야 하고요.**

그리고 한편으로 현재의 교원 임용 시험에 대해 말씀드리겠습니다. 초등, 중등 교원 임용 시험에 대한 기출문제는 교육과정평가원 홈페이지에 탑재되어 있습니다. 내 자녀들을 가르치는 공교육의 교사들이 어떠한 시험을 보는지 궁금하신 분은 확인하실 수 있습니다.

이러한 교원 임용 시험 방법을 개선 하는 방안으로 공교육 실무가로서의 전문직 시험에 걸맞게 5급 공채 시험(PSAT, 논술, 면접) 및 LEET와 변호사 시험을 참고하였으면 합니다.

그리고 이를 위해서 실제로 임용을 통과하고 현장을 체험하고 있는 저연차 현직 교사들과도 지속적으로 임용 시험에 대한 간담회를 하였으면 좋겠습니다.

첫째, 현재 시험 내용, 방식과 이에 대한 공부 방법이 교직 실무에 얼마나 적합하고 유의미한지(예를 들어, 교육 현장과 적합성은 얼마나 되는지, 시험 특성이 공부할 때 과도하게 암기 지향으로 학습하게 되는지 등)

학교생활 실전 대처법

둘째, 아이러니하지만 공교육 교원 임용 시험을 합격하기 위한 사교육은 얼마나 받아야 하는지(교원임용 사교육 시장이 완전경쟁시장인지 또는 하나의 독점 혹은 여럿이 그룹, 팀, 조직적인 담합을 바탕으로 사실상 교원임용 사교육 시장을 지배하는 카르텔, 트러스트 등의 독과점이 되어 있는지, 공교육 교원임용 시험 공부에 사교육이 필요하다면 왜 필요한지 등)

셋째, 실제적으로 어떤 식으로 시험이 개선되어야 하는지(예를 들어, 임용 시험에 학교 현장과 관련된 법률이나 행정과 관련된 내용이 있어야 하는지, 그리고 어떤 식으로 시험에 반영되어야 하는지 등)

위의 내용들과 아울러 교육대학 및 사범대학 커리큘럼의 현장 적합성 등에 대하여 실제 현장의 교사들과 이야기를 나누고 적절히 반영되었으면 합니다. 그리고 한편으로 사교육 시장에서는 어떤 식으로 사교육 선생님을 선발하는지도 부분적으로 참고하면 좋을 것 같습니다. 그리고 참고할 부분이 있다면, 교원 임용 시험에도 적절히 반영하면 좋을 것 같습니다. 사교육은 그만큼 학생들의 수요가 반영되었다는 뜻이기 때문입니다. 물론 공교육 고유의 본질도 있기에 어디까지나 참고로 활용되어야 할 것입니다.

그래서 교원 임용 시험이 보다 현실적으로 실무에 도움이 되는 방향으로 개선되었으면 좋겠습니다.

주의 사항 : 주요 특징은 이미 위에서 열거하였습니다. 주의할 부분은 새로운 시스템이고, 또한 역량이 있는 사람들을 선발하기 위해 자격증의 숫자를 줄인다는 것은 결국 여러 사회적 이해관계가 있을 것으로 보입니다. 그래서 현실적으로 어느 정도까지 구현될지가 관건입니다. 그렇기에 다양한 방안들을 진솔하게 논의하고 토의와 토론을 해볼 필요가 있습니다. 여기에는 앞서 언급한 그랑제콜의 방식을 일부 도입 또는 교육대학과 사범대학을 로스쿨처럼 (교원 양성)전문대학원 제도 시행 혹은 타 대학교와 통합을 하는 등 여러 방안들이 있겠습니다. 그리고 어떤 것을 선택하든 매우 섬세하게 논의되고 진행해야 하겠습니다.

예를 들어 교대와 타 대학교를 통합하는 경우 다음의 부분도 섬세하게 고려하면 좋을 것 같습니다. A지역에 있는 A교대가 다른 대학교와 통합을 진행하고 결국 B라는 이름의 종합대학교로 결정되었다고 가정하겠습니다.

사실 비지니스의 세계에서도 명함이 중요하기 때문에 명함에 직위, 직함 등을 신경 써 주는 경우가 있을 수 있는데요. 역시 앞서 말씀드렸듯이 '메시지도 중요하지만 메신저의 위상도 중요하다.'라는 예로 볼 수 있습니다.

학교생활 실전 대처법

그래서 이제 새로운 이름의 'B종합대학교 (기존의 A지역)초등교육학과 학생'의 졸업장에 다음의 표기를 하게 하는 것도 방법이지 않을까 생각해 보았습니다. 즉, 졸업장에 'B종합대학교, 초등교육대학(A지역), 초등교육학(심화전공)'으로 표기하는 것입니다.

그리고 해당 대학교에서 졸업한 교사는 외부에 약칭으로 초등교육대학(A지역)으로 말할 수 있도록 허용하는 것이지요. 이런식으로 디테일한 부분까지도 고려해 보면 어떨지 생각해 보았습니다. 물론 졸업장의 명칭 이외에도 사실 통합에서 고려할 부분이 한두 개가 아닐 것입니다. 매우 섬세한 조율이 필요하다고 생각합니다.

통합 이외에도 앞에서 언급한 그랑제콜 방식의 일부 도입이든 (교원양성)전문대학원의 시행이든 역량있는 예비 교원을 선발하는 데 다양한 방법들이 있겠습니다. 물론 자격증의 숫자도 그만큼 조율을 해야겠지요. 그리고 어떠한 방안이든 공교육의 향상이라는 대의 앞에서 논의와 발전이 되었으면 합니다.

가) 교육 당국(교육부 혹은 교육청 등) 명의의 가정통신문 발송

학년 초(3월) 혹은 학기 초(1학기, 2학기)에 교육 당국 명의로 각 가정에 가정통신문을 제공할 필요가 있습니다. 그 방법 중 하나로 먼저 교육 당국에서 이 가정통신문을 단위학교에 안내를 합니다. 그리고 각 학교마다 그 교육 당국 명의의 가정통신문을 인쇄해서 각 가정에 "학년 초나 학기 초"에 배부합니다. 단, 이때 교육부나 교육청 명의로 나간다는 것이 명시되면 좋습니다. 그 이유는 후술하겠습니다.

앞에서 언급한 개선 방안들은 여러 가지 입장들이 있기에 실천이 쉽지 않지만, 이 부분은 그나마 좀 더 현실적으로 빠른 시기에 실행이 가능하다고 생각합니다.

그럼 이 가정통신문에는 어떤 내용들이 담겨야 할까요? 학교생활에서 지켜야 할 내용도 있겠지만, 특히 일부 극소수 학부모의 학교 압박에 관한 교육 당국의 입장이 담길 필요가 있습니다. **"학부모의 사회적 위치로 학교에 압박을 주는 경우, 교육 당국이 좌시하지 않고 조치하겠다."** 이런 내용의 문구가 있어야 합니다.

언론 보도를 보면, 종종 학부모가 자신의 자녀를 위해서 학교에 압박을 가하는 경우가 있습니다. 특히 학부모가 직업이나 사회적 위치를 직접 혹은 간접적으로 드러내서 교사가 부담을 느끼게 되기도 합니다. 물론 교육 당국에서는 현재 그러한 학부모에 대해서 합법적으로 고소 고발

등 나름의 조치를 잘 하고 계십니다.

다만, 가장 중요한 것은 예방입니다. 왜냐하면 일이 이미 일어나고 나서 회복하는 것은 쉽지 않기 때문입니다. 단위학교 입장에서 이러한 학부모를 신고하는 것이 현실적으로 쉽지 않습니다. 만약 신고를 했다면 학교도 정말 오죽했으면 각오하고 신고한 것입니다.

특히 이 문제(학부모가 사회적 위치로 학교 압박하기)는 매우 심각한 문제가 될 수 있는 것이 교사의 교육 권리가 침해되는 것도 있지만, 많은 학부모와 학생들이 불안할 수 있다는 것도 있습니다. 이런 학부모의 학교 압박이 보편화된다면, (본인이 느끼기에) 사회적 배경이 상대적으로 높지 않다고 생각하는 학부모나 학생의 경우 어디 불안해서 학교 다니겠습니까? 상대방이 나를 괴롭혀서 학폭으로 신고했더니, 그 상대방이 사회적 위치로 나를 압박하면 이겨내는 것이 결코 쉽지 않습니다. 학창 시절만큼은 학생 간에 부모의 사회적 위치로 학교 친구를 압박하는 것은 사전에 막아야 하지 않겠습니까?

또한, 요즘 일부 학부모 중에는 학교나 기관장(교장)에 대해서도 존중하지 않고 막 대하는 경우도 있습니다. 따라서 단위학교 차원의 가정통신문이 아니라 교육 당국 명의의 가정통신문이 학기 초나 학년 초에 주기적으로 나가야 할 것입니다. 그래야 일부 극소수의 학부모가 사회적 위치로 학교나 피해 학생에게 압박을 주는 것을 예방할 수 있을 것입니다.

주의 사항 : 해당 가정통신문은 결국 '본인 자녀와 갈등 관계에 있는 다른 학생, 학부모, 교사 및 학교에 대해 사회적 위치로 압박하는' 학부모에 관해서 교육 당국은 합법적으로 조치하겠다는 사전 안내 내용입니다. 따라서 이 가정통신문 배부를 만약 실제로 하게 된다면 내용의 적절성, 법적 타당성, 발행 명의자 주체 등을 잘 고려해 보아야 할 것입니다.

여기까지 나름의 개선 방안에 대해서 살펴보았습니다. 그런데 지금까지 본문 내용을 읽다 보면 다음과 같은 궁금증도 생길 것 같습니다. 그래서 나름의 대답을 준비하였습니다. 그럼 다음 내용을 함께 살펴보시겠습니다.

학교생활 실전 대처법

3. 질문과
저자 답변

친애하는 (대한민국 입법, 행정, 사법부에 계신 분들을 포함한) 우리나라 시민 분들께 드리고 싶은 말씀

질문 : 저는 그래도 선생님 못 믿겠어요. 다시 그 사람들에게 권한을 주면 옛날 그 체벌 시절로 돌아갈지도 몰라요. 그렇지 않을까요?

답변 : 먼저, 학창 시절 교사로부터 안 좋았던 기억이 있으셨을 것으로 생각합니다. 무엇보다 안타까운 마음 표하고 싶습니다. 사실 저도 질문자님도 우리 모두 옛날 학교를 겪어봤죠. 마음 이해하고 공감합니다. 그럼에도 교사들에게 권한을 주는 것에 대해 말씀드리겠습니다.

이 이야기는 저희 저자 중 한 명에 관한 이야기입니다. 초등학교 때 이야기이지요. 이 저자분은 초등학교 때도 나름 열심히 공부하고 선생님 말씀을 잘 듣는 모범생이었는데요. 그게 어떤 한 아이에게는 다소 고까웠던 것 같습니다. 그래서 이 아이는 처음에는 말로 시비를, 다음에는 물

선 빌리고 안 돌려주기를(물건 뺏는 학생 특징 : 처음에는 빌려 간다고 함), 그다음에는 툭툭 치기를, 또 그다음에는 더 강한 강도의 폭력을 행사하였습니다.

사실 대부분의 경우, 3월 2일부터 심각하게 폭행을 하는 경우는 드물고 저렇게 조금씩 조금씩 강도를 높여가는 것이지요. 처음부터 폭력을 너무 세게 하면 피해자인 해당 저자가 견디지 못하고 주변에 말할까 봐서인지, 천천히 폭력 수위를 올리는 너무나 영악한 아이였던 것으로 기억합니다.

이 공격적인 아이는 대체 왜 이러는 걸까요?

뉴스에서 어떤 실태 조사에 대한 보도가 나왔었는데요. 그 보도에 따르면, 학교폭력 이유에 대해서 '장난이나 특별한 이유 없이'가 꽤 있었습니다. 이 공격하는 아이도 그런 것일까요? 그런데요. 학교폭력 가해자의 이유나 서사와 상관없이, 당장 학교폭력 피해자는 매우 고통받습니다.

누군가는 이야기할지도 모르죠.

"부모님이나 주위 어른들께 말씀드리지 그랬니!"

아마 잘 기억은 안 나지만, 무섭기도 하고 부모님께 말씀드리기 창피하기도 하고, 이르는 것 같기도 해서 내색을 안 했던 것 같습니다. 그러다 보니, 계속 생각의 시야가 좁아져서 극단적인 생각도 하게 되고요. 실제로 초등학생이 학교폭력으로 인해서 극단적으로 안타까웠던 사례가 없는 것도 아닙니다.

한편으로 간혹 학부모님 중에서 자녀와 소통을 잘하시는 편이신데, 자녀가 학폭에 휘말렸음에도 늦게 아시는 학부모님들이 있으실 수 있습니다. 부모인 내가 평소 소통을 잘못하였나 자책도 하고요.

아닙니다. 자책하지 마세요.
자녀가 내색을 안 하면, 아무리 학교에서 무슨 일 있냐고 자녀에게 물어봐도 알기 어렵습니다. 표정도 언행도 괜찮은 척했거든요. 그러니 부모님께서는 결코 절대 자녀의 상황에 대해 늦게 아셨다고 자책하지 않으셨으면 합니다. 부모님 당신의 잘못이 아닙니다.

본래의 이야기로 돌아가서, 그 공격하는 아이도 대놓고 눈에 띄게 크게 때린 것이 아니라 영악하게도 몰래 괴롭혔거든요. 그러다가 당시 담임선생님께서 인지하시고, 다른 피해자가 더 있는지 확인하신 뒤에 증언을 확보하셨습니다. 그리고 그 공격하는 아이를 피해자들이 보는 앞에서 엄청 무섭게 혼내셨어요.

"야! 내가 너 공부 못한다고 때렸냐? 왜 공부 열심히 하는 애들을 때리고 괴롭히고 그래? (선생님이 그 아이의 어깨를 세게 잡고, 툭툭 건드리시기도 하시면서) 내가 이렇게 툭툭 치면 기분 좋냐? 앞으로도 툭툭 이렇게 나도 너 칠까? 역지사지 안 되냐? 학교에서 친구 패라고 가르쳤냐?"

이런 느낌으로 무섭게 하셨습니다. 지금 같았으면 자칫하다가는 신체 및 정서적으로 아동학대의 가능성이 없지 않아 보입니다. 이후 선생님께서는 그 아이로부터 피해를 받았던 모범생들을 더 이상 안 괴롭히겠다고 확답을 받으셨습니다. 그리고서 따로 그 아이와 이야기를 하시고, 나중에 모범생 학생들과 자리를 함께 마련해서 맛난 것을 사주시면서 가해 및 피해 모두의 기분을 풀어주셨지요. 그 이후로는 별일 없었던 것으로 기억합니다.

누군가는 다음과 같이 말할지도 모르죠.

"아니~ 그때는 학교폭력법이 제대로 없었으니까
그렇게 하셨을지도 모르죠."
"그리고 학교폭력 사안 처리로 즉, 법대로 하는 게
좀 더 합법적이고 절차적이지 않을까요?"

만약 지금의 학교폭력 사안 처리 절차 및 소송전으로 했으면 피해자였

학교생활 실전 대처법

던 저자는 정말 고통과 번민 속에서 극단적인 상황까지 갔을지도 모릅니다. 물론 선한 의도이겠지만 3심제의 국가인 이상 학교폭력 사안 처리 절차 및 이후 소송전을 하면 몇 개월에서 몇 년까지도 걸릴 수 있습니다. 그동안에는 피해 측이든 가해 측이든 최선을 다해 대응 논리를 펼치겠지요. 이런 법적 공방전에서 사과는 쉽지 않을 것이고요.

아무리 가해자가 처음에는 법적으로 대응할 생각이 없고 사실은 사과할 마음이 있었더라도, 기록이 남는 절차나 소송전에 돌입하게 되면 자신을 방어하게 만드는 경향이 없지 않습니다. 자신의 잘못을 최대한 축소하고 유리한 증거를 취사선택하는 방식이요. 사실상 반성과 화해가 학폭 사안 절차로 가면 그렇게 쉽지만은 않습니다. 잘못 대응하면 학폭했던 것이 기록에 남으니까요.

그냥 친구를 괴롭히는 학생에게 다른 사람 안 괴롭히도록 (설령 가해자가 선생님께 혼나서 잠시 공포를 느꼈다 하더라도) 무섭게 혼내고, 이후 기분을 풀어주는 방향으로 해주는 게 결과적으로 서로 더 나을 때가 있습니다.

특히 요즘은 학생들도 똑똑해서 최대한 증거를 남기지 않고, 교묘하게 약한 학생들을 괴롭히기 때문에 복잡한 법적 절차보다는 인간과 인간으로서 교육하는 편이 모두를 위해 더 나을 때가 있습니다. 소송전은 결과가 나오기까지 가해 측과 피해 측 모두 고통받습니다. 그리고 가해자가 패소했다고 진심으로 반성하게 되는지도 의문이고요.

그런데 현재의 학교는 이러한 고유의 역할이 어렵기 때문에 교사들이 아동학대 관련 법 등의 개선을 주장하고 있습니다. 즉, 현실이 위와 같기에 교사가 실제적으로 효과적인 권한을 받고 학생들을 생활지도하는 것이 좋습니다. 사실 교사는 그 권한을 안 받고, 생활지도에 대한 책임 없이 그냥 수업만 하는 게 더 리스크가 적습니다.

그럼에도 눈앞에서 우리 학생들이 가해 학생으로부터 피해를 받아서 너무나 힘들어하는 모습을 보는 교사의 심정은 어떠할까요? 정말 교사가 돼서 그 광경을 실시간으로 지켜보시면 굉장히 괴롭습니다. 자괴감도 들고요. 특히 공감 능력이 뛰어난 사람일수록 감정전이가 되어 피폐해질 수 있습니다. 그리고 교사 중에는 기본적으로 아이를 좋아해서 선생님이 되는 사람이 많고요.

피해자 측에서 합법적으로 학폭으로 가해자를 신고한다고 해도 뉴스를 보시면 아시겠지만, 피해자 측 또한 논리적인 대응을 생각해야 합니다. 그리고 최종 결정까지는 오래 걸리다 보니, 불확실성으로 인한 불안

감이 더 커지고요. 그렇기에 저자들은 조심스럽지만 지금까지의 논의를

바탕으로 다음과 같이 종합하여 진심을 말씀드리려 합니다.

프랑스의 대문호 에밀 졸라[1]의 마음으로,

작금의 교육 현실을

말씀드립니다...!

1) 칭찬도 훈계도 제대로 못 하는 현실

현재의 학교는 교사들의 정당한 생활지도가 어렵게 되고 있습니다. 생

활지도뿐만 아니라 학습까지도 그렇습니다. 교사가 민원 리스크를 감수

하고 공부를 안 하는 학생에게 공부를 시키려고 하면 이 학생은 각종 인

권을 이상하게 해석해서 궤변을 늘어놓습니다.

---

1   에밀 졸라는 프랑스의 대문호입니다. 당시 드레퓌스라는 군인이 무고를 당하였고 프랑스의 여론은 거의 반

으로 나뉘었습니다. 그때 신문 만평에서도 드레퓌스에 대한 격렬한 여론 대립이 그려졌습니다. 이때 당대의 명

사인 에밀 졸라는 비난과 수모를 각오하고 양심적으로 드레퓌스의 무죄를 "나는 고발한다...!" 라는 제목으로 신

문을 통해 공개 주장합니다. 이후 최종적으로 드레퓌스는 무죄로 판명되었고요. 그리고 에밀 졸라는 사후 프랑

스의 위대한 사람들이 묻히는 판테온이라는 이름의 국립묘지에 들어가게 됩니다. 사실 아동학대 관련 법 개정

등에 대한 주장 또한 얼핏 보기에는 비난받기가 매우 쉽기 때문에 조심스럽습니다. 이를 공격하는 측은 "아동학

대 관련 법을 개선하라고? 아동을 두텁게 보호해야지. 넌 예비 아동학대범이구나!"라고 프레임을 짜기가 매우

쉽습니다. 하지만 이 법의 맹점으로 인해 현실 학교의 선량한 아동(만 18세 미만)들의 실질적인 피해를 생각해

보면 저자는 에밀 졸라의 마음으로 명백하게 주장해야겠습니다. 현실을 고발합니다.

또한, 조능학교에서는 받아쓰기나 기초적인 연산이 안 되는 학생들에게 교사가 민원 리스크를 감수하고 학습을 확인하기 위해 쪽지 시험 등을 보려고 해도, 단 1명의 학부모가 인권을 주장하며 반대하면 진행이 매우 어렵습니다. 퀴즈 정도는 인권이 발달한 서구권에서도 충분히 할 수 있는 것인데요. **다 같이 하향 평준화를 만드시는 것일까요?**

한편으로 학생이 공동체의 질서를 못 지키면 당연히 다른 친구나 교사로부터 한 소리 들을 수 있습니다. 그리고 기분이 상한 학생은 집에 이야기합니다. 이때 어떤 학부모는 교사에게 연락하고 민원을 넣습니다. 또한, 교사의 잘하는 학생에 대한 칭찬에 대해서도, 칭찬하지 못하게 민원을 넣는 학부모도 없지 않고요. 자신의 자녀가 소외감을 느낄 수 있기 때문입니다. 한 명의 학부모가 인권을 주장하며 교사의 수업, 과제, 칭찬과 훈육을 다 막아버리면, 일종의 우민화 교육처럼 흘러갈까 두렵습니다.

또한, 이러한 분위기는 전염될 수 있습니다. 그리고 이러한 성향의 학생들이 자라서 사회에 나오면, 엄청날 것 같습니다. 특히 사업체를 운영하시는 분들은 나중에 사람을 채용할 때 어느 정도 각오를 하셔야 할 것입니다.

물론 솔직히 이런 학부모는 거의 없습니다. 대다수는 선량하고 자녀

교육을 잘하는 학부모님들이십니다. 그런데 이런 극소수의 학부모로 인해서 면학 분위기가 안 좋은 방향으로 전염되어 모두가 다 같이 손해를 볼 수 있습니다.

또한, 안전 문제에 대해서도 우려가 있습니다. 안전하게 지내려면, 공공장소에서는 어느 정도의 긴장감이 있어야 합니다. 특히 일부 학생들 중에는 교사의 지도를 무시하고 위험한 행동을 유발하는 경우가 있습니다. 학교는 1:1 공간이 아닌 공공이 있는 공간입니다. 그래서 학생 전체의 안전을 위해서 때로는 엄격하고 무섭게 관리해야 할 필요가 있습니다.

그런데 과거의 교사가 했던 체벌과 촌지 등의 문제로 인해서인지 현재 교사의 실제적으로 필요한 권한이 '사실상' 박탈된 상황입니다. 물론 그 시절에는 학교뿐만 아니라 군대도 직장도 지금보다 더 가혹한 부분이 있었습니다. 방송에서도 보면, 강한 자들만 살아남던 몇십 년대 이런 식으로 이야기를 하기도 하지요.

그리고 현재 상황까지 이르렀습니다.

교사의 권한 및 권위를 사실상 박탈해놓으면 결국 그러한 권위나 입지의 공백은 다른 사람의 권위로 채워지게 됩니다.

물론 교실에서 주도권을 갖는 학생이 선량하면서 정의감 있고 아이들 사이에서도 입지가 강하면 알아서 학급이 잘 돌아갈지도 모릅니다. 그런데 그게 아니라면요? 그리고 인터넷이든 어디든 세상에는 일반적으로 강한 주장이 온건한 주장보다 더 눈에 띕니다.

모범생의
"선생님 말씀 잘 듣자. 열심히 공부하자. 조용히 하자."
라는 말보다

문제행동을 하는 학생의 일탈적인 말 중
(차마 표현을 할 수 없기에 생략하겠습니다.)
어느 쪽이 좀 더 강한 표현인지, 그리고 온건한 표현인지는 독자님의 판단에 맡기겠습니다.
그러면 그러한 일탈적인 선동 발언에 대해 교사가 견제해서 질서 있는 학급 분위기를 만들어야 합니다. 그런데 해당 학부모가 서운해하며 민원과 신고 등으로 질서를 유지하려는 교사를 견제합니다. **즉, 일부 학부모는 학급 질서를 만드는 것을 견제합니다.** 물론 정말 극소수입니다. 그런데 단, 1명의 학부모가 굉장한 일을 일으킬 수 있다고 본문에 설명드렸습니다. 그리고 사실 적시나 비밀 누설의 문제가 있어서 대다수의 학부모님은 이 교실의 이면에서 일어나는 전후 사정을 잘 모르시는 경우가 있으실 것입니다. 교사가 이 1명의 학부모에 대해서 대다수의 학부모님께 말하지 않는다면요. 다만 어떤 교실에서 담임선생님이 너무나도 지나치게 짧은 주기로 많이 바뀌신다면…. 더 이상 말씀드리지 않겠습니다.

이렇게 1명의 학부모로 인하여 결국 교사는 무력화되고 학급 분위기는 안전하지 못한 공간처럼 생각됩니다. 즉, 학교는 늘 있어 봄 직한 공간이 아니게 되는 것입니다. 그리고 각각의 입지를 가진 학생들이 부각되며, 중국 후한 말에 나타나는 삼국지에서처럼 교실에서 난세가 시작되는 조짐이 느껴지게 됩니다.

3) 큰 사건 사고 뒤에는 알고 보면 작은 사건 사고가 있습니다

교사의 권위가 공백이 되고 난세 분위기가 나타나면, 하인리히의 법칙이 작동할 가능성이 높아집니다. 본문에도 설명해드렸지만 큰 사건 사고 뒤에는 작은 사건 사고들이 있다는 뜻입니다.

처음에는 단순히 수업에 집중 안 하던 학생들이 점점 더 선을 넘어 자극적이고 위태로운 활동들을 하기 시작합니다. 이에 대한 설명은 다음과 같습니다.

먼 옛날의 경우, 수업 중에 무서운 교사 몰래 교과서나 책상에 낙서 등 작은 일탈(작은 사건 사고)을 하는 것에서도 당시의 학생들은 나름의 재미를 찾았었는데요.

지금은 교사가 워낙 무력화되어 있어서, 그 정도의 일탈로는 소소한 즐거움을 찾기 어렵게 되었습니다. 옛날에는 교과서에 낙서하면 혼났는데, 지금은 교사가 뭐라 하면 민원이 들어올 수 있으니까요.

그래서 이제는 교사가 무섭지 않으니, 과거와 같은 행동을 해도 느끼는 재미가 달라진 것입니다. 그리고 학생들은 점점 더 선을 넘는 행동을 하면서 재미를 찾지요. 이러다가 부지불식간에 안전사고 등 더 큰 사건 사고가 터지게 됩니다. 이건 연령을 가리지 않습니다.

학생들 중에는 초등학교 1학년 학생조차도 뜬금없이 친구 얼굴(특히 눈)을 가위나 연필 등의 학용품으로 크게 다치게 하는 경우가 실제로 있습니다.

이런 치명적 사건 사고가 생기면 사고 전의 상태로 돌이키기 매우 어렵습니다. 그런데 교사가 제대로 혼내거나 제지하기도 어렵습니다. 아동학대로 걸릴까 봐요. 현행의 물리적 제지 또한 사후 문제가 안 생긴다는 보장이 없습니다. 경찰도 범인 제압 과정에서 징계, 소송 위험이 있다고 다 알려졌습니다. 성인에 대한 범인 제압도 리스크가 있어서 조심스러운데, 더욱이 아동(만 18세 미만)분들은 더욱 조심스럽습니다.

그래서 교사가 합리적으로 따져봤을 때 그냥 적당히 사전 지도 및 사후 조치를 하는 게 나을지도 모릅니다. 그런데 학부모님들 입장에서는 납득하실 수 있으실까요? **학부모님들은 안전을 위해 교사가 공격적인 학생에 대해 적극적인 예방 조치(물리적 방법 포함)를 하는 것을 안 원하시나요?**

사실 처음부터 교사에게 강한 권한을 주고 좀 무섭더라도 안전한 분위기를 만드는 게 실제로 더 안전할지도 모릅니다. 별것 아닌 사건 사고도 방치하면 하인리히 법칙에 의거해 나중에 큰 사건 사고가 되니까요.

특히 갑자기 친구 눈에 학용품 휘두르는 것이나, 뜬금없이 계단에서 친구 밀기 사건 사고는 말 그대로 갑작스럽습니다. 이런 뜬금없는 갑작스러운 사건 사고는 어떻게 예방하는지 아시나요?

바로 어느 정도 긴장된 분위기를 '평소에도' 만드는 것입니다. 학생들에게 '친구를 아프게 하면 진짜 무섭게 혼날 수 있다.'라는 마음을 갖도록 하는 것입니다.

이게 되어야 뜬금없는 사건 사고를 줄일 수 있습니다. 요즘은 뭐만 했다면 아동학대라고 하니. 결국, 하인리히 법칙이 발동하게 됩니다. 그리고 막상 사건 사고가 터지면 교사를 원망하고요. 사실 근본적인 원인은 따로 있음에도 불구하고 말입니다.

안전이라는 큰 그림을 위해서인데도 '사건 발생 전에 무섭게 또는 역지사지를 위해 필요한 물리적 교육 방법'조차 아동학대의 여지로 인해 못하게 된 것이 원인 중 하나로 보입니다.

할머니가 손주에게 다음과 같이 강하게 말했습니다. "나쁜 짓 하면 나중에 천벌 받는다!", "밥 남기면 나~중에 다 섞어서 먹게 된다!", "신호등 안 지켜서 교통사고 나면 어떻게 되는 줄 알아? (이하 생략)." 이렇게 손주를 위해서 잘되라고 강하게 얘기하는 것도 정서적 아동학대일까요?

한편으로 이런 일이 있었습니다. 손주가 (가끔 물 수도 있는) 개를 평소에 만지고 싶어 할 때, 할머니가 손주의 손을 꽉 잡았습니다. 그래서 손주가 깜짝 무서워하며 "아파! 할머니 왜 그래. 무서워…." 라고 얘기하였

350

습니다.

이때 할머니가 다음과 같이 말합니다.

"할미가 꽉 잡아서 아팠지? 그런데 (개를 가리키며) 저 개한테 물리면 이것보다 더 아파. 그래서 그래. (손주 손을 놓으며, 손주 손에 살짝 멍 자국이 난 것을 발견한다.) 앗, 아이고~ 할미가 손을 세게 잡아서 자국이 남았구나. 우리 손주 아픈 손 호~ 해줄게. 아무튼 개는 함부로 만지면 안 되는 거야. 알겠지?"

이것도 신체적 아동학대일까요? 심지어 아이가 순간적이지만 깜짝 놀라고 무서워했습니다. 이 할머니는 아동학대 범죄자인가요? 때로는 큰 그림인 안전을 위해 어느 정도는 긴장감 조성을 위해 무섭게 해야 할 필요도 있습니다. 그렇지 않으면 더 크게 다치고 그때서야 교훈을 얻을 수도 있습니다.

4) 아이를 이런 식으로 대하는 부모님을
당신은 아동학대범으로 처벌할 것인가요?

앞에 이어 추가로 예를 들면, 자녀가 뭘 몰라서 위험한 것을 만지려 하면 어떻게 하실 건가요? 특히 정말 급박한 상황에서요. 상냥하게 조심하라고 말씀하실 것인가요?

상식적으로 급박한 상황이라면 (자녀가 부모의 고함에 무서워하더라도) 만지지 말라고 소리치고 못 하게 가능하다면 신체를 붙잡아야 합니다. 이후에도 다시는 그런 행동을 못하게 훈계해야지요. 만지고 크게 다쳐서 교훈을 얻는 것보다는 강하게 훈계하는 것이 더 낫습니다.

아이 성향에 따라 필요하면 체벌은 아니더라도 물리적으로 손을 정말 세게 잡거나 엄마 손바닥으로 자녀 손바닥을 박수 치는 느낌으로 살짝 물리적으로 자극을 주어서 이야기하는 것도 방법일 수 있습니다.

이때 다음과 같이 진행되었다고 가정하겠습니다. 엄마가 박수 느낌으로 자녀 손바닥에 물리적 자극을 주고, 인상을 쓰며 소리칩니다. "엄마가 그거 만지지 말랬지!" 아이는 깜짝 놀라 순간이지만 무서워합니다. 엄마는 이어서 말합니다. "저거 만져서 다치면요. 지금 엄마 손으로 너 손바닥에 찰싹 소리 난 것보다 훨씬 아파요."
그리고 엄마는 인상을 풀고 얘기합니다.
"(다시 부드러운 어조로) 엄마가 너 걱정돼서 그래. 절대 만지지 마. 알겠지?"

학교생활 실전 대처법

항상 등장하는 "더 좋은 방법이 있지 않겠냐." 이런 말도 있겠지만, 여하튼 이 엄마를 신체 및 정서적 아동학대 범죄자로 만드실 것인가요? 부드럽게 훈계하면, 아이의 성향에 따라서 정말로 다음번에는 만질지도 몰라요. 그 경우 더 좋은 방법을 얘기하는 분들이 책임지실까요? 또한, 이 엄마를 아동학대범으로 비난하고 돌을 던지실 생각이실까요? 그리고 앞으로 동네 마트나 놀이터 등에서 이 정도 수위의 훈육을 하는 경우를 보면, 다 아동학대로 신고해서 (설령 나중에 무혐의 혹은 무죄가 나오더라도) 보호자가 해당 기관에 자신의 행동에 대해 하나하나 법적으로 소명할 수 있도록 하실 건가요?

또한, 이번에는 약한 친구를 계속 툭툭 때리는 학생은 어떻게 해야 할까요? 물론 처음에는 좋게 이야기를 해야겠지요. 하지만 세상이라는 곳이 항상 말로 좋게 끝나면 경찰, 군대는 왜 있겠습니까. 지금의 국제사회가 어느 정도까지는 안정적으로 돌아가는 것도 불법을 억지할 수 있는 물리력이 그나마 있기 때문인걸요. **어떤 분야든 현실을 고려해야 합니다.**

교사가 좋은 말로 하는데도, 학생이 계속 친구를 툭툭 치면서 괴롭히면 역지사지로 거울 치료처럼 물리적으로 툭툭 치면서 얘기하는 게 차라리 이 학생을 포함해서 모두에게 나을지도 모릅니다. 학교폭력 절차 등 다른 방법에 대한 맹점은 이미 본문에서 충분히 말씀드렸습니다. 또한,

만약 학생을 이대로 놔두면 하인리히 법칙이 발동할지도 모르니까요.

5) 학교폭력 사안 처리와 아동 인권에 대한 의견

물론 만약 가해자의 인권을 중시하는 사람이라면, 앞의 내용이 마음에 들지 않을 수도 있습니다. 다음과 같이요.

⑴ **학교폭력 사안 처리라는 합법적 절차적 방법이 있습니다.**

⑵ (설령 친구를 괴롭히고 질서를 어지럽히는 만 18세 미만의 법적 아동 연령에 해당하는 가해자라도) **아동의 인권은 두텁게 보호되어야 합니다.** 저렇게 하지 않고도 더 효과적인 방법이 있을 것입니다. 무섭게 하는 게 교화의 전부는 아니고 오히려 단기적인 효과만 있을 수 있습니다.

물론 그 말씀의 전반적인 취지에 공감합니다. 그런데 이러한 말들이 있습니다.

지옥으로 가는 길은 사실 선의로 포장되어 있다.

악마는 디테일에 있다.

위의 말들을 생각해보면, 결국 아무리 추상적으로는 좋은 말이라도 현실에 적용할 때는 그 이면의 부분까지 생각해 보아야 합니다. 법적인 계약서를 쓸 때도 행간 혹은 진의를 신중히 생각하는 것처럼요. 그래서 각각 다음과 같이 말씀드리고 싶습니다.

(1)에 대해서 말씀드립니다.

학폭 사안 처리 절차에는 실질적인 교육의 관점에서 맹점이 있습니다. 판타지 소설을 보면 간혹 반지 등 마법에 걸린 물건들이 나오는데요. 어떤 마법에 걸린 물건들은 사람을 홀리게도 합니다.

학폭 사안 처리도 마찬가지인 것 같습니다. 예를 들어, 그냥 교사가 즉각적으로 생활지도를 하고 중재했으면 정서적으로 사과할 마음이 있던 가해 학생 측이 있었습니다. 그런데 이런 마음을 가진 학생 및 부모조차도 학폭 접수만 되면, 신기할 정도로 대단한 마법 같은 방어기제를 펼치며 논리적으로 변하는 경우가 있을 수 있습니다. 가해 학생 학부모의 교양이나 사회적 배경에 상관없이요. 일단 누구라도 내 자녀가 학폭 사안 절차에 가해 측으로 걸리면, 객관적이기가 쉽지 않은 것 같습니다. 학폭 사안 접수에는 무슨 사람을 홀리게 하는 신기한 마법이라도 걸려 있나

놉니다. 어떤 교양 또는 사회적 배경의 사람이든 간에 사과할 마음이 줄 어들게 하는 마법이요. 그런데 그러다 보면 가해 측이든 피해 측이든 기나긴 고통의 시간 속에서 보내게 됩니다.

(2)에 대해서 말씀드립니다.

아동의 인권은 두텁게 보호되어야 한다. 솔직히 이런 추상적인 구호는 누구나 다 할 수 있는 발언입니다. 저도 할 수 있고, 당연히 공감하고 동의합니다. 문제는 디테일이지요. 전문가라면 디테일을 말할 줄 알아야 합니다.

이 구호는 구체적으로 현실에 그대로 적용하기가 힘들기 때문에 학폭 피해자가 지금도 눈물을 흘리고 있습니다.

우리는 플라톤의 이데아 같은 세상에 살고 있지 않습니다. 우리는 지구라는 이름의 땅에 발을 딛고 현실 세계에서 살고 있습니다. **정책은 현실적이어야 합니다.** 지금의 상황은 진정으로 교실에서 약한 아동(만 18세 미만)을 보호하기 어려운 상황입니다. 현실적인 개선이 필요합니다. 그리고 이러한 까다로운 중재를 다룰 수 있을 만한 역량 있는 좋은 교사들이 계속 공교육에 들어올 수 있도록 해주어야 합니다.

학교생활 실전 대처법

특이한 개성을 가진 학생이 이미 따뜻하고 공감하는 인성 안전 교육을 들었음에도 뜬금없이 학용품으로 친구의 눈을 찌르거나, 계단에서 사람을 민다면(모두 언론에서 나온 실제 사례들입니다.) 피해자의 부모님께서는 이런 상황 감당하실 수 있으실까요? 미리 예방을 원하지 않으실까요? 좀 무섭더라도 학생에게 긴장을 줄 수 있는 교사의 권한이 필요합니다. **모두의 안전을 위해서요.**

6) 현장 전문가의 의미

현장은 현장의 전문가가 제일 잘 압니다. 그리고 복잡한 절차는 오히려 피해 학생과 가해 학생의 해결을 복잡하게 만들 가능성이 있습니다. 차라리 교사에게 권한을 더 주고 그만큼 책임지게 하는 것이 예산 절감에도 더 도움이 될 것으로 생각합니다.

한편으로 만약 학교폭력이나 아동학대 관련해서 위원회, 부서, 기관 등으로 인력을 충원해 주실 것이면 최소한 '**조건 : 2020년대 중 최소한 최근 3년 동안 마치 담임교사처럼 매일 일정 인원 수 이상의 학생들과 직접 적어도 일정 시간 이상의 수업과 생활지도 및 해당 학부모에 대해 민원 대응을 경험했던 사람**'으로 꾸려주십시오. 실제로 위의 경험을 해보았던 현장 전문가라면 큰 도움이 될 것 같습니다. 물론 위에 해당하는 사람을 찾아서 채용 및 충원까지 하는 것은 결코 쉽지 않을 것이라 생각합니다. 사실 다음의 내용을 말씀드리기 위해서 위의 조건을 말씀드렸습니다.

간접 경험과 직접 경험은 정말 다릅니다. 저자도 현장에 가기 전에 어느 정도 학교를 잘 알고 있다고 생각했었고 나름의 계획이 있었습니다. 누구나 가지고 있다는 그럴싸한 계획이요.

하지만 이론과 간접 경험은 실전과 직접 경험과 차이가 있습니다. 만약 현장의 진실을 정말로 알고 싶으신 이론가이시라면 최근 3년간 직접 일반적인 학교에서 담임교사를 해보시는 것도 좋은 방법입니다. 물론 호손 효과(일종의 관찰자 효과)를 방지하기 위해서 언더커버 보스나, 암행어사처럼 해야겠지요. 정말 직접 최근 3년을 교사로 경험해보시고 이론과 정책을 말씀하시면 더 실제적으로 효과적인 내용일 수 있습니다.

학생으로서 보는 학교, 학부모로서 보는 학교, 학자나 관련 이론가로서 보는 학교와 담임교사를 직접 해보는 학교는 느낌이 다를 수 있습니다. 또한, 아무리 교사의 이야기를 들어주셔도 한계가 있습니다. 그냥 직접 교사(특히 담임교사)로서 들어와 보시면 압니다. 딱 3년만 정체를 숨기고 경험을 해보십시오. 물론 현실적 여건상 이것이 쉽지 않을 것이기에 그 어려움 또한 이해합니다.

학교생활 실전 대처법

그렇기에 교육뿐만 아니라 어떤 분야이든 최근까지 제1선에서 일하는 중인 현업 전문가의 말은 진정으로 경청할 필요가 있습니다. 예를 들어, 행정, 치안, 복지, 의료 등 정책을 수립할 때 현업 제1선에서 종사하는 전문가들의 진솔한 의견을 잘 들어주시고 적절히 반영해 주십시오.

언론 등을 보면, 2023년에 80여 명의 현장 교사들이 현장 교사 정책 전담팀(TF팀)을 자발적으로 구성하였다고 합니다. 이후 300여 쪽 분량의 보고서를 작성하였다는데요. 이러한 보고서는 현장의 목소리를 거의 그대로 담고 있기 때문에, 공교육 정상화에 각별하다고 볼 수 있습니다. 현장의 목소리가 담겨 있는 이러한 보고서에 대해 관심 있는 학부모님, 학생들도 보실 수 있게 교육 당국에서도 지원하여 충분히 홍보 및 배포될 수 있었으면 좋겠습니다. 특정한 단체뿐만 아니라 전국의 선량한 학부모님, 학생에게도 공개하여 이야기를 들어보는 것이지요.

또한, 이 보고서에 당시의 촉박한 연구 시간 등으로 인하여 미흡한 부분이 있다면, 교육 현장의 전문가인 교사들이 이후로도 후속 연구를 할 수 있도록 교육 당국에서도 대학원이나 프로젝트 등의 실제적인 지원을 현장 교사들에게 하면 좋겠습니다. 그러면 보다 지속 가능한 교육정책 연구가 될 수 있을 것 같습니다.

7) 정말 실제적인 디테일한 정책들의 중요성

정말 전문적인 이론가라면, 추상적인 말을 하는 것 그 이상의 말을 해야 합니다.

첫째, 교권과 학생 인권을 모두 적절히 조화롭게 해야 한다.
둘째, 아동(만 18세 미만)의 인권을 두텁게 효과적으로 보호해야 한다.
셋째, 각종 위원회, 지원 부서를 알맞게 설립해서 외부 인력을 적절히
　　　충원하고, 효과적으로 교원 연수를 실시한다.
다섯째, 적절한 절차를 통해서 적절하게 해결한다.
여섯째, 적당한 때에 알맞은 해결 방안을 강구해서 적절히 적용할 수
　　　있도록 한다.

전문가라면 이런 추상적인 말만 앵무새처럼 반복하는 것은 곤란합니다. 누구나 동의할 만한 듣기 좋은 추상적인 말은 누구나 다 할 수 있습니다. **진정으로 전문가라면 그 이상의 디테일을 이야기할 줄 알아야 하고, 전체 그림을 보면서도 정말 실전적이어야 합니다.**

이미 본문에서 저자는 충분히 현실 상황들과 나름의 구체적인 개선 방안 그리고 주의 사항을 말씀드렸습니다. (사실 쓰다가 지면이 부족해서

360

많이 줄였습니다.)

어떤 개선 방안에 대해 짧게 평론을 하는 것은 누구나 할 수 있습니다. 중요한 것은 디테일하면서도 실전적인 개선 방안을 내고 발전적인 방향으로 수정하고 적용시키는 것입니다.

그러한 점에서 앞에서도 다루었던 현장 교사 정책 전담팀의 보고서가 300쪽가량의 분량인 이유가 있습니다. 정책은 디테일과 섬세함이 중요합니다. 추상적인 구호나 촌평은 누구나 할 수 있습니다. 구체적이고 실전적인 방안에 대한 토의 토론과 정책 적용이 필요합니다.

이러한 보고서들은 읽기에는 분량이 많지만, 그만큼 필요합니다. 한편으로 어떤 개선 방안이든 장단점은 당연히 있는 것인데, 비판을 위한 비판보다는 정책 중에서도 득실을 모두 고려해서 부작용이 적은 방향의 정책을 채택해야 할 것입니다. 그리고 그 부작용으로 인한 리스크 관리도 꾸준히 신경 써주어야 하고요.

한편으로 이러한 사회적 합의가 좀처럼 안 되어 정책에 대한 토의 토론이 길어질수록 선량한 학생들은 고통받을 수 있습니다. 피해자가 학교폭력으로 고통받았는데, 학폭 사안 처리 절차가 가지는 고유의 맹점으로 쉽지 않은 상황이 시금노 뉴스에 계속 나오고 있습니다. 지금 현재 상황은 어떤 학생이든 간에 일어날 수 있는 일입니다. 그럼 디테일한 정책 고려의 예시로 다음 내용을 함께 살펴보겠습니다.

디테일한 정책 고려의 예시 : 늘봄

(1) 정책의 사회 영향에 대한 고려

이제 디테일한 정책 중요성의 예시로 늘봄 정책에 대해 조심스럽게 개인의 생각을 한 말씀 드리겠습니다. 일단 저자는 모범생이지만, 솔직히 학교에 등교하면 "집에 언제 가나." 이 생각을 12년간 했었습니다.

인터넷에 학교를 감옥에 비유한 시가 있는데요. 꽤 많은 사람이 공감했던 것으로 기억합니다. 누군가에게 학교라는 공간이 답답할 수도 있겠지요. 물론 맞벌이 가정이 많아 어쩔 수 없겠지만, 아이들이 안타깝다는 생각이 듭니다.

사실 부모와 아이는 가급적이면 오래 같이 있는 것이 가장 좋은데요. 부모는 회사라는 곳에 장시간 맡겨지고, 아이는 학교라는 곳에 장시간 맡겨지며 밤이 되어서야 애틋하게 해후할지 모릅니다. 칠월 칠석의 견우와 직녀가 생각납니다.

앞으로 회사에서도 직원에게 "아니, 늘봄이 있는데 이것만 더 하고 퇴근해. 나라가 다 해준다잖아."라고 할지 모릅니다. 오래전 과거부터 근로자들이 가혹한 근로시간에 혹사당하시다가 지속해서 근로시간의 조정에 대해 간절히 요청하시고, 현재 여기까지 왔는데 이제 다시 반대로 가지 않을까 걱정됩니다. 부모와 아이가 같이 있게 해주어야 저출산을 해결할 수 있습니다. 견우와 직녀처럼 해후해야 하는데, 누가 아이를 낳을 마음이 들겠습니까.

개인적인 생각으로는 부모님이 아이와 함께할 수 있는 시간을 많이 줄 수 있도록, **즉 가정 친화적인 회사에 그만큼 인력과 인센티브를 제공하면 좋지 않을까 생각합니다.** 물론 저자 또한 이 분야의 전문가가 아니므로 마찬가지로 디테일을 몰라서 이러한 부분에 대해 더 말씀드리기는 조심스럽습니다. 다만, 자원은 한정되어 있기에 저출산을 위한 예산 또한 한정되어 있다고 생각합니다. 그래서 개인적으로는 가정 친화적인 회사에 예산을 집중해 보는 것도 방법이라고 봅니다. 그리고 앞에서 말씀드린 대로 늘봄 정책은 회사의 '부모를 회사에 붙잡아놓기'의 논리적 근거가 될 수도 있습니다. **아무리 법으로 그 부분을 막는다고 해도 세상에는 법을 지키는 사람(회사)도 있지만, 안 지키는 사람(회사)도 있습니다.** 합법적으로 부드럽게 직원에게 압박을 주는 방식도 여전히 있을 수 있고요. 현실입니다.

또한, 한편으로, 이 책 전반에서도 말씀드렸지만 아이 중에는 정말 이유 없이 재미만으로 친구를 다치게 하고 "고의가 아니었다."라고 하는 경우가 있을 수 있습니다. 늘봄 및 돌봄에서도 혹시나 가정교육이나 인성이 안 된 아이가 공공의 공간을 아수라장으로 만들지 모릅니다. 게다가 학교에 너무 오래 있으면 놀이 활동을 한다고 하더라도 아이도 지치고 짜증이 날 수도 있습니다. 그리고 이 아이가 절제가 안 되는 행동을 해서 사고를 쳤는데, 부모도 인성적으로 좋지 않은 경우라면 더욱 걱정됩니다.

실제로 최근 뉴스에서 이런 일을 보았습니다. 어떤 돌봄센터에서 '사람을 물고 할퀴는 초등 1~2학년쯤 나이의 아이'에 대해서 돌봄센터의 교사가 말리고 결국 그 교사는 심하게 다쳤습니다. 아이는 심지어 교사에게 욕을 하고 침도 뱉었다고 합니다. **그런데 오히려 그 제지했던 교사는 아동학대로 신고당했다고 합니다.** 물론 조사 결과 무혐의였지만 이 선생님은 회의감이 들고, 결국 센터로 복직하지 못했다는 뉴스였습니다.

아무리 무혐의라도 신고가 들어오고 조사를 받게 되면, 사명감은 싹 달아납니다. 그리고 그만큼 해당 공간의 학생들은 위험에 노출되게 됩니다. 선생님한테도 저러는 아이가 비슷한 또래에게는 어떠할까요? 이제 어떤 선생님이 소신껏 생활지도를 할까요. **앞으로 나중에 어떤 교사**

는 말로만 말리는 편이 아동학대 혐의로 인한 조사도 덜 받고 더 합리적인 선택이라고 생각할지도 모릅니다. "나는 말로 열심히 하지 말라고 했다. 내 몸 상태가 안 좋아서 효과적인 물리적 제지가 어려웠다. 하지만 그래도 최대한 말렸다. 그러니 방치한 것도 아니다." 실은 이미 언론에서 비슷한 내용이 다루어지기도 하였고요. 이런 식으로 교사가 행동하고 결국 피해자 학생은 비가역적인 큰 부상으로 다쳐 있으면 선량하신 부모님들께서 정말 안심하고 학교 일상이나 늘봄 혹은 돌봄을 하실 수 있으실까요? 이러한 부분이 충분히 논의가 되어야 한다고 생각합니다. 아울러 넓은 학교 공간에 교직원과 학생 외의 사람이 침입이 얼마나 용이한지에 대한 검토도 필요합니다. 우리 아이들의 안전을 위해서요.

게다가 설령 늘봄 또는 돌봄을 받는 학생 중에서, 안전과 질서를 어지럽히는 경우 퇴실당할 수 있다고 학부모에게 사전 동의를 받는다고 해도 다음과 같은 문제가 있습니다. 바로 친구를 괴롭히는 아이를 퇴실시키려는 교사에게 부모가 아동학대로 카운터를 넣는 것입니다.

현실에서도 친구를 괴롭히는 학생에 대해 교사가 생활지도를 하거나 이후 교권보호위원회를 열려고 하면, 일부 학부모는 그에 대한 카운터로 아동학대 혐의를 통해 교사를 신고해 버리는 경우가 있을 수 있습니다. 그리고 교사는 직장에 근무를 못할 수도 있기 때문에 리스크가 더 크고,

이에 대한 아동학대 무고죄를 입증하기가 쉽지 않습니다.

한편으로 아동학대와 더불어 학생에게 일어나는 모든 일(가정, 학교, 학원, 돌봄 등 모든 상황)들을 담임에게 추궁하는 학부모가 일부 있으며, 현재 담임 기피는 매우 심각한 지경까지 이르렀습니다. 여러 차례 담임이 교체된 교실 또한 생기고 있습니다. 이렇게 담임 교체가 반복되면 그만큼 그 학급의 안정성은 떨어질 수밖에 없습니다. 정책이라는 것은 이러한 부분까지 고려되어야 할 것입니다.

물론 담임을 쥐어짜는 방식은 단기적인 예산 절감 및 책임 소재를 명확히 할 수 있는 장점이 있습니다. 그러나 해당 담임 또한 이제 본인도 감당이 안 되면 어떠한 이유를 대서라도 생존을 위해서 자의 혹은 타의로 담임에서 나오게 됩니다. 그리고 그만큼 그 교실은 안정감이 떨어지거나, 학부모 또한 새 담임교사와 다시 라포 등을 쌓아나가는 것을 반복해야 하는 등 여러 가지 양상들이 나타나고, 이는 더 큰 부작용으로 작동할 수 있습니다.

(3) 교사의 관점 및 돌봄 전문성에 대한 고려

이제 교사의 관점 및 돌봄 전문성에 대해서 살펴보도록 하겠습니다. 일단 이 부분은 그동안의 뉴스나 자료 등을 통해 살펴본 개인의 생각이고 어떤 공식적인 기관이나 단체의 입장이 아닙니다. 이 책의 다른 본문들과 마찬가지입니다. 그래서 그 부분을 감안해서 봐주시면 감사하겠습니다. 일단 늘봄이 학교로 들어오는 것은 아무래도 현실적인 여건들을 고려한 부분인 것 같습니다. 한편으로 제 생각에는 미래에 그 늘봄 공간에서 무슨 일이 생겨도 어떻게든 책임 및 수습해줄 수 있는 우수한 인력인 교사들이 같은 공간에 있으니 어떻게든 되지 않을까 하는 부분을 생각해 보면 일견 효율적으로 보이기도 합니다. 늘봄 공간에서 문제가 생기고 잘 해결이 안 될 것 같으면, 담임 등 교사에게 연락하면 될 것 같거든요.

그리고 개인적인 생각으로 교사들 입장에서 보면, 고유 업무에 대한 부분을 걱정하는 경우도 있을 것 같습니다. **제가 생각하는 교사의 고유 업무는 수업, 생활지도, 상담입니다.** 사실 추상적인 부분이다 보니 이것만 해도 정말 제대로 해보면 무한대로 많아질 수 있는 영역입니다. 그럼에도 오해도 많을 수 있고요.

예를 들어 생활지도의 경우, 교사의 생활지도를 마음에 안 들어 하시는 극소수의 학부모가 늦게까지 상담을 요청하고, 각종 민원을 넣어 교사의 에너지를 소모시키는 경우가 있습니다. 그런데 한편으로 다른 학부모 입장에서는 우리 선생님이 평소에 뭘 하는지 안 와닿을 수 있습니다. 왜냐하면 교사가 민원을 많이 넣는 학부모에 대해서 그 내용을 다른 학부모님께 공개할 수가 없기 때문입니다. 그래서 그만큼 교사의 업무량에 대해서 잘 보이질 않기에 오해가 쌓일 수도 있는 부분이 있습니다. 그리고 설령 민원 거부권이 있다 하더라도, 본문에서 그 맹점에 대해 충분히 설명하였습니다. 또한, 심지어 바로 옆 학급이라 하더라도, 말을 하질 않으면 해당 학급의 담임교사가 가지고 있는 실제 업무량이 어떠한지 정확하게 알 수 없습니다. 밤늦게까지 무섭게 질책하는 학부모에게 시달리며 상담하더라도 이 사실을 옆 반에 말하기는 좀처럼 쉽지 않기 때문입니다. 극소수의 학부모에게 상담을 명목으로 공격당하더라도, 상담의 특성상 이 상담을 주변에 말하고 도움을 청하는 것이 조심스럽고요. 이렇듯 담임으로서의 업무량을 정량화하기가 쉽지 않아서 오해를 받는 경우가 많습니다. 추측의 영역이 되고, 아는 만큼 보이는 것이지요.

게다가 지금도 이 고유 업무(수업, 생활지도, 상담)의 퀄리티를 지금처럼 계속 유지 혹은 높여야 한다는 부담과 압박이 알게 모르게 있는데요. 이러한 상황에서 각종 그 외의 업무들이 계속 들어오고 있습니다. 물론 다른 사람의 눈에 하나하나는 아주 큰 것은 아닐지도 모릅니다. 하지만 마치 아래처럼 진행되는 느낌을 받습니다.

학교생활 실전 대처법

학교에 새 업무들이 도입되는 과정

새 업무 도입 추진자 :

선생님들, 이번에 학교에 A 업무 도입하면 좋을 텐데 괜찮으시지요?

교사 :

A 업무가 새로 도입되면, 기존의 일들이 부담될 것 같습니다. 지금 하는 일들의 퀄리티를 높이는 데도 그만큼 시간이 걸리는걸요.

새 업무 도입 추진자 :

선생님들 우수하신 분들이신데 무슨 걱정이십니까. 걱정하지 마세요. 부담 안 되게 다 지원해 드립니다. 그리고 우리 아이들을 위해서 선생님들이 수고 좀 해주세요.

처음에는 반대하지만 결국 A 업무는 학교에 도입된다.

교사 :

그렇군요…. 알겠습니다. 지원 잘 부탁드리겠습니다.

과거부터 이렇게 차근차근 학교에 A, B, C, D, E⋯. 업무는 늘어나지만 고유 업무(수업, 생활지도, 상담)의 퀄리티를 유지 혹은 그 이상을 하라는 부담과 압박이 없지 않습니다. 그리고 처음에는 해당 업무를 교사에게 부담 없게 한다지만, 시간이 흐르면서 결국 업무로 인한 부담이 점점 생기고 이렇게 반복되는 느낌을 받게 됩니다.

특히 새로 들어오는 업무 하나하나는 설령 아주 큰 일은 아닐 수 있어도 합쳐놓고 보면 커지게 되는 것처럼요. 심지어 새로 들어온 업무만큼 기존의 업무는 빼주는 것이 아니라면 본질적인 부분(교사의 고유 업무)의 퀄리티 하락은 각오해야 하는 게 상식적인데 그게 그렇게 말처럼 쉽지 않습니다.

그래서 학교로 도입되는 업무가 "이거 하나만 해줘. 아이들을 위해 이거 못 해줘?"라는 명분 아래 하나씩 하나씩 늘어나는 느낌이라 교사들도 지쳐 있는 것 같습니다. 게다가 제가 생각하는 교사의 고유 업무(수업, 생활지도, 상담)에 교사들이 신경을 쓰고 싶어도, 점점 시간이 갈수록 어려움이 생깁니다. 수업 퀄리티를 올리려면, 일부 사교육처럼 선생님에게 조교 인력 등을 지원까지 하기는 어려워도 대신에 연구 시간만이라도 정말 필요하기 때문입니다.

학교생활 실전 대처법

한편으로 혹시나 어떤 분께서 "너희 교사들 위에 언급한 고유 업무(수업, 생활지도, 상담) 애시당초 잘하는 것 같진 않던데?"라고 생각하신다면, 그러면 오히려 고유 업무를 잘하게 하도록, 더욱 고유 업무 외의 업무를 줄여야 하는 게 이치에 맞고요. 어떤 일이든 그만큼 시간과 예산을 투자해야 성과가 나올 가능성이 높아집니다. 그리고 이는 초등교육과 중등교육 모두에 해당합니다.

회사의 경우 이런 회사가 있을 수 있습니다. 사장님이 계속 사업을 벌이시고(특히 그 회사 전문 분야가 아닌 다른 분야까지 확장) 기존 사원들의 요청에도 명목적으로 지원은 해주지만 결국 어떤 식으로든 기존 사원에게 부담이 되는 방식으로 하게 된다면 기존 사원들은 매우 부담이 될 수 있을 것 같습니다.

사실 돌봄 등 이러한 부분들에 대한 전문가는 따로 있습니다. 교대 및 사대 커리큘럼을 보면, 결국 교사의 고유 업무인 수업, 생활지도, 상담 역량을 강화하기 위한 내용들이 주입니다. 그러한 고유 업무를 잘하라고 교대와 사대의 학생들 트레이닝을 그렇게 시켰고, 임용 시험도 그에 맞게 구성되어 있습니다. 또한, 교사가 되길 원하는 어린 초중고 미래 꿈나무 및 예비 교사들도 그렇게 알고 있고요. 그러다가 교직에 오고 나서, 현실을 보게 되는 것이지요. 이후 고민 끝에 그동안 힘을 숨겨왔던 고등학교 내신, 수능 성적, 또는 대학교 학점 등을 다시 확인하게 되는 경우가 있을 수 있습니다. 그리고 좋은 수업을 할 수 있는 역량 있는 교사들이 이탈하게 되는 것으로 이어질 수 있습니다.

물론 거듭 말씀드리지만 학교 교사를 쥐어짜는 방식은 예산 절감에 도움이 될 수 있습니다. 책임 소재를 정하기도 편하지요. 하지만 장기적으로 볼 때는, 기존 교원들의 피로도로 인하여 고유 업무의 퀄리티들이 하락(크든 작든 부담이 늘면, 기존 분야의 집중도가 떨어지는 것은 상식입니다.)할 수 있습니다. 그리고 이렇게 교육 여건이 안 좋아지면 역량 있는 신규 교사들이 안 들어오게 됩니다. 그리고 그렇게 교사의 역량이 떨어진 만큼 공교육은 그 대가를 치르게 됩니다. 학부모와 학생도 불만족하게 되고요. 그리고 악순환이 반복되게 됩니다. 특히 학부모와 학생이 현재의 공교육에 불만이 많아질수록 이미 그러한 악순환 과정에 놓여 있을 가능성이 있습니다. 그리고 이런 일련의 악순환 과정 속에서 공교육 질적 하락의 책임을 누구에게 묻기도 쉽지 않고요.

게다가 앞에서도 말씀드렸듯이 학교 교사라는 사람들은 애시당초 돌봄과 복지에 대한 전문가가 아닙니다. 제대로 된 돌봄은 전문가의 영역이고 고유의 영역이며 존중받아야 되는 부분입니다. 이러한 돌봄 관련 전문가분들이 최초 기획부터 실무, 행정, 권한과 책임까지 가져가는 것

학교생활 실전 대처법

이 좀 더 수준 높은 돌봄을 할 수 있습니다.

즉, 돌봄, 보육, 복지에 대한 이론과 실무를 겸비하신 전문가분들은 따로 계십니다. 교사라는 사람들의 비전문적인 돌봄은 학부모의 눈높이를 맞추기 어렵습니다. 그리고 가능하다면 교육기관과 돌봄 기관은 공간이 분리되는 것이 가장 좋습니다. 마치 여건이 된다면 공부하는 곳(독서실 등)과 쉬는 곳(집 침실, 컴퓨터 방 등)을 용도에 맞게 분리하는 것이 좋은 것처럼요. 학교라는 건물 자체가 그렇게 마음 편하게 쉬는 데 프렌들리하지는 않습니다. 아무리 놀이 프로그램이 있다고 하더라도 한계가 있습니다.

그럼에도 현실적인 여건으로 늘봄이 학교나 지방자치단체 공간에서 하게 된다면 이러한 방법도 생각해볼 수 있을 것 같습니다. CIC(사내 독립 기업)나 공유 오피스의 개념입니다. 공간을 공유하되, 완전히 독립된 법인이나 조직으로 운영을 합니다.

그래서 돌봄에 대해 이론 및 실무에서 비전문가인 교사가 참여하는 것을 막아서 돌봄 고유의 전문성을 존중합니다. 기획, 행정, 실무, 관리, 권한과 책임 등을 돌봄이나 관련 복지 분야 쪽 전공자로 선발하고 진행하게 됩니다. 그리고 이 독립 조직에 대해서 교사(교장과 교감을 포함)가

월권을 행사하지 못하도록 규정을 넣는 것도 방법입니다. 그래서 교육을 전공한 교사가 돌봄이나 복지의 전문가에게 권한을 행사하지 못하도록 합니다. 물론 역도 성립합니다. 영역 간의 구분은 전문성을 가진 직군이라면 매우 기본적인 것이고, 존중받아야 합니다. 교육뿐만 아니라 의료, 법률 등 다른 전문직군 안에서 또한 마찬가지이고요.

사실 가장 좋은 것은 앞에서도 말씀드렸듯이 역시 공간의 완전 분리입니다. 모범생인 저자의 개인적 경험으로 학교를 아무리 꾸며도 그 특유의 분위기가 있어서요. 등교하면 집에 가고 싶게 만드는 그 건물 공간의 분위기입니다. 솔직히 학교 오면 집에 가고 싶고 엄마와 아빠가 보고 싶습니다. 빨리 집에 가고 싶어요. 물론 학교에 있는 것도 연습이기 때문에 정규 수업 시간은 어쩔 수 없습니다. 그런데 이젠 그걸 넘어서 더 늦게 끝나다니요.

(4) 저자가 생각하는 늘봄에 대한 3가지 안

그래서 늘봄에 있어서 여러 가지 안이 있겠지만, 저자가 생각하는 3가지 안은 다음과 같습니다. **첫 번째로 제일 좋은 것은 부모와 자녀가 함께 있을 수 있도록 하는 것입니다.** 보편적으로 아이는 부모가 제일 잘 알고 밀착 케어를 해줄 수 있습니다. 부모 자녀 간에 오랫동안 함께하며 올바른 애착이 형성되어야 그만큼 아이가 인격적으로 안정적인 성장을 하게

학교생활 실전 대처법

됩니다. **부모님의 그 크신 사랑은 공공의 영역에서 어떻게 대체하기 어렵습니다.** 저자 중에서 어린 시절 외벌이 가정을 배경으로 둔 사람도 있는데요. 그 저자 또한 학교 끝나고 즐거운 나의 집에 와서 "학교 다녀왔습니다!"라고 할 때, 부모님 중 한 분이 집에 계셔서 "응~ 이제 왔니. 어서 와. 뭐 해줄까?" 이렇게 화답을 받을 때가 가장 행복했던 순간이었다고 합니다. 이렇듯 책을 집필하는 저자 또한 부모님이 그립고 보고 싶습니다. 자녀를 낳고 부모가 된 성인도 부모님이 여전히 그리운 것처럼, 아이들에게 부모님과 함께하는 시간은 매우 소중하고 각별합니다.

그래서 저출산까지 고려해서 가정 친화적인 기업에 그만큼의 인센티브를 부여하는 것 또한 방법입니다. 해외 저출산 선진국 중에서도 그러한 정책을 도입하는 국가가 늘어나고 있습니다. 우리나라 또한 저출산이 심각한 사회적 문제로 알고 있습니다. 가정 친화적인 기업에 그만큼의 메리트를 주는 것은 기초과학 연구만큼이나 중요한 투자라고 생각합니다. 왜냐하면 우리나라는 사람 하나가 매우 중요하기 때문입니다. 그렇기에 사회생활도 하고 세금도 내는 성실한 직장인들이 자녀를 더욱 잘키울 수 있도록, 이 직장인들에게 진정으로 눈치 안 보고 쓸 수 있는 육아휴직 등을 지원하는 기업에 그만큼의 인센티브를 주어야 합니다. 자영업자 종사자분들에게도 자녀를 양육하시는 경우 마찬가지로 정책을 만들어야 하고요.

그다음 두 번째로 좋은 것은 돌봄 분야 전문가들이 정말 활약할 수 있는 **돌봄복지센터 건립입니다.** 돌봄 관련 전문가들이 센터 설계부터 의견 제시 등으로 참여할 수 있게 하는 것이지요. 그래서 돌봄에 가장 프렌들리한 구조를 만드는 것부터 시작해서, 기획, 실무, 권한과 책임까지 진행할 수 있게 됩니다. 공간이 사람의 심리에 영향을 줄 수 있다는 말이 있습니다. 그리고 학교라는 공간은 아무리 인테리어를 한다고 해도 애초에 처음부터 구조적 한계가 없지 않습니다. 따라서 돌봄에 적합한 복지센터 설계부터 운영까지 돌봄 관련 전문가들이 독립성과 전문성을 가지고 참여할 수 있도록 하는 것입니다.

그럼에도 현실적으로 어쩔 수 없다면, **세 번째 안은 기존에 있는 공간 (학교나 지자체 등)에 CIC(사내 독립 기업) 혹은 공유 오피스 개념을 고려하여 적절히 적용하는 것입니다.** 돌봄 관련 전문가들이 대표부터 기획 및 행정을 포함한 실무, 권한과 책임까지 하실 수 있도록 공간은 빌려주되 독립된 법인이나 조직 등의 형태로 운영하는 것입니다. 교장이나 교감이 아닌 돌봄 관련 전문가가 단위학교 내에서 독립된 조직의 대표가 되어 기획부터 권한과 책임까지 보다 두터운 돌봄을 제공할 수 있게 됩니다. '진료는 의사에게, 약은 약사에게'라는 말처럼 교육은 교사(교장과 교감 포함)가, 돌봄이나 복지 분야는 관련 전문가가 하게 하는 것입니다.

이는 사회의 발전 과정과도 같은 맥락입니다. 사람이 자급자족하던 시대에서부터 발전하면서 각각 맡은 역할인 직업이 생겼습니다. 이 직업은 더 분화되어 전문성을 가지는 세부 직업들이 생겼습니다. 많은 직업 분야가 그렇게 발전하면서 비슷한 양상을 보입니다. 전문성이라는 것은 결국 세부 분야로의 분화와 연관되어 있습니다.

예를 들면, 변호사 분야에서도 더 세분화되어 형사 전문이 있습니다. 그리고 형사 전문 분야에서도 다시 세부 분야로 분화되어 그 고유의 전문성이 있습니다. 의사 또한 일반의에서 내과 전문의로 다루는 범위가 좁혀집니다. 다시 그 내과 전문의에서 소화기, 호흡기 등으로 더욱 세부 전공으로 분화되고 범위가 좁혀집니다. 의학이 더 발달하면서 더 좁은 세부 분야로 가게 되면 이와 같이 고유의 전문성이 있게 됩니다. 공학이나 인문학 등 다른 분야들도 그러합니다. 이렇게 선진국으로 나아갈수록 이러한 세부 분야들이 더 발전하고 분화됩니다.

이러한 상황에서 학생과 관련된 전문 분야 또한 사회가 발전하면서 고유의 세부 분야가 발생하는 것은 자연스러운 이치입니다. 따라서 역으로 교사에게 이것저것 시켜보는 것은 공교육 전문성 강화와 맥락이 맞지 않습니다. 이것저것 시키면 사람의 능력에 한계가 있고 기회비용이 있는데, 어떻게 전문성을 신장시킬 수 있을까요? **오히려 고유의 전문 영역을**

상화시키기 위해서는 교사의 고유 업무인 수업, 생활지도, 상담을 잘할 수 있도록 바운더리를 정하고 강화시키는 것이 공교육 발전에 좋습니다. 그리고 돌봄 또한 관련 전문가가 가지고 있는 그 전문성을 존중하고 시작과 끝을 맡기는 것이 더욱 효과적이라고 생각합니다.

이렇게 종합적인 부분을 생각해보고 정책이 도입되어야 하겠습니다. 또한, 기존에 경험이 많은 지역아동센터 등과도 정말 진솔하게 이야기를 나누어 보아야 하고요. 그리고 역량 있는 사람들의 처우 개선에 대해서도 마찬가지입니다. 지역아동센터에서 근무하시는 분들 정말 고생 많으십니다. 이분들에 대한 처우 개선도 필요합니다. 즉, 아동 관련 기관의 종사자분들에 대한 실질적인 지원과 개선 그리고 전문성 인정이 중요합니다. 그래야 복지 등 관련 분야에 계속해서 좋은 사람들이 많이 들어오게 됩니다. 옛날 고전에 나오는 나를 알아주는 사람에게 최선을 다한다는 말은 지금도 적용됩니다. 그리고 현대에서 나를 알아준다는 것은 결국 처우 개선입니다. 말로만 사명감을 운운하는 것이 아닙니다. 그것은 말뿐인 것이고 실제적으로 알아주는 것이라 보기 어렵습니다.

즉, 아동(만 18세 미만)을 대상으로 하는 기관들(유치원, 학교, 인권, 복지 기관 등 모두 포함)이 잘 돌아가게 하려면, 결국 전문성을 인정하고 처우 개선을 해서 훌륭한 사람들이 이 업계에 계속해서 들어올 수 있게 해야 합니다. 그래야 그에 맞는 사람들이 오시는 것입니다. 이는 모든 영역에 걸쳐 적용될 수 있는 개념이라고 생각합니다. 경제학에서도 공짜 점심은 없다는 말이 있습니다. 공공의 서비스는 절대 공짜가 아닙니다. 공짜처럼 보이지만 세금 등을 내는 사람 혹은 법인 등이 그만큼 납부를 하기 때문에 운영될 수 있는 것입니다. 좋은 서비스를 기대하면 그만큼 비례해서 지출을 하는 것이 일반적입니다. 좋은 공공서비스를 기대하면 그만큼 공공기관 종사자의 처우 개선이 필요합니다. 앞서 말씀드렸듯이 사명감, 소명의식이라는 말은 다른 사람한테 함부로 쓰는 것이 아닙니다. 이 말은 본인 자신한테 쓰는 말입니다. 그리고 타인한테 함부로 사명감 운운하는 사람 중에 정작 본인한테 누가 사명감 얘기하면 싫어하는 사람이 적지 않을 것이고요.

이렇듯 정책 하나하나는 이로 인한 사회적 파장, 각종 변수와 관점들까지 구체적으로 고려해서 진행해야 할 것입니다. 즉, 충분히 디테일을 고려해서 효과적인 개선 방안을 강구하고 적용해야 할 것으로 보입니다. 공교육 정상화의 골든타임을 생각하시어, 근본적인 대책을 수립해 주시길 바라겠습니다.

지금 상황이 지속된다면, 학군지와 비학군지 간의 부동산 가격 차이가 더 극대화될 가능성이 있습니다. 비약이 아닙니다. 지금도 보면, 조금이라도 더 좋은 학군지나 특수목적고등학교를 생각하는 분들이 없지 않습니다. 왜 이러시는 걸까요? 여러 이유가 있겠지만, 면학 분위기가 중요하기 때문입니다.

과거에는 그래도 선생님 한 분이 충분한 권한을 가지고 헌신하면 어떻게든 면학 분위기를 좋게 만드실 수 있었습니다. 그런데 지금은 그게 안 됩니다. 그러다 보면 마치 슬럼화처럼, 안 좋은 학군은 더욱 안 좋아질 가능성이 있습니다. 착실한 학생이 더 면학 분위기가 좋은 곳으로 전학할 수도 있고요.

왜냐하면 교사의 권한이 줄어든 만큼 학생들이 자율적으로 면학 분위기를 만들어 주어야 하는데요. 만약 그게 잘 안 된다면, 더욱 악순환으로 이어질 수 있습니다. 뉴스에도 나오지만, 수업을 제대로 안 듣는 학생이 늘어가고 있고 이러한 분위기가 전염되는 것 같습니다.

그럴수록 (그나마 면학 분위기가 있다고 생각되는) 학군지에 대한 욕

망은 커지고, 부동산 격차는 더욱 심화될 수 있습니다. 부동산에는 입지나 교통, 시설 등 인프라적인 문제도 있지만 학군지 또한 부동산에 중요한 요소이기 때문입니다.

교사에게 충분한 권한을 주어서, 면학 분위기를 학군에 상관없이 좋은 방향으로 올릴 수 있도록 하는 것이 좋겠습니다. 그래서 어떤 지역, 어떤 학교에 있더라도 양질의 교육과 면학 분위기를 학생이 받을 수 있다는 신뢰가 있어야 학군지와 비학군지의 간극을 메울 수 있을 것이라고 생각합니다. 그리고 그것이 공교육의 이상이라 생각합니다.

9) 우수한 교사의 수급은 계속 필요합니다

교육이라는 것은 결국 사회화와 설득입니다. 직군 자체의 위상이 높아야 학생과 학부모를 납득시킬 가능성이 높아집니다. 열심히 해서 납득시킨다는 것이 항상 참은 아닙니다.

또한, 우수한 엘리트 교사가 여전히 필요합니다. 그러기 위한 방법 중하나로 입결 관리입니다. 과거에는 정말로 교대의 경우 SKY 출신이나 SKY를 붙고 입학한 경우가 있었습니다. 실제로 엘리트 교사의 수요는 매우 많습니다. 사교육 시장만 보더라도 그렇습니다. 사교육 시장은 사람의 욕망이 그대로 반영된 곳입니다.

또한, 초등교육 자체는 내용이 쉬워 보일 수 있습니다. 하지만 수업 지도 및 생활지도에 대해 디테일하고 섬세한 지도 방법이 필요합니다. 공감도 중요한데요. 상대의 상황을 파악하고 그에 맞게 대응해야 하기 때문에 생각보다 머리를 많이 써야 합니다. 이렇듯 어느 정도의 지능과 섬세함과 성실함이 필요합니다. 그런데 이 역량들은 꼼꼼하게 공부를 잘하는 모범생의 특징과 유사합니다. 따라서 천재까지는 모르겠지만 성실한 수재는 여전히 초등교육에 필요합니다. 즉, 초등교육이든 중등교육이든 여전히 우수한 교사가 필요하고 지속적으로 공급되어야 합니다.

공교육을 살리시려거든 우수한 엘리트 교사가 지속적으로 입직할 수 있도록 정책을 만들어 주십시오. 옛날처럼 젊은 사람들에게 윽박지르고 소명의식을 강요한다고, 이 젊은 사람들이 들어오지 않습니다.

간혹 우수한 인재에게 의대 가지 말고 공대로 갔으면 하는 바람을 이야기하는 사람들이 있습니다. 그게 어디 그렇게 될까요? 연애든 뭐든 사람의 마음은 타인이 강요한다고 되는 것이 아닙니다. 사명감도 타인이 통제할 수 있는 부분이 아닙니다. 따라서 우수한 교사가 계속 들어와야 공교육이 살기 때문에 그에 맞게 권한과 처우를 개선해 주십시오.

진정으로 공공 영역을 생각하신다면, 이렇게 작용, 반작용, 부작용까지도 고려한 실제적인 개선을 강구하시고 적용해 주십시오. 현재 공교육뿐만 아니라 치안, 복지, 의료, 행정, 교통 등 공공 영역이 너무나 걱정돼서 드리는 말씀입니다. 이러한 공공 영역이 무너지면 우리 같은 서민들이 가장 먼저 체감하게 됩니다. 제발 공공 영역을 '추상적이지 않게' 현실적으로 살려주십시오. 거듭 말씀드립니다. **제발 살려주십시오.**

공공 영역에 종사하는 사람들의 고통을 헤아려 주십시오. 종종 공공 직군에서 종사하다가 고통받고 안타까운 상황에 있는 경우가 있습니다. 이때 상황이 직장 장소든 직장 외 장소든 업무적인 부분에서 기인한다면 그 고통을 헤아려 주십시오.

이렇듯 교사뿐만 아니라 공공 영역에서 즉, 치안, 복지, 의료, 행정, 교통 등에서 헌신하시는 종사자분들의 고통을 알아주시고 개선책을 주십시오,

대표적 의료 전문직인 소아청소년과 의사 선생님께서도 악성 민원의 힘듦을 방송에 직접 나와 호소하시기도 하셨습니다. 그리고 범인을 잡아야 하는 경찰이 소송을 우려하는 경우, 대중교통의 직원이 무임승차 등

에 대해 제지했다가 민원인의 억시에 당하는 경우, 행징이나 복지 쪽 담당자가 감정적으로 대응하는 민원인에게 당하는 경우 등 다양한 양상이 있을 수 있습니다. 만약 개선이 안 된다면 그 피해는 우리 같은 서민들이 가장 먼저 받습니다. 제발 살려주십시오.

11) 교사에게 제대로 된 권한을 주시고, 이에 대한 방안을 말씀드리겠습니다

앞에서 교사에게 권한을 주면 예전처럼 체벌의 시대로 돌아가지 않겠냐는 질문이 있었습니다. 먼저 과거의 학교에 안 좋은 기억이 있으신 분들에 대해서 이해하고 공감합니다.

사실 이 책 저자 중 한 분의 부모님 이야기인데요. 한이 있으신지 지금도 간혹 말씀하실 때가 있어요. 이분께서 학교 다니실 때 기성회비인지 육성회비인지를 못 냈었는데, 그걸 가지고 정말 모멸감이 들 정도로 혼났다고 합니다.

이런 이야기만 있겠습니까. 솔직히 옛날 선생님 중에 좋으신 분도 계시겠지만, 정말 특이하신 분도 있으셨겠죠. 물론 그 시절에는 직장도 군대도 가혹한 부분이 있었지요.

384

그런데 지금 2020년대입니다. 대부분 은퇴하셨고요. 솔직히 학교에 속상하셨던 기억 많으실 것입니다. 저자도 그렇고 독자님께서도 그러실 것입니다.

그런데 그렇다고 우리 어린 선생님들이 이대로 계속 사지에 있게 되는 상황은 막아야 하지 않겠습니까. 요즘 선생님들 정말 열심히 하려 하십니다. 또한, 이 책의 본문 내용을 잘 살펴보시면, 교사에게 효과적인 권한을 주지 않는 경우 선량하고 약한 아동(만 18 세미만)들이 위험해질 수 있다는 것을 느끼실 수 있으실 것입니다. **공공 영역에 누수가 생기면 우리 같은 서민들이 제일 먼저 고통을 겪듯이, 공교육의 학급 교사가 무력화되면 약한 아동들이 제일 먼저 고통을 겪습니다.**

교사 권위의 공백은 결국 난세로 이어질 수 있습니다. 기껏 학교를 믿고 맡겨두었는데, 난세로 인하여 안전사고 터지면 납득하실 수 있으실까요? 게다가 문제 일으키는 학생의 부모님도 대단한 개성의 소유자이면 감당 가능하실까요? 소송은 아무나 하는 게 아닙니다. 정말 피곤해집니다. 소송은 가해로든 피해로든 안 엮이는 것이 제일 좋습니다. 그리고 빨리 개선되지 않으면, 학교는 늘 있어 봄 직한 공간이 아니라는 인식이 생길 수 있습니다. 빠른 조치가 필요합니다.

시민 여러분, 우리 이번에 한번 어린 선생님들이 필요하다는 권한들 드려보면 어떠실까요. 그래서 문제가 생기면 어떻게 하냐고요?

교육청이 있습니다. 교육청에서 학생들과 교사들 중에 어느 쪽을 더 관리하기 수월할까요? 아무래도 성인이고, 교직이라는 생계형 직장이 걸려 있는 교사를 징계 등으로 통제하기가 상대적으로 더 쉽지 않겠습니까.

교사에게 아동학대 면책 혹은 비슷한 효과를 주는 권한에 대해서 충분히 드리고, 학생을 생활지도 및 관리하게 한 뒤에, 심각한 교사는 교육청을 통해서 관리하는 편이 낫습니다. 또한, 교사는 성인이기에 형사처벌도 가능합니다.

교육청에서 그 많은 학생들을 어떻게 하기가 어렵습니다. 지금도 교육청 분들 학폭 사안 처리 때문에 엄청 힘드실 것으로 보입니다. 교사가 실제적인 권한을 부여받았다면 생활지도로 할 수 있는 문제들까지 지금은 교육청으로 올라가니까 교육청 분들도 고생이 많지요. 정말 가벼운 마찰조차도 교육청에 올라갈 수 있습니다. 그리고 법과 관련되면 서로 신경이 날카로워져서 화해도 쉽지 않고요. 학교폭력 관련 법과 아동학대 관련 법의 개선이 필요합니다.

학교생활 실전 대처법

물론 이런 생각도 드실 수 있으십니다.

교육청이면 교사 편 아닌가?
한통속 아니야? 자정작용 안 될 텐데?

그런데 제가 말씀드렸었죠? 교사 딱 3년만 해보시면 아십니다. 주변 교사들 10명한테 진지하게 교육청하고 한통속이냐고 물어보시면 10명 중 대다수의 답이 나올 것입니다. 절대 그렇지 않습니다. 교육청에는 교사 출신만 있는 것도 아니고요.

그리고 정말 그럴 리는 없겠지만, 그렇게 의심이 되신다면, 교육청에는 누가 가장 수장일까요? 바로 교육감입니다. 그리고 교육감은 교사들이 선출하나요? 아닙니다. 아시다시피, 해당 지역의 유권자(선거할 권리를 가진 사람)들이 선출합니다.

즉, 학생들의 실제적 교육과 생활지도 관리는 '현실적으로 충분한 면책이나 권한'을 부여받은 교사들이 하게 하시고요. 문제 있는 교사들은 교육청에서 징계 등을 할 수 있습니다. 물론 재차 말씀드리지만 교사들은 성인이기에 형사처벌도 가능합니다. 경우에 따라, 형사처벌과 징계도 모두 가능하고요. 또한, 대부분 교육계 사람들의 성향이 조심스러워서, 진짜 사고를 치는 교사에게 공평무사하게 대응합니다.

한편으로 과거와 달리 학생들이 좀 더 자신의 권리에 대해 잘 알고 있고(학교에서도 학생 인권 교육 당연히 합니다.), 휴대폰도 체벌 시대보다 더 신제품으로 발달하였습니다. SNS를 포함한 각종 미디어도 그렇고요.

과거 체벌이 있던 시대와는 환경이 다릅니다. 그리고 그 교육청은 우리 유권자님들께서 교육감 투표를 통해 연장이나 심판 등을 하실 수 있으십니다.

즉, 다음과 같은 구조입니다.

학생-교사-교육청-유권자(학부모님 포함)

위와 같이 구조를 정리할 수 있겠습니다. 현장에 있는 교사에게 현실적인 권한과 그에 비례하는 책임을 부여해서 우리 선량하고 약한 학생들을 지켜주도록 하는 것입니다. 교사는 현장 제1선에 있기 때문에 사고를 가장 잘 막을 수 있는 사람도 바로 교사입니다.

친애하는 시민 여러분, 그러니 부디 이번에 우리 어린 선생님들 살려

학교생활 실전 대처법

주시고, 면책 등을 고려해서 충분한 권한과 그에 '비례'하여 무거운 책임을 주시길 간절히 부탁드리겠습니다. 아동학대 및 학교폭력 관련 법도 실질적으로 개선하고요.

또한, 그 외에도 시급한 부분이 마찬가지로 공공 영역에서 근무하는 종사자들입니다. 행정, 복지, 의료, 치안, 교통 등등 공공 영역에서 실제적으로 운영에 어려움이 있을 수 있습니다.

이들에게 사명감만 요구하게 되면 결국 부작용이 나타나고 우리 시민들에게 그대로 적용됩니다. 정말 불필요한 악성 민원을 방지할 수 있도록 그리고 충분히 처우 개선이 될 수 있도록 시민 여러분께서 목소리를 내주십시오.

재차 거듭 말씀드리지만, 공공 영역에서 누수가 생기면 결국 우리 같은 서민들이 제일 먼저 고통을 체감합니다. 공공 영역이 잘 정비되어야, 사람들이 안심하고 살아가고 자녀 또한 잘 양육할 수 있습니다. 저출산 상황과도 연결될 수 있는 문제이고요. **제발 살려주십시오.**

종합적으로 공공 영역의 역량이 잘 발휘될 수 있도록 부탁드리겠습니다.

감사합니다.

글을 마치며

지금까지 저자의 생각에 대해 말씀드렸습니다. 다만, 이 점은 꼭 기억하셔야 합니다. 시스템을 아무리 개선해도, 결국 운영은 사람이 하는 것입니다. 따라서 지속적으로 소통이 필요합니다. 또한, 학생이 만약에 아래와 같은 방식으로 나오면 시스템상 이 학생을 어떻게 하기가 매우 어렵습니다.

"학폭을 대학 입시에 반영? 나 대학 안 갈 건데?"

"응 촉법~, 응 아동(만 18세 미만)~, 응 고의성 없고 우발적이고요~, 응 심신미약~."

"대학 안 가고 감옥 갔다 와도, 인터넷 방송하면 되고요~. 감옥 갔다 온 썰 푼다 각?! 첫 화면은 감옥 사진으로 하고요~. 조회 수 급상승 각이고요."

"어차피 돈 많은 백수하면 되고요."

"응~ 어차피 선생님 대상으로 중세 마녀 심문하듯 이단 심문관처럼 역

학교생활 실전 대처법

할 하시고 싶은 분들께서 법령 개선 안 되게 할지도 모르는 각~."

"응~ 내가 좀 괴롭혔다고 학폭 피해 호소하면 카운터로 맞폭하면 되고요~. 우리 부모님 힘 있으시고요~."

"학폭 기록 남아도 애초에 평판 나락이라 괜찮고요~."

따라서 시스템은 최대한 빈틈없이 만들어내고, 한편으로 이러한 시스템이 제대로 작동할 수 있게 끊임없이 검토하고 현장의 일선 교사들과 소통하며 고유의 전문성이 강화될 수 있도록 지원하는 것이 필요합니다. 교사에게 과부하를 주면 그만큼 양질의 교육이 어려워집니다. 우리 아이들을 위해서 공교육 교사들에게 지원을 해야 합니다. 그래야 공교육이 원활히 진행될 수 있으며 이후 역량 있는 새로운 교사들이 계속 들어올 수 있습니다. 그리고 그 역량을 바탕으로 선량한 학생들을 보호하고, 학부모님께서도 안심하고 공교육에 대한 신뢰를 제고할 수 있습니다.

공교육을 조별 과제로, 그리고 교사들을 조원들로 비유하면 다음과 같습니다. 여기서 공교육이라는 조별 과제를 지속해서 잘 해내야 하는 것은 당연히 중요합니다. 그런데 지금의 상황은 점점 실력 있는 젊은 조원들(역량 있는 젊은 교사)이 다른 조별 과제 팀(다른 직업)으로 가거나 처음부터 아예 안 들어오게 됩니다. 그리고 남은 사람들끼리 이 공교육이라는 조별 과제를 해야 하는 상황으로 느껴집니다. 이는 결코 좋은 상황이라 말하기 어렵습니다. 꼭 개선해야 하는 문제입니다.

대한민국 공교육이 전문성을 가지고 잘되길 바라시는 우리나라 국민분들께 말씀드렸습니다. 나라를 생각하는 마음에서, 그리고 일선의 대다수의 선량한 학부모와 학생, 교사들을 생각하는 마음에서, 졸필이지만 글을 이처럼 써보았습니다. 너른 양해 부탁드립니다. 감사합니다.